# 戲說人生

本書描繪作者從一個動亂的年代迄今，
經歷的種種辛酸血淚，過程歷歷如繪，
亦可視為珍貴的社會史料！
全書有情有淚，幽默風趣！

張廷錦 著

# 自序

不是說「人生如戲」麼，我七十年的「人生境遇」，還蠻像一齣「悲歡離合」的戲，一時心血來潮，就利用電腦嘀嘀噠噠打了兩萬多字，後來打出「懷疑心」來，會有誰對我的「人生」有興趣？讀者會說「那是你家的事啊！」

有一天文化大學中文系金榮華教授來訪，看了一下稿子，拿回去。第二天打電話來，鼓勵我繼續寫下去，說不是你的文章寫的好，而是你所寫的內容反映那年代的人、事、物，寫得真切感性，使讀者對書裡的人物，發生關懷的感情，一口氣想知道「結果如何」，而就一直看下去。

金教授兼中文系研究所所長、系主任，桃李滿天下，各大學名教授很多都是他的得意門生，十來年有緣和他接觸、談天說地，「南人北相」的他，文質彬彬，謙謙君子，可說是「不言而教」，我獲益良多。

受金教授戴了高帽，捨不得摘下「頂戴」，又打了幾萬字寄去。

金教授常常出國參加國際性文學研究討論會，將近一個月，他打電話來，說：「張大夫，我剛從國外回來，手邊還有很多事情等著處理，本來想先看幾頁你寄來的稿子，等事情處理後再看，可是一看，被你稿子內容吸引住了，一直看到完為止，你寫台灣海峽這一段很感動人，母子情深也寫得好。張大夫，你真的有天份，不過其中有部份，你在寫文章，文詞很好，但缺乏內容，我建議你，仍然用你自己方式寫你的東西。」

過幾天，他打電話來，把修改好的稿子，在電話中一頁一頁校對，浪費他寶貴的兩三個鐘頭，實在愧疚不已。

後來我越寫越有「惜福感」、「感恩心」、「處難不驚」，寫完這本「人生」，我又重新在「時光隧道」裡走一趟「遊戲人生」，更「活出」對現在的滿足和對夕陽餘暉的「珍惜」。

回憶幼年時，經常餓得發抖，貓肉、鼠肉、蛇肉、豬飼料豆渣、臭霉蕃薯簽，這都是我「滿漢全席」啊，吃得牙縫生津，高興得不得了，還有那沒良心的「蝨子、跳蚤、臭蟲」，躲在衣縫裡，吸得我渾身奇癢無比，怪難受的。赤腳走路，腳跟凍得累累血裂縫，痛得吱牙歪嘴，「早起的鳥有蟲吃」（早起的蟲不被鳥吃了?），天未亮趕去橘樹園撿樹上掉下來的橘子，去遲了，被人家「捷足先登」，空手而歸怪懊惱地。雖然早晨的寒風，吹襲臉龐，波波的撕裂痛，但如果能撿到一蔞橘子，也蠻「痛快」地，把橘子去掉「裡肉」，橘皮晒乾，便宜賣給中藥鋪，乾橘皮進藥鋪，搖身一變就叫「陳皮」，能治病而且也不便宜。

我幼小時孤獨，住荒涼大宅院，沒人收容，兵荒馬亂的逃難，台灣海峽「魚口餘生」，赤蜂街一屋擠滿五六戶，三重埔矮矮小閣樓，身體站直時，頭常碰到屋頂瓦片，西園路小屋，要彎腰低頭進出，否則頭會碰到矮屋簷。重重難關都過去了，反而成了我回憶的「甜蜜疤痕」。現在再怎麼困難，與過去一比，簡直不足掛齒。

小時候「爛命」一條，過得是爛日子，才能寫出這本「戲說人生」。好就好在它的「爛」，爛有什麼好？怎麼不好？你想想看，在那麼爛的環境中，如在爛泥巴中掙扎著站起來，你看我不被爛泥巴淹沒，你不覺得自己受到鼓舞麼？你不覺得自己好幸福麼？你現在打赤腳一衣難求麼？你吃豬飼料豆渣麼？而且你看到某一篇時，會有似曾相識的感覺，它原來卻是你人生的一部份，你不莞爾自幸麼？這就是這本「爛書」對你的好處。再說下去，賣廣告臭味十足，見好要收，別被你看出「老王賣瓜」真面目，「作者緣讀者福」，隨緣吧。我問金教授，說誰會關心「我家的事」？金教授不這樣認為，書裡自有「黃金屋」，足供別人「借 鏡」的地方很多，鼓勵我寫下去。

金教授很像渴望抱孫子的婆婆，鼓勵我懷孕（寫書），又怕懷「畸形胎」，不斷用超音波（火眼金睛仔細校正）做生產前（出書前）「產檢」，聽他說四肢尚稱健全，至於生出來後，紅嬰兒（新書）能否五官端正，人見人愛，那就聽天由命了，是為序。

民國九十二年四月（2003）

# 目次

# 戲說人生

## 從大屋大鍋大灶談起

小時候貧窮，老鼠肉、貓肉、豆渣、蛇肉、鳥肉、鴨子菜（一種草），都是上等食品，吃起來牙縫生津回味無窮。有一次瓜山鄉表舅媽送一籃蕃薯，媽媽煮熟後只分配一條給我作午餐，鍋裡面還留幾條，趁媽媽不在，想偷兩條吃。我家什麼都缺都小，只有灶大鍋大，而且比我還高，只好搬個小矮凳，站上去還不夠高，下巴只到灶邊沿，鍋蓋蓋住，手又拉不動它，蕃薯的香甜味讓我下來又上去，兩三次掙扎，肚子裡那一條蕃薯也消化了，餓得手腳有些軟，更不願放棄。先到門檻邊探頭看看，媽媽還沒回來，用吃奶的力量，把長條椅拖到灶邊，站住小凳子，再爬上椅條，晃一晃，還好沒掉下來，站起來，比灶還高，好高興，肚臍靠在灶邊沿，向前彎腰去拉鍋蓋，蓋子雖是幾塊木板做的，對一個六七歲孩子來說，還蠻重的。（註：福州與台灣都對鼎與鍋是有同樣分別的，如「鼎」是指鄉村大灶用的、可炒可煮。鍋是指小爐用的，只煮不能炒。我在此特別註明，文中所說的鍋，即鼎（鑊），因為大灶不能用鍋，我更加不可能跌進鍋裡去，它容不下我！）

## 媽差一點把我煮熟了

小時候的我一定蠻皮的，拉不動，我整個人爬上灶頂，用一隻腳去踩鍋蓋，嘿！還真動了，還在高興，只覺身體一晃，一陣砰砰碰碰，只覺一片漆黑，怎麼回事？看不到什麼，本能的手腳亂動，這時候才知道，我掉進鍋子裡，鍋蓋怎麼翻覆，把我蓋在鍋子裡，不掙扎還好，一陣亂踢亂滾，滿臉滿頭都是蕃薯泥，身上濕噠噠，鍋底滑溜溜的，爬不起來而還摔了幾跤，大概也累了，暫時休息休息，嗨！不錯哎，蕃薯成了泥，臉頰抓一把，往嘴巴裡塞，蠻好吃啊，我還沒吃過這麼好吃的蕃薯。

本來累了，吃飽了更累，什麼時候睡了我也不知道，迷迷糊糊中，鍋子怎麼熱熱的，慢慢由熱變燙，醒過來發現媽媽在灶炕裡起火，大概準備熱熱蕃薯做晚餐吧？媽咪啊，我可是張家長子長孫，燒不得啊！本來還怕挨打，鍋越來越燙，再不出來，我就成了烤蕃薯了，腳猛然一踢，本來拉不動的鍋蓋，卻飛翻兩翻，碰的一聲，掉下地板，嚇媽媽一跳，也許媽亂了心寸，不把我抱出來，卻急著去灶炕滅火，赤腳受不了燙，連爬帶滾摔下來，媽媽緊緊的抱我，急壞的臉龐含著淚珠，邊撫摸我臉頰邊在找傷痕，喃喃自語：「爸爸在台灣，又是戰亂不能去，有什麼差錯，怎麼向爸爸交代……」我說：「媽媽，不要哭，我以後不再偷吃東西啦。」媽媽更傷心，抱得更緊：「可憐的孩子，挨餓受凍，太平後到台灣找爸爸，要吃什麼都有，肚子就不會餓餓……」

## 父親十九歲來台

我說：「那我們去台灣…」媽告訴我台灣很遠，要坐船，我們沒有錢去。我說：「走路去嘛，我不怕遠。」

先父十九歲同大伯父來台，精工古色古香建築。二十歲左右奉祖母命回家鄉結婚，把祖母、媽媽都搬到台北市後火車站「樂舞台」附近住，沒多久祖母生病，老人家怕死在異鄉，爸和媽護送祖母返鄉，爸自作主張替大伯父物色一女，自己又來台，「假傳聖旨」陪大伯父返鄉結婚，然後爸、伯父伯母再來台，媽留家照顧祖母，不久祖母病逝。二十三歲生我，聽說日子過的不錯，後因我多病返鄉，二弟廷璋、么妹珠英就在先父閩、台來來去去中誕生，直至「中、日」關係緊張，日本開始驅逐中國人，伯父伯母也被驅逐出境，爸卻沒有被驅逐。抗日戰爭開始，斷了音訊、財源，先母、我、二弟、么妹四人又陷入困境。先母本是千金小姐，沒做過粗重工作，又拉拔三個小兒女，其辛苦其憂鬱豈是局外人所能想像其萬一？

五十幾年後的今天，我仍然對豬屎有一份偏愛，聞起來其香無比。少我十六、十八歲的三弟、四弟（在台北市生的）還以為老大哥「腦殼脫線了」，香臭難辨。

五十幾年前的家鄉（福建省閩侯縣南港廷宅村），豬屎、人糞就是錢啊，廷鑾哥就是出外很遠地方，他都捨不得把屎排在別人糞坑裡，一定找竿葉什麼地把「錢」（屎）包回家，丟在自己屎池裡，很多人也一樣，因為它是稻田、菜圃不可少的肥料。我家之所以貧窮，一是先曾祖父、先祖父都是肩不能挑手不能提的窮秀才，去富貴人家教教其子弟讀讀書，弄些小錢養家活口，窮歸窮，讀書人的傲骨卻有幾根，祖產怎麼分向來不過問，田園人家挑剩下來的，得到的是非田非園荒地，反正除了幾百本古書，視同心肝寶貝，沉醉其中自得其樂外，天塌下來由高人去頂，如不窮豈不是愧對「秀才本色」？

## 我們貧窮但有「奴隸」伺候

我稱呼他們為「奴隸」並無歧視意思，反而是為其抱不平。這些人幾輩子都只能以船為家，即使有錢也不能上岸住，不管租屋、購屋、借屋，沒明文禁止，就是不敢上岸。村裡有幾艘住水上人家的船，他們捕魚、替我們倒屎尿桶、婚喪喜慶去送送紅白帖，我們有的給小費，不給也沒關係，等逢年過節，春節就給年糕、端午節給粽子、中秋節給月餅，多少不拘，他們都會千謝萬謝。排行老大，叫我們「大官」、以此類推：「二官」、「三官」。女的叫：「大媽」、「大奶」…他們有規矩地，自己分配那一人負責那一「落」厝。分配我家的阿婆，五十來歲，照家教應叫她「婆婆」什麼地，因為她是「科蹄子」（福州音，對水族稱呼），所以連小孩子都直呼其名：「玉兔」而不在意。玉兔腳手靈活，做事勤快，嘴巴甜，大家都很喜歡她。她吃住婚喪喜慶生孩子…都在船上。

一次我在河濱看他們捕魚，看見一個女人，拿一尺長竹筒，從寬大的褲管塞入，不一回就抽出竹筒，向河裡一倒，倒不少水在河裡。回家我很納悶地問媽，竹筒塞入褲管，為什麼會變水出來？

「以後不可以看人家，知道嗎？」不知道，後來聽別人說，他們男女都是這樣尿尿地，因為我是小孩子，所以她就沒有躲進船內，尿完以後再出來倒掉，難怪媽不准我看。

這些水族，聽大人說，他們祖先有人當大官，不知道得罪那一朝代皇帝，被貶在水上生活，永不得上岸。俗云：「三年一閏，好壞照輪」，後來毛澤東得天下，不但請他們上岸，而且還把他們歸入「紅五類」，真替他們能上岸而高興。當富貴人家「奴隸」還名正言順，當連三餐都不飽的窮苦人家「奴隸」，實在夠嘔；奇怪的是他們不嘔，我們也不以為怪，這才是怪！

## 撿豬屎「我在行」

有一天發了豬屎財，撿得滿滿一竹簍，老堂哥給買了，給我幾枚銅片，還教我跟在豬屁股走，趁豬尋食時，偷偷用力在豬臀部猛一打，牠必定驚嚇地用力往前衝，這一衝就把豬屎衝出來，省得時間去等，這方法雖好但豬要別害瀉，不然衝出來是水屎，撿不起來，頂惱人的。老堂哥有句名言：「這碗麵這杯酒，我一個人吃，飽飽的，全家十幾口分著吃，大家都餓；大家餓不如一人飽。」說著還摸摸肚皮，蠻得意的。老伯母七八十歲了，常常罵他「壞子！」（註：福州話，壞子無法釋其全意）老堂哥名駁是：「好子都死光了，我不是壞子，誰替你抱頭？」（家鄉習俗，入殮時由兒子抱頭，算是福終），看在抱頭份上，還真有點怕他變「好子」，有朝一日無人抱頭，總是一件憾事吧？

## 去「公婆倉」乞粥

「開倉」都因為鬧飢荒才開的，把祖產公糧來救濟族人。很少開的，這次規定來倉吃，吃飽為止，不能帶回去。媽叫我去吃，「我們一起去吃啊？」媽說女人不方便：「去吧去吧，多吃點…」好吧，拿個大碗公、長筷子，本來有粥吃是再高興不過的事，因為媽沒得吃，心有餘歉，就獨自到公婆倉排隊。一邊排隊一邊在想，如何偷偷地弄一碗回家給媽媽吃，隊伍長長彎彎的，都是老公公、男人比較多，偶爾有一兩位老婆婆，像媽三十歲左右年輕女人倒沒看到。進倉門口有人會分一顆鹹橄欖給我們下粥用的，其實是多餘的，餓得慌誰稀罕什麼下飯菜？公婆倉原是倉庫，裡頭有幾大桶粥在冒煮汽，煙絲裊裊，熱騰騰的粥桶分區擺著，每桶都放著幾把長柄瓢勺，以為是粥，看清楚也高興不起來，那裡是粥？一大桶水裡面，只見白花花幾百粒飯粒在漂浮，我使勁的用瓢舀飯粒，舀進幾粒卻又跑走幾粒，有一位老公公對我說：「叔公…」我還在找叔公是那一位，老公公又說了：「你是我的叔公，你輩份大啊，來、瓢勺放到桶底，停一下，緩緩的向上移動，就會多舀幾粒飯粒，…」我就照老侄子教的法子，嘿！還真的撈到較多飯粒，瓢勺靠桶壁往上慢慢拉，拉快了飯粒又流失了。還在得意中，老侄子吃了兩碗了，邊舀邊說：「手腳快點，大家吃得凶，沒聽說嗎，放倉飯一碗淺（第一碗飯少些、易吃完再去盛飯）、二碗典（把飯裝滿滿的）、三碗平平典（何意我不大懂），小叔公，趕快先把這碗吃了，再不快點，只剩下水了。」

端著碗如履薄冰如臨深淵，躬著身碎步走，有位食客忙不迭側身撞來，孩子手腳靈敏，也只能躲一半，只剩半碗粥。還在可惜，老侄子拉著說快吃。看一看，站著吃的、靠壁吃的、蹲的、坐地上的、還有邊走邊吃，趕去再舀水粥的。一位老公公肚皮被粥水撐得鼓鼓的，癱靠壁邊，眼睛都翻白了，他還起來去舀粥，有人拉住說別吃了，再吃會鬧人命啊，老人家說：「沒事沒事，先拉泡尿，還能喝一碗⋯」我已喝了三四碗水粥，即使是水粥，如果能端一碗給媽媽吃多好！幾十個人吃得肚皮鼓鼓的，還靠壁癱著半臥不走，老侄子告訴我說，他們在等肚子餓了，再拉拉尿，還想吃水粥，捨不得走的。我走到外窗戶時，「小叔公！這碗粥給你⋯」聲音雖小，我聽得出是老侄子，他老人家趁人沒注意時，由窗框裡伸出一碗粥，我用碗公讓他倒過來，好感激的端回家：「媽媽！這碗粥給妳吃，還有一粒鹹橄欖。」媽說不可以偷竊，我說是叫我小叔公的老侄子由窗裡面倒給我的，媽餓得慌：「有沒有謝謝人家？」水粥已喝完了。

## 跟媽去「布廠」織布

媽媽帶著我去江口鄉織布廠織布，我在廠裡學紡紗，沒工錢，吃住免費，對一個十歲左右大的孩子來講不難，短時間就學會而且還蠻快，紡的紗不比成人少，老板還給我一些零用錢。母子正過不愁吃不愁穿的時候，姑媽把二弟送回老家三伯母家，媽只好辭職回家，照顧二弟。

## 二弟送給姨媽

福州三姨媽由南洋返國定居，媽媽帶我們去會親。姨爹姨媽好福相，肥肥胖胖，白皮細肉，那種打扮，我從沒有見過。三姨媽滿喜歡二弟，拉拉他耳朵，雙手摸摸他臉頰。原來姨爹還沒兒女，難怪對孩子這麼喜愛。福州外婆（生母）福福態態，最疼我們，但因為南港潘厝邊外婆（養母）不喜歡我們去看她，所以媽媽很少帶我們去。外婆、媽媽、姨媽她們在房間裡面談了很久，後來媽媽眼睛濕濕的，躲過二弟視線，我們偷偷回家。「媽！弟弟為什麼不回家？」媽沒有回答我，而且臉色蒼白，鼻樑邊有淚水。回到家，媽的臉又出現幾年前當妹妹送給人的時候呆呆的、木訥的、不說話而沉悶得使我害怕。

## 舅父收留

媽媽後來找到福州張厝祠堂織布廠待遇好的工作，但是不能帶孩子。媽媽就帶我去潘厝邊外婆家，看看肯不肯收留我住一段時間，話還沒說完，舅舅就說了：「沒關係，不差孩子一口飯，就留著吧。」舅媽也答應了，媽囑我要聽話，要幫忙做事情，然後就告別了。沒多久舅舅和舅媽在房裡吵起來，「十歲的孩子吃得比大人還多…，」「哎呀！他也會幫著下田啊，不會白吃的…」「你什麼事都自作主意，…」我聽了馬上就去追媽媽，一邊跑一邊哭，終於快追近媽媽時，哭著喊叫：「媽媽！媽媽！」媽媽回身問我怎麼啦？我說我以後再也不去舅媽家了（直到四十幾年後回家探親才去，舅父已逝世幾年，舅媽老態龍鍾，又瘦又矮小，臉頰皺紋縱橫，與以前富家少奶的舅媽，判若兩人，所有田園、果園都早歸國家，與富裕的姑媽一樣，過著窮苦日子，榮華富貴過眼雲煙，人世間變化多麼無常無奈啊！），把經過說了，媽媽沮喪的問我，一個人敢不敢在家。

## 讀「人家齋」

我說：「媽妳不要我啦？」媽像山洪暴發似的抱著我痛哭流涕，我還沒看見媽這麼傷心過。後來媽告訴我，要留我在家讀「人家齋」（私塾），曾同仁沛先生（民初稱得上先生是大大的尊敬）商量過了。我老家房屋比台北市的龍山寺還大還長還寬，住有十八戶族親，我住在東廂兩間房間，媽交代隔間大伯母稍微管教管教，我就此開始背誦什麼千家詩、三字經、四書…媽媽又去福州織布了。

## 「大舅媽」上吊自殺

有外婆家族人曾經告訴我，這個舅媽是續弦，你大舅媽很可憐，不得你外婆疼，她人善良，她在的話，你們就不會這麼苦。生一男孩不久就上吊死了，大舅媽娘家來了很多人，你舅父跑得快，否則會被痛打半死，照習俗，我們族人只好眼睜睜看他們打、砸嫁妝什麼地，讓他們砸到心頭恨消了為止。你外婆夜夜惡夢，夢中都是與你大舅媽爭奪獨孫子。獨孫子不到一歲死了，才又娶現在這個舅媽。我曾經問過媽媽，媽只告訴我，因為外婆想早一點當祖母，舅父十五六歲時，娶個比舅父大三歲的大舅媽，盼望早得孫子。「媽！他們說妳不是外祖母親生的…」

## 媽是「千金養女」

親生外公在福州市中亭街開店做生意，生四女一男，而隔壁店姓潘外公沒有兒女，兩個外公又是結拜兄弟，因為外祖母不肯把么女（媽）給潘外公，經過磋商，名義上給潘外公做養女，實際上是「共養」。福州幾乎所有的店鋪、住宅都是木造的，所以福州人萬分注意「火苗」，睡前老人家必定巡視灶炕、弄、壁邊後才放心睡覺，出娘胎就教他們不得玩火，否則必成「過街老鼠」人人可打，其父母決不敢說話。福州人有句話「火燒厝好看難為東家」，那燒起來不是一家兩家，而是一大片幾十間甚至百間以上，整個福州市夜空通明，比放煙火壯觀得多。店的二樓是住家，把壁板挖個大洞，媽就從這個洞，遞由這邊遞過去，又從那邊遞過來。剛開始媽住兩邊時間很平均，慢慢潘外婆那裡就漸漸的住比較久，遞過來餵飽奶，又從洞中遞過去。直到斷奶時，潘外婆說要抱回南通老家「潘厝邊」拜祖先，另外又起一個名叫「招弟」，果然很靈，潘外婆生一個男孩，就是要收留我的舅舅，以後乾脆不回福州，後來兩個外公的店都遭火災，福州外公搬回「城裡」老家，潘外公也回「潘厝邊」。

憶到餵「奶」，不禁好笑，以前的人那麼保守，「乳房」到處可見，不管一二十歲的少婦，三四十歲的婦人，房間、客廳、車上、…只要嬰兒哭鬧，胸部紐扣一解，胸衣一拔，露出乳房當眾餵起奶來，大方得極其自然，偶爾還有人瞪著乳房說：「妳奶水很多喔！」人家還很自傲的說：「是呀，小孩子吃不完，會脹乳不舒服，只好擠掉一部份。」現在小姐大方得夠刺眼，露背、褲腰帶要掉不掉、獻肚臍寶、當眾擁抱目中無人熱吻、…胸乳就很少敢現寶，奇怪不是？

## 我的房屋比台北「龍山寺」大

太陽西下未下之時，是我最心灰意冷的時間，整幢木造屋子太大又空曠而死氣沈沈，除了逢年過節人比較多，其餘看不到幾個人。像龍山寺，屋前大廣場有籃球場大，晒晒谷稻什麼地，廣場前方有個與廣場同樣大池塘，它的用途忌諱不能講，有一個童友滿足了我好奇心：「火燒厝的時候，池水可舀上來潑火…」，還警告我不能說。登上一兩步就是窄走廊，很用力才能推動大門，門檻高得使我納悶，老祖宗幹嘛蓋這麼大的屋子，要進門得把身體從門檻頂抱緊，整個身體翻進去，沒小心還會摔得滿頭包。進了門檻是前廳，類似龍山寺進門禮佛抽籤的地方。

## 「戲台」搭在屋內演

鄉村迎神賽會演戲戲台就搭在這裡，向前幾步走下去，是鋪石板的天井，幾百大男人就站著看戲。左、右廂走廊擺長椅條，老公公們坐著看，再上去是大走廊，老少女性座位，視線最佳，再過門檻是大客廳，距離太遠視線被擋住，是不愛看戲孩子們玩樂的好地方。

## 我怕後廳「鬼鬼」

再過門檻是後廳，是我怕怕的地方，擺棺槨靈柩用的，最多曾同時放四棺槨，晚餐喪家要「唱飯」，也就是邊祭拜邊哭訴，還有趁哭罵罵死者或親人的，消消心裡鬱悶積怨。三四家遺族有時候還互相哭中帶諷妙罵，哭音拉得很長，故名「唱飯」。放幾個月一年的都有，黃昏時段悽涼得使我發慌恐懼，因為晚上只有一人獨睡啊。再過門檻，又是走廊，走前幾步下階，也是石板鋪的後天井，東、西廂房都是住家，我住東廂外圍靠花園菜圃那裡，天井再後面上的階廊，是擺石磨、風車、釀酒灶、農具…出去是後花園，茶花、木蘭花、龍眼樹、荔枝樹…

## 屋內排「七十桌」酒席綽綽有餘

探親時聽說以前全鄉人民公社餐廳都設在我家，前年（一九九五）端午節賽龍舟，在屋子裡席開七十桌，還綽綽有餘，可見屋子之大吧？方圓百里各鄉鎮找不到這麼大的屋子，兩百年前列卿公實在了不起，雕樑畫棟今猶存，不見古人在；其精緻宏觀之格局莫不使行家嘖嘖稱奇，我幾次返家，睹屋思親，柱子、木栓、門檻、…。這幾個地方，我都特別摸摸它，想從這些地方，與古人作另一類接觸，因為一兩百年前他們總會摸過吧？背書、作文，我倒得心應手，仁沛先生對我情有獨鍾，憐愛有加，只是早已作古，未能叩謝啟蒙大恩，美中不足，憾啊。

## 深夜獨睡「鬼影」擾我童心

因我一人獨居，老先生都讓我早下課，我都搶在太陽下山前，把柴門拴好，到二樓古床拉棉被蒙頭，躲在被裡傷心害怕偶而會自己悲從心來抽泣一會兒，有時候半夜會被野貓在屋瓦頂吵吵鬧鬧驚醒過來，野狗吠聲在靜夜也蠻可怕的。尤其是聲音拉得很長的那種吠聲（吹狗螺），我都怕得縮在被窩裡，把耳朵塞緊緊的。

## 「鬼」會在床邊嗎？

大人說狗看見鬼才會這樣吹狗螺，鬼會不會就在床邊？這是我在被窩中所擔心害怕而又不敢掀被看看鬼長什麼樣子。媽在的話就好了，有媽的孩子會怕過什麼?那時候最盼望的是媽什麼時候回來?

只要屋瓦上的瓦縫透點亮，我又是一隻猴子，起床活蹦亂跳的，早晨屬於我的天下，大人說雞啼鬼就回地獄，為什麼回地獄我不管，沒鬼就好。有時候半夜真想求伯父伯母讓我到隔壁間睡他們地板，可是媽曾交代不可以。但他們是爸爸的同父同母的大哥大嫂啊，想不透。有人告訴我說，你伯父患肺病、糖尿病，在台灣被日本人趕回家，你父親常常寄藥回來給他吃，常常吐好多血，脾氣不好，你父親都怕他。

## 二弟死了?!

媽媽有一天哭著回家，嚇壞我：「媽…怎麼啦?」「弟弟死了。」媽媽近乎癱瘓，幾個人扶媽到床上休息。「妳要說清礎，八成是賣了。」是伯父很生氣衝進房：「張家子孫妳都敢賣，妳就不能住張家房子。」很多人把伯父勸出去。媽媽夜裡告訴我，三姨媽不要弟弟，因為弟弟把三姨媽所給的玩具，都裝進褲襪藏起來（五十幾年前就有褲襪足見三姨多富有?光復初期的台灣大家赤足、穿的都是縫縫補補，褲襪都還未出現過），三姨媽問他為什麼不拿來玩。弟弟說以後要帶回家。三姨媽認為弟弟的心都在家，養了也是白養，就轉送她的親戚，死了才通知媽媽。媽告訴我說：「孩子啊，媽現在只有你了，你在媽在，知道嗎?」我不知道媽這句話什麼意思。她去找伯父伯母，媽冷靜得好可怕，向來沒見過媽這麼堅毅煞氣的臉。

她對伯伯說：「孩子的爹在台灣，你作伯父的，侄子死了，趁機趕我們，如何向你弟交代？」伯父說沒什麼好交代。媽說：「你的兒子⋯⋯」話還沒說完，伯父、伯母整個態度變了，趕出去的事不了了之。

二弟會死的確因為太聰明（反被聰明誤），少我兩歲，比我可愛、健康活潑、嘴巴甜而又有人緣。吃粥時候，他會替我添粥，舀給我的都是水比飯粒多，他自己則飯粒比水多，三姨媽富有人家，何必把玩具藏著不玩？即使心在媽身上，也不要貪姨媽的東西啊，先活命要緊，被姑媽趕回來，被姨媽轉送人家，怎麼死的也不知道，窮苦人家命不值錢，死了還不敢問問詳細死因。廷興堂弟有時候突然會一腳踢翻我泥巴塑的土屋，二弟就不像我不理他，追著他要打，廷興堂弟跑帶叫，伯母護子心切，二弟免不了吃虧。二弟的死給媽刺激太大，大到後來不知悲哀為何物，只懂得逗我樂，無緣無故把我抱得緊緊的，兩頰互貼喃喃自語，小小的我知道，我已成了媽活下去唯一希望。四口之家剩下母子兩人，怎不「悲極生勇」？

## 收兩塊「爆米花」出賣祖產

好久以後，有一天伯父給我一塊爆米花，印象中伯父還不曾給過我什麼。他拉我進他的房間，裡面有幾個人坐著，抽煙斗的、喝茶的、還有拿筆、紙、硯台。我一進門，他們就說：「他是二房長孫，叫廷錦…」幾個老公公點點頭，一張黃粗紙鋪在圓椅上，給我毛筆，有人抓我的手用力在紙上畫個圓圈，伯父摸摸我的頭，又給我一塊爆米花。我很久以後才知道，我的祖產被我以兩塊爆米花出賣了。五十幾年後的今天想起來，覺得很好笑，一切生死、貧富、得失、榮辱…凡所有相都是一場空啊，親人何止半為鬼，幾乎全離世了，什麼都沒帶走，人生煩惱因計較，計較又有什麼好？榮華富貴過眼雲煙，塵歸塵土歸土，空啊。說他們無法無天嘛，可是現場備有證人、有我親手畫押的賣產條紙、有買主；說他們有法有天嘛，我一個十來歲的孩子，拉我的手去畫押，怎能算數？伯父四十一歲病亡，伯母織布扶養其唯一孩子廷興。直到父親民國六十八年（一九七九、七十歲）偷偷返鄉探親（那時未開放探親），才知道伯母早已病逝，廷興堂弟因勞改落籍江西省。我也才知道廷興堂弟，是伯父在台灣抱養的。難怪伯父要趕我們時，媽為求自保，用揭此「密」而未被趕出去。家鄉習俗，養子不算子，不能入張家祠堂，不能分祖產；即以後伯父所有遺產都是我的，媽不貪額外之財為其「假親子」保密幾十年。媽您實在太善良了，所以您的子孫都得您的福報。

## 母子相依為命

媽患一種「思睡病」，連走路都會半睡半走，有一次從滾燙的鍋裡舀粥時，把粥倒在自己的手上，燙得手掌起泡泡，治了好久才痊癒。織布也常因為打盹，而織破布都不知道，也常常把梭子丟在地下。景氣好的話，布廠老闆還不在意，景氣不好的話，常常被辭掉，有一陣子常常換工作。失業的日子比就業多。我想替人家看牛換飯吃，減輕媽負擔，所以不想讀書。媽很生氣的逼我打我，不知道是媽沒力氣還是捨不得讓我痛，打在身上根本就不痛，癢癢的。

## 「賣蚵餅啊！」好難出口

橋頭邊老叔婆病了，把她蚵子攤讓給我們，還教媽怎麼炸蚵子餅。媽炸了幾天就很拿手了，我就用菜籃放蚵子餅去賣，「賣蚵餅啊」這幾個字好難出口，不叫人家又不知道我幹什麼，只好偷偷的看看周邊沒人時，小小聲音叫一叫，還怪難為情的。頭一次碰到一個嬸嬸，我還快步躲避她，結果她說了：「小弟弟，你找誰啊？這一家幾條狗會咬人喔，來，嬸嬸護著你。」我不敢說賣蚵子餅，反倒是她眼尖看到了：「嬸嬸給你買兩塊餅，多少錢啊？」我樂傻了，小聲說：「不知道。」他說：「好吧，這給你。」那一天起每賣一塊蚵子餅，心裡都好高興，接過銅片，覺得前途充滿了希望，終於不會挨餓了。

每一座落的屋子，都養幾條狗，媽教過，狗過來不要回頭跑，要面對牠；我照媽說的一邊發抖一邊面對狗，我怕狗不照媽說的衝過來咬我，發抖幾次以後，膽子也大了，還追狗玩呢；以後狗覺得不好玩，一看是我，就搖搖尾巴走了。

好景不常，正高興作得順手，收入吃飯有餘之時，旁邊又多一攤出來，餅比我們大一倍，賣的比我們便宜一半，晚上媽說我們不作了，因為這麼便宜，連本錢都不夠。「他們為什麼可以作？」媽說人家有錢，我們沒錢耗不過他們，我們賠不起，現在不收以後也要收。

## 日本兵「退」到福州

「那我們作什麼？」媽說只要有我她什麼都不怕。後來日本兵敗退福州，幾個月後生活又正常了。織布景氣又好了，媽帶我去福州，她織布我紡紗，這一家比較小，老闆看我紡紗很快，小孩子工資少，挺合算的，還有一間小房間，住、吃免費，有飯吃真是高興死了。頭一餐我吃多少碗不知道，媽附耳說不能再吃了，還交代我不要馬上喝水，媽大概怕我脹死了。

## 電燈座「咬」我？

有一天小房間的又小又暗的小燈泡不亮，我把燈炮轉下來，指頭伸進燈座挖，結果被咬（電）了一下，指頭好麻，生氣了，抓住燈頭放進尿壺裡，不淹死它也得讓它知道咬我的下場是什麼滋味，嘿，它還真的難過的在尿壺裡咕嚕咕嚕掙扎，不一會兒，突然啪的一聲響，全部停電了。有人去修保險絲，但接上保險絲馬上又斷絲了，找不出原因。大家停工，我最高興沒電，這樣就能出去玩嘛。回來看看燈座還在尿壺裡泡尿，起了善念，把它拉出來，不久保險絲修好了，燈又亮了。我把燈泡去轉進燈座時，又被咬了一下，嘿，我氣這東西不知悔改，又把它泡尿壺，誰知道又啪一聲，燈又息了，幾次以後，知道只要一泡必停電。

## 鞭炮聲「嚇退日本兵」？

幾個孩子聽說城內槍斃七個人，想去看看，又把燈座泡尿壺斷電，趁停電我們就去看。屍體不規則地躺在圓環，有的只剩一半臉、還有眼球掉在爛臉上、有的頭一片爛肉紅白漿液糢糢糊糊怪可怕的。回廠後幾天吃不下飯，睡眼一閉，血淋淋爛頭在腦裡揮之不去，一吃飯就噁心嘔吐好幾天，把媽她們嚇壞了。後來大人說日本兵用開花彈打頭，難怪頭才會這麼爛爛的，小孩子嘛，還不知道日本兵為什麼要槍斃這些人。幾個月後日本兵離開了，聽說是游擊隊放鞭炮把日本兵嚇跑了。

## 媽衝鋒陷陣「護我逃生」

不到半年，又有日本兵攻打福州消息，一夜砲聲隆隆，傳說日本兵先砲轟福州，再進城。福州市街道都是逃難的人潮。布廠的人都在收拾行李，媽帶一小包包，說逃回鄉下。中亭街，人擠人，挑擔的、拉板車的、背上揹著孩子的、拉著孩子的、叫媽的、喊爹的、…遠處隆隆砲聲還加上天上陣陣閃光，媽拉著我向「大橋頭」衝，橋上人更多，不用走人潮會推你走，年紀大的老公公老婆婆摔倒了還被人潮踩得哭喊都沒人理，到橋中很多人被衝散了，媽緊緊地抓我後衣領，陷在人潮滾來滾去，媽怕我丟了，連包包也不要了，雙手抓我肩領，說：「衝散的話，記住，在『彎邊角』等媽媽，不要亂跑…」突然一堆人撞過來，媽被撞前面去，媽逆向回身邊叫喊廷錦、廷錦的掙扎，「媽、媽…」媽越離越遠了，我只見媽的手揮幾下，就溺在人潮中不見了。我被身邊的人潮推過大橋橋端，到了丁字路口，左、右兩邊分開，人潮比較鬆，我向右方邊走邊找媽媽，到渡輪岸邊還找不到媽媽，天都已亮了。只好坐草屋店前地上等。大概太累了，哭著哭著就睡著了。我醒過來發現媽擁抱我還在睡，我知道媽太累了，就不敢動，怕吵醒媽。但還是吵醒媽，媽含著重逢喜悅的淚，摸摸我臉頰、身上，看看沒有受傷，拉著我回家鄉。

## 游擊隊活埋「好人」

一、兩個月後，幾個日本兵來村莊，到過台灣懂日語的人叫大家用布、紙張…剪裁日本旗、貼在大門，日本兵來了五個，他去說好話，並帶日本兵各處走走，日本兵看見他們的國旗，很高興的沒找麻煩，我們正準備豬、雞、酒…送他們，日本兵說不要就離去了。聽台灣客（曾到過台灣的人）說，這是真的日本兵，如果是假日本兵（台灣人），不但要東西，還會強暴婦女。百里方圓只有我村沒有損傷，因為貼了日本旗；後來我們的游擊隊回來了，把翻譯代表抓去「活埋」，理由是「漢奸」，貼日本旗的院落要獻一條豬，算對不愛國的國民薄懲。看活埋回來的人說，用最痛苦的方法「豎埋」，挖掘一個坑洞，把人直著放下去，只露出肩膀和頭，然後土壤填塞緊緊的，臉慢慢變紫紅色，窒息而死。

## 人民怕「國軍」

在我印象中，人民一怕國軍，不管一營、一連、一班…來鄉村不是抓壯丁、要棉被、豬隻雞鴨、就是收房屋捐，我問媽媽：「房子是我們的，為什麼要給錢？」媽媽摀我的嘴，聽村長向肩膀掛長槍的阿兵哥說情；二怕游擊隊，公報私仇，抓人打人，沒有遊戲規則，他們代表法律，說了就算。三怕日本兵，那個鄉村殺一個日兵，就放火燒毀鄉村，不過八年抗戰也只來鄉下一次，國土大啊，好多地區人民還不知道發生抗日戰爭；四怕共產黨，來無蹤去無影，總要殺幾人，大部份是地主、富豪、鄉村長，一般百姓只是擔驚受怕而已。

## 美機炸「福州大橋」

日本兵在福州盧下鄉修復「義序機場」（即福州軍用機場），美軍飛機常常轟炸機場，在鄉下看得到天空白的轟炸機，也聽得到隆隆炸彈爆炸聲，每逢美國軍機飛過上空，我們都躲藏屋子地板下，大人禁止小孩說話、哭鬧，怕天上飛行員聽見，炸我們。福州到處都能看到幾十個、幾百個民夫手連手用長繩索綁著沿路被拖拉著走，日本兵又罵又用槍托撞他們，我還小不怕被抓去當奴工，所以媽媽又帶我到福州織布廠工作。一天我在福州市，看見一架飛機在空中，盤旋後突然對大橋垂直俯衝，然後急速斜斜上飛，我還在看飛機，大橋樑隆隆打雷聲震耳欲聾，同時冒煙，原來橋樑被炸掉一段。次日日本兵指揮百多個民夫，以木材把斷毀的橋樑又接駁好了。

## 日本兵被窗框掉下聲又「嚇跑了」？

日本兵又不告而別，聽說這一次不是被鞭炮嚇走的，是被碼頭區「洗湯店（公共澡堂）」頂樓窗戶掉下來的聲音嚇走的。福州的陳嬸嬸本來不是陳嬸嬸，她坐在新娘轎子裡面，途中遇到空襲警報，轎夫躲警報逃了，新娘子不好意思逃，解除警報時，自己轎夫去抬別人的轎子，陳家的轎夫把她抬到陳府去，頭上又幪著頭彩蓋，別說看不見丈夫模樣，就是看見也不認識，因為躲在門縫內「相親」，只瞄一眼，作個樣子就算數了。糊里糊塗的洞房花燭夜，等真相大白，生米煮成飯，將錯就錯，變成陳嬸嬸。陳嬸嬸與媽很投緣，媽媽生病，她先介紹我到「下路」一家細木店當學徒，然後護送媽媽回家養病。

## 我十三歲當學徒

當學徒先學燒菜煮飯、洗衣服。老闆娘很疼我，原因是我很勤勞；其實餓怕了，只要有飯吃，什麼苦都不怕。「病吐瀉」（霍亂）到處流行，兩人抬的四片薄薄木板棺木，大街小巷抬過去、抬過來，沒有一天不碰到幾個的。媽媽教我遇到時候，要捏著鼻子躲開，說會「過人」（會傳染），大橋上常常有活不下去的人跳水自殺。一天老闆娘買東西回來，說昨晚橋上一家五口跳江自殺，聽圍觀的人說，昨晚他們賣了家當，買很多一輩子未曾吃過的大魚大肉，全家「吃尾頓」（吃終餐）後，夫婦倆帶三個小孩，一個一個向橋下丟，然後自己倆抱住翻上橋欄杆，說「孩子！等一等⋯」，也跳下去。老闆娘說著說著滿臉淚汪汪，七八個師傅感同身受，唉聲嘆氣不已。

## 挑水挑回「屎塊」

大橋下閩江水是沿岸大部份居民食用水，我雖然十三歲，但個子矮小，扁擔繩索繫水桶耳，放在肩膀上，桶底盤還沒離地面，走不了。小腦筋一轉，乾脆不用繩索，直接把扁擔穿過水桶耳，挑起來桶底就不會拖磨地面。到江邊差不多有台北市龍山寺到淡水河遠，其中一段是斜坡，下去倒好，上坡就一步一晃，腳步不穩而還發抖，力氣用久，加上兩桶水重量，只好一步一停，掙扎到家時，水都晃掉一半，一天約挑十擔，不知苦楚，只要有飯吃，就滿足得不得了。肚子餓起來多難過啊，胃會痛、心會慌、手腳無力、頭暈目眩苦不堪言。早晨五點開店面，作早餐、倒尿桶、洗衣服、挑水⋯這都難不倒我，只要有飯吃，心滿意足了。有一次被一個師傅打一巴掌：「你把屎塊都挑回來，你去水缸看看！」他拉我去看，但缸裡沒有屎塊，他不但不道歉，還叫我以後小心點；小什麼心？根本就沒有嘛。後來老闆娘告訴我，很多人的糞便倒在江裡，挑水時，先用水桶在水面滾一滾，就不會撈到穢物。後來知道老闆娘趁我被罵時，把屎塊舀出來倒掉的。（老闆娘的恩永記心中，每次返鄉探親，都去那地方找老闆娘，也問好多人，事隔四五十年，連店都找不到，更談不上人了。）

## 我差點成了「水鬼」

一次就照老闆娘教的方法，水桶先在水面滾一滾，這次江水退潮而流動快速，旋渦嘩嘩作響，水桶一放下去，水卻灌進桶裡，我被水桶拉下河裡，心想完了，沿著岸邊向下游沖走，我抓住岸邊石頭也抓不住，又抓一堆草叢，水太急驟，草叢連根拔掉，再向下游沖去，迷迷糊糊中有人拉我的手，拖上岸邊，原來是幾個洗衣嬸嬸救了我。還沒有謝人家，卻哭哭啼啼：「我水桶沖走了！」嬸嬸們叫我趕快回家換乾衣物，會風寒的。

老闆娘知道我水鬼沒當成，安慰說：「好啦，趕快換衣服，吃飯後再說。」再說？說什麼？難道不要我了？肚子餓得慌就是吃不下，老闆娘手拿一包破衣服催促快吃。我好心酸，又要挨餓了。只吃一碗就準備洗碗。老闆娘說：「不要洗了，這衣服、和錢給你…」我要問老闆娘為什麼不要我？老闆娘說：「趕快回去吧，你媽病很重…」

## 青天霹靂跑回家

一聽媽病重，沒拿衣服、錢，拔腿就跑，我邊哭邊跑，沒有媽媽我怎麼辦！從福州店鋪跑到「彎邊角」碼頭，好幾個鐘頭，眼看小船已經離岸五六尺遠，想都沒想，跳水追船，把船上的人嚇一跳，用竹竿叫我抓住，拉上船還被罵一頓。心急偏船又慢，好不容易船一靠岸，就跳上去繼續跑，快到家後門前可怕的「媽！媽！」哭叫聲把媽媽嚇住：「你怎麼回來？」媽媽在梳理剛洗過的長髮，「媽！妳不是生病了嗎？」「已好多了…」抱住媽真好，沒哭只是流淚，還好媽沒事，如果媽病死了，我一個人怎麼活？也沒機會讓媽過好日子，是我最難過的啊！

## 日本投降囉！

全福州街道的人瘋狂的吼啊！跳啊！叫啊！跑來跑去，人越來越多，老闆娘喘噓噓跑回來，說：「投降了！聽說日本投降囉！」師傅們也丟下工作，衝出去加入人潮亂哄哄揮手打人、推人，認識的不認識的，抱一下又推掉，又去抱別人，兩人擁抱的、有三四人抱在一起亂跳亂叫的，互相抓對方頭髮，摸頭又打頭的，我還愣愣的站在店外，這些人打來打去還那麼瘋癲，被打的還那麼興奮，好奇怪哦。

## 炮火連天慶太平

「去啊，去玩！今天不工作了！」老闆娘推我一下，我直奔大橋，擠過去，中亭街人山人海，到處炮火連天，好幾家爆竹店的爆竹被搶光了，老闆不收錢，還從店後捧一大堆爆竹分給人們去放，到後來鞭炮有在空中爆的、地下堆積一大堆爆炸的、丟來丟去爆的…街道煙霧迷漫，受傷的不叫痛，嗆鼻也不難過。街頭巷尾爆竹爆炸紙屑有一寸厚，福州市煙火連天，人人臉上充滿希望，八年抗日戰爭的忍饑挨餓受苦受難，終於得到勝利，像是滿街所有又呼又叫的人自己勝利。

我找到正在等我的媽媽。媽流著淚擁抱我：「好了！好了！太平了，爸回來就好，我們…」忽然不確定的悲喜交集出現在媽的臉頰。「媽！怎麼啦？」媽拉我一直穿梭瘋狂人潮，「冬嶽宮！去冬嶽宮…」「媽！妳要…」「去冬嶽宮問爸爸…」爸爸在冬嶽宮？爸什麼時候回來了？我正想問，媽說：「快到了！快…」在人潮中跑得太急，媽氣喘如牛上氣接不到下氣，「到了！」她拉我衝進一座廟，跪地向神像叩首、一拜再拜，嘴巴唸唸有詞。卜三次筊，「有了！」「媽！爸在裡面嗎？」「爸活著，泰山爺說爸活著。」

## 神明說「爸活著」？

爸活著為什麼不回來？一月一月的過去，媽到處燒香拜佛，也去探詢由台灣回來的人，有人說聽過爸爸的名字，有這個人，只是不相識。這是媽探到的最好消息；這已夠使媽忐忑不安的心稍減煩憂了。

勝利帶來的希望、期待團圓的日子、不挨餓的快樂…隨波逐流而一月月遠走高飛，勝利只有給我母子帶來短暫的喜悅，它已經屬於別人的了。媽又去織布廠織布，我還是回老闆娘店當學徒。

## 台灣回來的人

勝利次年的夏天（民卅五年，一九四六），近午時分，我在鋸造自用木屐，老闆娘在店門口與問路人吱吱喳喳，「…台灣…」我對台灣極敏感，抬頭望出去，是本地人打扮年青人。我又鋸我的木屐，「廷錦你過來一下！」老闆娘對那個人說：「他的爸爸也在台灣！」年青人看我愣愣的端詳他，問我：「你十五歲吧？」「是！」「媽媽是潘順嬌？」「不知道。」我真的不知道，媽媽就是媽媽，別人也沒有叫名字，他們都叫什麼二嫂二嬸二嬸婆。「你爸爸叫什麼名字？」「我爸叫張冠雄，在台灣，媽媽到處探聽他。哎對了，你叫什麼名字，住那裡，我媽媽最喜歡找台灣回來的人問爸爸消息。」「我叫張冠雄…」「這就是你爸爸啊！快叫！」爸可不能隨便叫的，得問清楚。

## 我第一次上「館店」

爸看我憨憨的，十五歲了還這麼矮小，出乎他的想像。三十七歲的爸雙手粗壯有力，虎腰熊背。古云「虎父無犬子」，您「虎父」的兒子怎麼像「犬子」？您該「偷笑了」，常常饑腸空空，沒餓死沒變成「貓」，算祖宗恩澤。不過我這隻狗子，他還蠻珍惜的，讓我破了幾項記錄：回鄉途中頭一次坐「黃包車」、頭一次上館店、頭一次七八個師傅歡歡喜喜在店口送我回家、頭一次覺得天塌下來有爸頂的安全感⋯

## 失而復得的「爸爸」

爸爸由福州外婆（媽的生母）那裡知道我的店址，媽失業在家。途中很多炸糕餅店，館店。很想吃我曾經賣過的「炸蚵餅」，對這剛認識的爸爸不好意思開口。

「我們上館店吃東西。」

「爸！不能吃的！」

「哦？說說看為什麼不能吃。」

「你不知道，那貴死人的！」

爸點了幾道菜，有魚有肉。館店夥計每點一道菜、出一道菜，都像唱歌一般唱：「三號桌客官點炒三鮮一碗！」、「六號桌客官海鮮粉乾一碗上桌了！」真佩服館店夥計，那一桌點的菜末上菜，他們就一直唱，算帳多少錢找多少錢，都唱答得好好的，大部分帶押韻，手上端著碗盤在人群中，扭曲軀體如蛇身般閃避客人，手腳靈敏得不得了。光看這些情趣就回味無窮。父子幾個鐘頭相處，我就自然多了，有問必答。

## 我吃過「戲子飯」

「爸！你知道我怎麼不會餓死嗎？我吃過戲子飯⋯」

「戲子飯？」

「戲子很賤！吃了他們的飯，和他們一樣賤，命賤的人就不容易死，媽媽用米去戲台頂換飯⋯」

「不可以說人家賤！」

「媽說演戲的人，都是窮苦家的孩子，賣給戲班學戲，挨打挨罵長大，所以賤啊！爸我告訴你，我還是乞丐的乾兒子、吃乞丐飯，還許願等我長大要『放花樹』，娘娘神駕前蓋『過關印』在衣服背後，媽許願終身『拾字紙』，媽說我在她在，所以替我保很多險，不會死的，泰山爺說爸活著，⋯」

爸摸摸我的頭，「還要什麼？」「買好吃的東西帶回家給媽吃，媽⋯」買芝麻球、炸年糕、炸蚵餅⋯

到家鄉渡頭，我很快的跳上岸邊，邊叫邊跑：「爸爸回來囉！台灣爸爸回來囉！」把爸爸拋得遠遠的，經過公婆倉、橋頭、土地公廟⋯直奔後廳左走廊，「媽！爸爸回來囉！」好多族親聞聲而把我家擠得滿滿的。

## 錦叔很可愛

媽面對這突如其來的消息，緊張的想看久別的爸爸成什麼樣子，又想換件衣服，又想梳理頭髮，手忙腳亂一項都沒做成。「二叔公您回來啦？」「老叔公大家都盼您快回家！」有人迎圍爸爸問東問西，「恭喜二嬸婆…」我家還沒這麼熱鬧過，媽像相親似的難為情的眼神瞄爸一眼：「你要吃點什麼？」爸倒大方的端詳同是三十七歲的媽媽，「不餓，路上吃過了…」小客廳擠滿人，大家把媽媽擠在角落，成了配角，媽媽有幾碗淚要洩一洩都沒機會。

「老叔公，錦叔好懂事哦！」

「小時候好可愛喔！」

「…」

向來沒有聽過有人說我可愛、懂事、會讀書…今天怎麼啦？我怪不好意思的，不習慣啊。

## 夜深泣訴

夜深了，親人終於各提油燈走了。爸問幾個親人，不提二弟么妹的事，在路上我都說了。媽大略的說說：「廷璋、珠瑛…」爸把話題岔開：「戰爭亂世，過去就過去了，在台灣，也是不好過，寶香很照顧我，希望妳不怪我⋯」

媽突然雙掌摀住嘴巴極端傷心的抽泣。「寶香是什麼？媽媽為什麼如此激動傷感？」我很錯愕。我在下房間睡，整夜都聽到媽低沉哭哭啼啼傷泣聲。我不敢問，第二天媽回答我的問題：「你爸爸在台灣有依嬸，你要乖一點，知道嗎？」不知道，有依嬸什麼意思？為什麼我要乖一點？「你不要問，要聽爸爸的話，知道嗎？」不知道，怎麼會這樣怪裡怪氣？（福州話「依」，即閩南語「阿」如依嬸、依叔、⋯閩南語就叫阿嬸、阿叔）。

## 爸又去台灣

一個月後，爸獨自去台灣。「爸為什麼不帶我們一起去？我們什麼時候去？」

「爸爸要我們過年後去。」

媽媽送爸爸到福州市碼頭區，然後帶我回鄉下，把放在山邊「亭厝」（鄉俗：為什麼要把棺材停放在山邊長排棚屋內離地三四尺高的木架上，一放幾十年，想不透。亭厝裡一排幾十副棺材，太久的棺材都散開，清明節不是掃墓，而是除草祭棺，近鄰的草我們順便拔掉。）一二十年的祖父母棺木，辦一次擇地埋葬喪禮，總算入土為安了。

## 母子是台灣海峽「未亡人」

一九四七年二月廿三日（民國卅六年，應是農曆）由福州碼頭乘船來台，於三月九日才到台灣。被海洋的狂風巨浪折磨十六天，「巨浪餘生」，狼狽地到達台北市赤峰街。十六天該記一記，其驚慌、恐懼、生死掙扎，驚險有餘，五十一年後的今天心有餘悸：

有一艘熟人的小帆船，人坐船沿，兩腳可在海面洗腳，媽不敢乘這麼小的船；結果它兩天一夜先平安到台。媽挑機、帆兩全的「福綏號」大船，那次約載三四百人，差點葬身台海。

上船後，大家坐統艙地板，男女受授不親，各式各樣行李、箱袋、被褥…作圍牆，人在中間坐臥聽便。開船一天多，到基隆外海遇狂風，船身上下左右不規則顛顛倒倒的在發抖，不但「圍牆」滾來滾去，連人都像「保齡球」似地滾，不能走只能爬行。驚叫聲、嘔吐聲、孩子哭喊聲、還有大人罵孩子「不要哭」聲，…媽會暈船，看她欲吐又吐不出東西，用手按住心藏部位在乾吐，狀甚痛苦。我懂事以來還沒有坐過大船，更沒有在大海這樣拋上拋下翻滾過，驚嚇得不得了，但因為媽的痛苦掙扎，使我很快忘了自己的惶恐，抓住媽的肩背為她捶背，因為家鄉人都用這種方法為病人解除痛苦。

三四天以後，不知道船飄到那裡，我從玻璃窗戶看出去，有時看到烏雲滿天，有時看到如山的巨浪，忽而船被一座高大如山的巨浪挺到巨浪峰頂，忽而船又沉在兩座巨浪的谷底，如山的巨浪整座向船覆蓋下來，以為被巨浪淹埋了，結果一座高山巨浪又把船頂上浪峰，幾天的日子就是這樣過的。

「這裡破了！」有人在吼叫：「快拿棉被來！」有人跌跌撞撞抱一床棉被，堵住破洞，人就坐下用肩膀堵住棉被，怕海水衝進來。

「這裡也破了！」另外有人在左邊叫喊：「快呀快呀！」又有人抱棉被，一樣用身體去堵棉被，接著幾個破洞，年輕力壯的人都去各守一個洞口，但海水已經衝進來不少了，我們船震動地更可怕，當船頭向上浮升，船尾向下沉時，大家你拉我手，我拉你手，平躺著以防人被震在一處，船身失去平衡而翻船，此起彼落的喊：「擋住呀！擋住呀！手不要放開呀！」船外是巨浪，船內是小浪花四濺，人處在生死關頭，團結得淋漓盡致，什麼叫「同舟共濟」，沒經歷過的人是無法體會得到的。

到後來人泡在水裡，生死的恐懼使我們忘了饑餓、不再暈船。過了幾天不知道，孩子的叫餓聲使大人忍受不了：「哭、哭！再哭就把你扔到海裡去！」

船顛覆得更厲害，一會左右搖晃、一會兒前後浮沉、一會兒旋轉還加抖戰。船裡的水浪因船震盪而衝來衝去，水漫淹我們，衣服濕透了，有時候還嗆鼻，難受無比。我每分每秒都在當心翻船，都在當心船破了，「淹水死」那剎那間無法呼吸憋死的痛苦；還有被大魚咬死更痛苦，我看見過貓咬老鼠，整隻老鼠在貓嘴巴，又咬又摔的，魚會不會這樣折磨我？我曾天真地想逃，結果還是失望地傷心地躺在水花四濺的破船裡等死。

上面的駕駛艙傳來好消息：「有一艘救難船在前面駛來！」年輕力壯的人準備跳船逃生，堵破洞的人也不管破洞，忙著逃命。船裡亂哄哄，年輕人連跑帶爬都往船上面擠。

「廷錦！」媽媽邊把我的衣服整理整理，扣子扣好，一邊對我說：「你不要管媽媽，你手腳靈活，能跳就跳過去，知道嗎！」

「媽！我不跳，我要跟媽媽在一起！」我哭著抱媽媽。

「要聽話啊！」媽媽鹹鹹的淚水濕淋淋的沾粘我的臉。「生離死別」的傷心更勝被魚咬啊！三十八歲的媽媽很蒼老、無力。別說十四歲未足的我不知道怎麼跳船，就是會跳我也不會自己逃生啊。沒有媽的孩子，我活什麼嘛我？媽在生氣：「你能活為什麼不逃？你為什麼變得這麼不聽話？」

破洞沒人堵住，船裡的水更多了。幾個人從駕駛艙抬下昏迷不醒的駕駛員，有人高聲叫喊：「大家趕快堵住破洞！沒有救難船！是一塊黑雲，不是船！」真好，媽不會逼我跳船了。

「船上有人會駕船嗎？」沒人回答。

「你不是當過海軍嗎？」

「我沒駛過這種船…」一個中年人說：「我不會…」

「唉啊！你上去看看吧！」眾人把希望與生命都交給這位伯伯了。他上去不久就下來，告訴大家說，照現在的「指南針」方向走的話，會飄到大海，太危險。如果朝西開，會有陸地；不過是逆風，浪濤衝擊船的破壞性更嚴重。要大家做決定。大家還有什麼辦法，只好讓他做主。

船在旋轉、浪濤圍攻船身，船在顫抖，我們知道活命機會不大，倒死了心反而不那麼害怕，水進來更多，只忙著抓住能抓的東西，減少人被水衝得滑來滑去。

「帆竿要砍掉！」老伯伯在喊：「不砍會翻船！」幾個水手拿斧頭、鋸子上去。電線桿一樣粗大的帆竿砍斷了，船並沒有穩定下來，又有一位老伯伯吼叫：「船上一定有『靈骨灰』！趕快拿出來丟掉，不丟掉的話，海龍王一定在海底翻滾不停。」

果然有台灣人把其先人火化的「骨灰」帶回。第一次有十幾包拿出來。

「十三包！要十三枚金戒指一起陪著丟入海中…」在收骨灰包的人大聲叫喊。

「我有！」此起彼落的回應，一下子收集了十三枚金戒指。人到生死關頭，顧不了祖先骨灰、金子更不如糞土。都丟到海裡去了，船還是一樣的翻滾，於是有人又在叫喊：「一定還有骨灰沒有拿出來！別害死人，趕快拿出來啊！」真的又拿出七包骨灰，金戒指不要人叫，有人自動地獻出來。又把它丟到海裡去了；大家正期待船安穩下來，卻來一個巨浪，衝得船幾乎翻了。

「再不拿出來！」收骨灰的人大聲罵人：「搜出來打死你！」又獻出九包骨灰，金戒子只有五枚。「誰還有金戒指啊？快呀！」

「金項鍊我有，可不可以？」

「拿來！」

金項鍊十幾條、金片、金手環…金飾太多了，「不要再拿了！」「全部丟了吧！」沒人收回金飾。金與命比起來，畢竟還是命要緊。丟了也沒用，船照樣在打轉，浮起來在浪頂，沉下去在浪谷底，船壁破得更大更多洞，海水在船艙裡亂闖，激起的浪花嗆鼻、眼睛，鹹鹹澀澀怪難受的。

「不要緊！大家不用怕！」有一個老爸認識的「老台灣」伯伯搖搖晃晃站起來安慰大家說：「我常常去台灣！比現在危險的，好幾次都沒事，大家安心啊！」一個大晃動，把他摔倒水裡。大家感激地把他扶起來，這話由別人說就沒用，由「老台灣」說出來就不一樣，簡直是不死的保證，有人拿幾瓶福州「老酒（青紅酒）」送他喝，他老人家那是喝酒，對著嘴猛灌，船身又不穩，半喝半流嘴巴外，喝了兩三瓶，我們都盼望他多說一點比這更危險，結果是平安的經歷來安慰我們，他大概喝醉了，揮揮手，欲言又止，「老伯，你說呀！」有人在催促他。

「說、說什麼呀?」他終於說了：「死定了!這一次包死！」他說著說著癱坐地板，雙手猛搥胸脯，好像要賴皮的孩童，失態地嚎啕大哭：「完了、完了…」。

大家都傻了，絕望又疲憊不堪的眼神瞪著他，後悔給他酒喝，本來我們就認命活不了了，哀莫大於心死，也就沒有那麼「怕死」了，結果給他這麼一安慰，『生灰復燃』，心裡正陶醉於「虎口餘生」，給他這麼一悽厲地嚎哭，幾日難得一見的笑顏頓時又愁雲慘霧，我們又要重新面對一次「死亡」即將來臨的恐懼。

船自身難保，也顧不了我們，群情激憤的如山巨浪，瘋狂地把船拋上天、又憤怒地把船摔下來，有時候船頭潛埋巨浪下，我以為就這樣沉死海底，可是船頭又晃晃抖抖地幾乎是垂直地像大白鯊翻滾似地沖上天，一大堆人像被（時下）大卡車倒垃圾一樣被倒在一堆，我們隨著船身搖晃而滾來滾去，船裡水花四濺，被折磨幾天也不知道，「死」對天天身心受摧殘而只剩半條命的我們，也沒什麼好怕了。

又傳來一個壞消息，兩座螺旋槳壞了一座，燃油只剩幾鐵桶，聽「水手」說，失去動力的船更危險，更可怕的是，有人看見好多大魚跟在船後，這是魚知道這艘船將要沉沒的前兆，我腦袋瓜出現貓邊咬老鼠邊耍弄血肉糢糊老鼠的可怕的慘狀，媽大概看出我在害怕，無言的抱我，拍拍背部，沒有淚只有呆滯地端視我；我心裡也擔心媽在害怕，不忍心讓媽受怕，「媽媽！我不怕，我們不會死！」媽突然如泉的淚水把我幾天沒洗的臉垢廝磨地更髒。

## 躲藏船底「聽天由命」

遍體鱗傷的船，無力地讓如貓巨浪群玩弄它，船的動力不足以自由選擇方向，似在原地飄旋，越來越晃動，外面進來的海水雖然增多，但流出去的也快，因為船舷破的洞也多。掌船的伯伯叫大家下船底，重心在下面比較不容易翻船。大家已無力、船又動盪，媽與我半爬半走還跌了幾跤，才從柴梯到昏暗的船底，大家都躺臥在由福州運銷台灣的杉木上，聽說還好靠這些衫木的重量壓住，才沒有翻船。

## 「看燈」的日子

船底除了昏暗以外，沒有海水泡身，也聽不見巨浪衝擊聲，但隱隱衝撞聲引起船身顫抖翻滾，也頂可怕的。媽媽也可算是「老台灣」了，台灣海峽也來回好幾趟了，所以媽知道選擇船的中心位置，比較不會那麼晃動，剛好天花板懸掛一盞油燈，躺臥燈下，不知是白天黑夜，眼睛瞪著搖晃的燈。就這樣過了好幾天，我做夢自己終於回到家，又同幾個玩伴，在大廳走廊玩踢毽子、單腳撥小瓦片跳格格「過關」比賽，玩得正高興，突然地震，房屋塌下來，我被壓得驚叫：「媽！媽！」

「媽在這裡，不要怕…」媽緊緊抱著我，我睜開眼睛，昏暗的油燈仍在晃動，船還在與巨浪搏鬥，不是這樣呀！明明回家了，怎麼又到破船來？萬念俱灰，了無生趣，怎麼又由生到死，這樣折磨我一次？

「媽！我們不是回家了嗎？」

「會回家的，你剛才是做夢…」

夢！如果不是夢多好，怎麼會是夢？我第一次嚐到美夢破碎的灰心、可惜的難過，好渴望是永不醒的夢多好！

「鳥！看到鳥囉！」

天窗被拉開，一個人從柴梯連滾帶爬地溜下梯來：「鳥！看到鳥了！」看到鳥有什麼好叫？他跌跌撞撞到處跑，看他高興樣，有人開罵了：「死到臨頭還瘋！」

「有鳥的地方，」他急促地說：「就是我們快靠近陸地了，…」

「別拿酒給他喝！」有人怕又來一個「老台灣」酒鬼，以免再從希望的天堂，跌落死亡的地獄之痛苦。

「施主！」阿彌陀佛看他沒人理，安撫他：「緣生緣滅，無常啊！何必罣礙？阿彌陀佛…」

「阿彌陀佛，」這位出家人動輒「阿彌陀佛」，大家就叫他阿彌陀佛而不知其名：「你什麼都不必求，只求佛菩薩保佑我們平安去台灣，勞駕勞駕。」

「阿彌陀佛，『求』不得也苦啊…」

「這一次如果不死，我要演七晝夜的戲謝神。」

「不死的話，一輩子吃素。」

「能逃過這一劫，絕不做船員！」

「我要一輩子『拾字紙』。」

「…」

（家鄉很多人許願「拾字紙」，有的是初一、十五；有的是隨緣，不挑日子。據說「字紙」不能隨便亂丟，因為它是孔夫子的眼睛，拾字紙的人，絕大部分是「文盲」，揹著竹簍筐，手持竹挾子，沿路見紙就拾入竹簍筐，最後揹到廟堂的香爐焚燒。聽說拾字紙能使下一輩子會識字，也積功德，所以很多人拾字紙。）

各人許各人的願，說要改行的，求神禱告的，在油燈下不知道又過了幾天，身上的衣服也乾了，拍拍揉揉鹽巴掉了一大堆，什麼時候海水蒸發了，也不知道。

## 燃油用完了！船不動了！

船隨浪濤方向飄搖，油料沒了。

「大家不要怕！」船員傳話下來：「風浪也慢慢減弱了，雲也少了，…」

「我的話你們不信！」看到鳥的人終於出口氣了：「有鳥就快靠陸地啦！」

「謝謝你！」有一位伯伯說：「到陸地再給你酒喝！」

「老台灣」伯伯聽了，怪不好意思地摸摸腦袋，後悔自己失態，當不成英雄反成了狗熊。

## 好像是漁船

「好像是漁船，很遠很遠那裡…」上面有人吆喝。

「那裡那裡？」很多人爬上去，幫忙看清楚，別像上一次把黑雲當救難船，搞得船上雞飛狗跳。我也爬上去，幾個人對我說：「弟弟你眼尖，看看…」同時讓出視線好的位置給我站，「看到沒有？」我很快地跑掉，聽到他們在罵我，幾乎像猴子一樣手鉤柴梯兩下就跳下來，向媽跑過去：「媽媽，真的有好幾艘漁船…」

「真的是漁船？」媽的臉龐似笑非笑，好好看，「為什麼不告訴他們？」

「要先讓媽第一個知道！」

「好！好！只要有漁船就安全了。」

我們跟所有的人都上去了，漁船越來越近了，大家都看得很清楚，好消息大家為什麼不高興？不懂。媽說：「沒力氣了，擔心害怕餓了十來天，因為『怕死』把元氣耗盡了，一鬆懈就癱了…」

## 槍桿子「出汽油」

由漁船群中開過來一條小舢舨，比手畫腳與船員「大小聲」，像是在吵架，小舢舨竟自開走了。不久有幾聲砰砰鞭炮聲，四五艘漁船竟然向我們開過來，鞭炮聲曾經把日本兵嚇走，我很納悶，他們怎麼反而圍攻過來？我問媽媽怎麼辦。

「船上有人向他們開槍，」媽聽得出那是槍聲，因為舅舅是鄉鎮抗日自衛隊隊員，家裡也有一把長槍，「子彈不長眼睛！快跟媽躲起來！」

怎麼會這樣？好好地幹嘛又要打起來？

「太沒道理啦！」一個船員邊捲袖子臉紅脖子粗地對大家說。他也是與對方談判吵架後才剛上船的。

「是呀！那有四五艘打一艘的！」

「不肯告訴我們這裡是什麼地方，」另一個船員對大家說：「一桶汽油要十兩黃金！領航還要五兩黃金！」

「怎麼辦？他們船多⋯」

「不要怕，」那人說：「一兩都不用花啦，等他們船靠攏，所有年輕人就跳過船，把汽油搬過來，⋯」

「他們肯嗎？」船客擔心地問他。

「他敢不肯！他們不怕槍呀？」船上有七八個持長槍的不像國軍的「阿兵哥」對我們說。

「媽，我們這不是搶劫嗎？」媽摀住我嘴巴，抱緊緊地。

「要去那裡呀？」有人問。

「汕頭市，廣東省汕頭市，幾十里外…」

## 破船變「海盜船」

漁民本想趁人之危敲竹槓，沒想到破船有伏兵，汽油被揩了，還得替人「引船入港」。幾個鐘頭後，看見遠處隱隱矇矓陸地，看到陸地就是看見自己活生生的生命呀！死而復活的生命。其喜悅真難以言詞形容其萬一，個個眼溢淚珠，淹糊視力，已看到的陸地又「海到無邊天為岸」那麼遙不可及，黑白濛濛雲霧一連串，真怕又是幻象一場，有人猛擦淚水盼望能看清楚一點、有人安慰自己也安慰別人：「漁船帶領我們，那邊一定是陸地」。

## 「岸」怎麼會晃動？

陸地漸漸近了，汕頭市的輪廓若隱若現，確定命保住了，這種天大的歡喜，該等同「日本投降」那麼又奔又跳的瘋狂才對，怎麼反而樂極生「悲」，抽泣起來？

「媽！」我看媽坐船舷走廊，痴痴地從破洞往外看，搖搖媽：「媽，我們上岸走回去，我們不去台灣了。」

「汕頭市距離福州市有多遠，媽也不知道，」媽說：「爸還在台灣等我們，不能不去，以後你就有飯吃了。」

聽到飯，打心底高興上來。真「乾飯」印象中還沒吃過，頂多吃過「擔土飯」、「割稻飯」⋯這種飯，水少，比粥乾，倒像「泥巴」。家鄉人看你吃「乾飯」，會很關心地問候你：「你怎麼啦？有沒有給大夫看。」乾飯是病人吃的，健人是捨不得吃。還有一種人是不敢吃的，就是欠債的人，要給債主碰到，「欠債沒還，你還吃起飯？」就怪不好意思地。

視覺是「岸」在動，晃呀晃地向我們靠攏過來，岸上很多人奇異的眼神看我們的破船，幾艘「攤販舟」圍繞船邊在吆喝，船索拋到岸邊，船員把巨索綁在鐵樁上，幾個船員把船橋板架上岸邊，叫大家先上岸，不能走散，他們去汕頭市市政府申請「難民」補助，安排住宿。

我拉著媽媽跟一大堆人上岸，第一腳踏上岸，嚇我一跳，船浮動是正常的，岸怎麼也跟船一般上下浮動，「媽！碼頭怎麼會動？」媽畢竟是「老台灣」，安慰我說：「不要怕，這叫暈岸。」暈車、暈船聽過，沒聽說暈岸的，「媽！妳要慢慢走，我扶妳！」

一大群人搖搖晃晃，一腳踩下去像是踩空，有時又像踩到高凸地，如履薄冰如癡如醉，母子緊緊扶持，跟大夥兒走到「一幢大廈」走廊，大家坐的坐、靠牆壁的靠牆壁、躺臥的躺臥，暈岸、暈船、饑餓、緊張恐懼十幾天，耗盡體力，也有人伸手向過路人乞討已吃一半了的饅頭，過路人越來越多停下來看我們，把還沒吃完的玉蜀黍、⋯自動地給我們，迄今年屆七十的我，想起來還會哽咽流淚的是，最保守連「公婆倉」施粥都不敢去吃的媽媽，竟然去找路人，向他要還在嘴巴邊嚼咬的麵包，不是自己吃，是要給我吃呀！天下母親多偉大不知道，但我的母親最偉大！我們像逃難的「丐幫」，也顧不得尊嚴面子，能活著就好。

汕頭市碼頭好大，西洋樓也比福州多，黃包車、三輪車、腳踏車也很多，汽車倒很少，碼頭上大船小船一大片都是，船上發洩式的吵吵鬧鬧也好了，畢竟大家共患難十幾天，「大難不死」有沒有後福先不管，大家在談論到台灣以後怎麼保持連絡，紀念「重生」。

船務員代表回來了，汕頭市政府已經答應安排我們住簡陋旅社，…

「媽！」我小聲地問：「有沒有飯吃呀？」

「吃稀飯，」代表說：「大家補貼一些錢…」

很多人愁眉苦臉，「瑯弟伯」（「瑯」矮小之意，閩、台常以人貌特徵稱呼）對大家說：「人數太多，我全部負擔的話，怕錢不夠…」

「我也幫一部份，」好幾個人說話：「能自己負擔的請舉手。」一半以上的人舉手，媽也在內。

「媽！我們有錢嗎？」媽沒回答，楞楞地聽講話。

「那沒關係了，」瑯弟伯說：「我本想到台灣再另外開一家織布廠，這一次如果死了，什麼都沒有，現在把本錢花光，能幫助各位一些小忙，老命還在，布廠開不起來，也是因禍得福，享受享受清閒晚年……」

他成了大家最崇拜的大恩人。船員又說話了：

「三天後有一艘萬噸級大船，答應我們先去台灣再回上海，大家有錢的話，半票船費，如果大家沒錢，等我們船修理好了，免費載你們去台灣……」

「你那破船誰敢坐！」大家七嘴八舌地要船公司想辦法。

「這是天災，」船代表說：「我們也損失慘重，大家先到旅社休息，我們再去交涉。」

一大群人疲憊不堪地顛顛倒倒跟著走，彎過來彎過去，繞小巷過大街，好累，如果不是旅社有粥吃有得住，真的會走不動。一個老態龍鍾的老伯伯，一拐一拐地被十幾歲孫子拉著走，媽用無力的手去扶他走，他問媽有多少錢，「不多，你要多少？」

「呵呵……」似笑似哭的表情：「難得！不死就好，不死就好，錢？嗨……」看他怪可憐地，原來不是向我們借錢，只是關心而已。

## 好大的船

媽的錢不夠自己坐大船船費，很多人都不夠，因為船費太貴（我們太窮），後來船公司代表拿一本簿本，要借錢的人在這簿本上留下台灣地址、姓名，借多少錢都要寫上。

「利息貴不貴？」

「要多久還公司？」

「…」在客廳大家七嘴八舌的問代表。

「不是公司的錢，也不要利息，到時候要還人家。」代表對大家說。

「是那一位先生？」

「住那裡？」

「叫什麼大名？」

代表說，人家叫我不要說，按照你們的地址，到時候他會通知你們。「大家準備一下，過午就上船。」

「一定是瑯弟伯！」但老伯伯說不是他。

媽也去借多少我不知道，但有幾個好心的嬸嬸說：「妳的孩子個子那麼小，不用買票，上船時我們四五個大人走攏一點，把他挾帶上船…」

「這樣不大好吧？」媽不好意思又無奈地：「這樣可以嗎？」

「大不了再補個票就是啦！」

大家睡足吃飽，體力恢復過來，繞小巷過大街，又到碼頭，公司幾個船員像養鴨人家，趕一大群人鴨過船橋板，靠近船身邊昂首一看，比我家大屋頂還高的船梯，船上面梯口兩側各站一個穿海軍服的收票員，四五個嬸嬸們叫我躲她們中間，我個子矮小，稍為一蹲，頭臉成了她們腰臀部的餡兒，收票員覺得怪怪地，想看清楚，但後面人早說好了，一波人趁機往上擠，收票員顧此失彼忙不過來，我就這樣被挾帶上船。

難民沒房間，都在甲板上住宿，幾個人一床棉被，我就躲藏棉被裡，吃飯時候就露出上半身，與媽媽共吃一份，有時看到穿海軍服的人，趕快像縮頭烏龜縮進棉被裡。次日一早，我想過了一夜，他們也不認識那個有票沒票，起來到處走走看看，昨天匆匆驚慌上船，不知船多大，在船頭往船尾看去，好遠好長的船，大得不覺船身會搖晃，只有站在船頭望船尾看去，才有輕微像玩蹺蹺板，頭尾一點點浮沉感覺。

## 「岸」又動了

太陽慢慢地從遙遠的海天接縫處，冉冉伸出紅紅的圓形頭，映出滿天好美的彩霞，深藍綠色海洋片片翻捲的小波浪玩弄著雪白色花朵，閃閃發光，我第一次欣賞這般藍天白雲，綠海映波光彩，對一個生長鄉村不知海為何物的小孩來講，面對無垠的廣闊綺景，體會到自己之渺小，心胸豁然開朗，覺得「不虛此行」，值得。

「嘟——」如雷貫耳吼聲，嚇了一跳，趕快跑到媽身邊，「什麼聲音這麼響？」奇怪啦，船倒沒動，碼頭、岸、汕頭市、一大片船隻…卻慢慢地在離開我們，越來越遠，所有同船難民不但沒乘過這麼大的船，連看都也沒看過（感覺上，它比基隆港「麗星遊輪」還大），很多人後來想看看碼頭區，才訝異地發現碼頭區的街景、車船、岸邊，已遠得看不清楚。

## 淚灑基隆！

民國卅六年三月九日（一九四七）到基隆港，本當興奮不已才是，怎麼靠港準備上岸時，卻茫然若失。活動梯緩緩放下，靠岸綁牢後，船員幫忙大家下去，我跟著媽同幾位嬸嬸們扶梯而下，有四個收票員在梯子上岸邊收票，我仍然重施故技，想矮著身溜過，結果被抓著肩膀要票，心裡本就鬱悶難過，頓時淚灑衣襟大哭大叫，媽倒輕鬆地對收票員說：「我留下，讓孩子先進去，…」

「我們是難民！」嬸嬸們「大小聲」吼他：「你有沒有良心呀！這麼小孩子，要什麼票？」

「走！」嬸嬸們拉著我就進去了，我回頭看那收票員愣愣地在對媽揮揮趕人的手，後來媽也進來了。媽告訴我，基隆市有廷發老堂哥，做人好又熱心助人，開傢俱店，戰爭以前親人來台，很多都先住他家，所以到基隆港媽就不怕了。

## 基隆「米糕粥」迷我「一世人」

一大群人分散成幾小群人，彼此留下連絡地址，沒看到公司代表，也探聽不到借錢給我們的債主，媽媽很在意地問了幾個人，也沒問到是誰。

「我看是瑯弟伯，」老態龍鍾的老伯伯說：「錢啊身外物，人家要做好事嘛！別為難他了。」

瑯弟伯在碼頭「路攤仔」，邊吃米糕粥邊招我過去吃，冷颼颼天氣，看到熱騰騰黃澄澄的甜粥，口水都快流下來。

「小弟弟，」瑯弟伯說：「依伯請你吃甜粥。」

「依伯，我可以吃幾碗？」

「你能吃幾碗就幾碗。」如果一碗就給媽媽吃，兩碗的話，老伯伯也要一碗給他吃，如果有三碗，我自己也吃一碗，聽說幾碗都可以，好高興：「要三碗可以嗎？」

「可以，你能吃得下嗎？」沒回答他，接過一碗快步走到媽身邊：「媽！這碗甜粥給妳。」媽愣愣地想問什麼，我早又去端一碗給老伯伯，再去端一碗自己吃。

「依伯！好好吃，我從來沒吃過這麼好吃的甜粥。」過喉嚨打從腸子暖上來，渾身舒暢無比。

「依伯，孩子沒禮數，」媽還端著粥。

「教得好教得好。妳趁熱吃吧！」

依伯又拿一碗粥給我：「不夠再吃！我住蘆洲，過台北橋右轉，直直走，個把鐘頭就看見竹籬笆圍繞，裡面有幾間平房，就是布廠，周邊都是稻田竹林，很好找。」好慈祥的長者，他被在碼頭等十幾天的親人接走了，那時沒電話、沒收音機、沒電視，所以很多在台灣親人接到十幾天前我們出發通知信時，也沒辦法探聽消息，所以沒有親人來接我們，只有自己各自找尋親人去了。瑯弟伯摸摸我的頭，叫我要去找他，揮揮手先走了，留給我的是心裡酸酸離情別意。

## 揮揮手，「生離依依不了情」

十幾天的患難與共，鬼門關繞一圈，劫後餘生之人生觀也大大改變，「大捨能捨」，互助互愛，視金如糞土，彼此關懷之真情發揮得淋漓盡致，古云「共患難易、共富貴難」，然也?非也?

「阿彌陀佛！」有人看和尚悠閒的與一群人說話，「你家在那裡？」

「阿彌陀佛，貧僧無家。」和尚合十打禮說：「但出家人雖是無家，卻處處是家，…」

「你臨危不懼，是不是早就知道平安無事？」

「阿彌陀佛！」和尚說：「貧僧凡夫俗子，與施主一般不能未卜先知，但生死由緣生緣滅，心無罣礙故無恐懼而已…」

「你到底怕不怕死?」大目哥是粗人，說：「什麼緣生緣滅?我們不懂，說白一點，我們才聽得懂。」

「阿彌陀佛！」和尚很溫文儒雅地說：「怕死豈免死；貪生豈長生？施主曾祖父母以上親人，可有一位還在人間？施主可還記得先祖姓名？四大皆空，『因緣生、因緣滅』，諸法皆空，隨緣吧。」

「佛法『無邊』回家是岸！」看到鳥，大呼大叫那個人很俏皮地對大目哥消遣地說：「別找碴啦，回家吧！」

人漸漸少了，彼此揮揮手，帶著離情別意，聲聲互道珍重，我倒懷念起這十幾天共患難的日子，是否就這樣各自「天涯一方」緣盡情了不復來？

## 要乘「火」車？怕怕！

媽說要乘火車去台北市，使我恐懼：「我不坐火車，媽，我們走路嘛！」

「走不到的，很遠很遠，」媽安慰我：「火車怕什麼？」

「很可怕很可怕！」俏皮的大目哥對我說：「用火燒車頭呀！一大堆車廂跟火車頭跑。」

「你呀！老是騙小孩！」大目嫂罵他：「依弟，不要怕，只是用炭火燒前面火車頭，我們坐後面…」

我想起偷吃蕃薯掉入大鍋，被媽烤得腳底燙痛，火在前面燒，一定會燒到後面，「媽，火燒起來我們要怎麼跑出來？」

「不用跑出來，火車會帶著我們跑的。」

我想，火在前面燒，煙灰往後面吹，不被燒死也被嗆死，為什麼要坐用火燒的車呢？

我很不安，忐忑不安的臉給媽看出來，她用最好的最有用的話來安慰我：「到台北找到爸爸就有飯吃啦。」

## 話聽不懂「半句多」

按址找到幾「丁目」幾「番地」，就是以前建成區赤峰街四十一巷九號，雙連火車站附近，門戶上釘幾塊寫名字的木頭，其中一塊寫「張冠雄」，應是這一磚造二層樓房沒錯，進去問一個白白胖胖嬸嬸，她看過紙條上要找爸爸，很客氣地說幾句話，但我和媽都聽不懂，我們只能說福州話，她也聽不懂，比手畫腳後，嬸嬸請我們坐，好幾個人看著我和媽對嬸嬸問什麼我雖聽不懂，但我猜想，她可能就是爸的嬸嬸了。一幅富貴相，三十歲左右，說話走動都蠻溫柔敦厚，她微笑地把我們包袱雜物拿到靠右房間，倒兩杯茶給我們，我和媽也只能以微笑謝謝她。二十坪大的房屋，兩旁是房間，中間是走廊，左邊房間有一個與我差不多大的妹妹，這位嬸嬸招呼她出來與我們點點頭，難不成她是爸爸生的妹妹？客廳右壁一座神龕接連公婆龕，一位六十來歲婆婆在上香、擲筊問卜，一邊舉香拜拜，一邊在罵神桌下面跑來跑去大約五六歲的妹妹，她到底罵人還是罵神，我覺得很好笑，顯然此人與我們無關。

兩旁各有三間房，後面兩旁無壁有床、被褥裡還露出睡腳。最後面右是天井，左有灶、爐子幾個，圍牆左關著門的，一定是廁所了。門牌號碼上釘著五六塊寫著不同姓名的木板塊，看起來不像一家人，因為不同姓呀。爸爸怎麼會同他們住在一起？媽以前來過台灣，告訴我說：「這些人都是房客，都租在這裡住的。」

黃昏時候，人零零落落多起來，有從外面進來的，有從房間出來的，女人各抱一個爐子在生火，拿著扇子猛扇爐，滿屋子充滿煙霧，以後每天三餐都是這樣。

## 爸下班回家了

爸很錯愕的看我們，因為我們像「不速之客」似地到來，「有沒有叫依嬸？」

「叫了，她聽不懂福州話。」

「你不會說國語嗎？」爸的話讓我知道爸太不了解故鄉了，什麼叫國語聽都沒聽過，只聽過讀學堂的人會說普通話，當官的人說「官話」，官話是不是國語？不知道，只讀私塾的我怎麼會說國語？「兩下聲」是指說普通話的外省人。爸對媽說：「寶香很用心，這一兩年她學了不少國語，希望妳除了學國語，也要學台語，不然你們怎麼溝通？她是寶香的養女，叫麗卿，」爸叫麗卿向媽點頭問好，說了什麼，聽不懂。

這時候我茫然若失，爸已不是我來台前所想的是我專有的爸爸了，眼看也不像媽媽曾說過，只要去台灣要吃什麼就有什麼。

爸爸這十幾年一定過得很好，這屋子爸租兩間房，一半客廳，別人一房睡好幾個人，爸三個人睡兩間，腳踏車新、半新、舊共三輛，還雇人來家洗車子，後來才知道新車是應酬用的，半新是晴天用的，舊車是雨天用的。加上嬸嬸很體貼，很會說話，三人一起生活很單純，我和媽突然加入，經濟負擔重還不打緊，生活習慣、語言不通、男女情結⋯我體會到爸為什麼看到久別的妻兒，臉上既無喜氣還茫茫然不知所措。生在戰亂時代的爸爸我也能體會他的處境，一個是結髮夫妻，一個是十來年照顧他起居生活的同居人，俗云：「要人家不和，唆他娶個小老婆」，我們給爸爸帶來兩難是必然的。

「妳和廷錦就睡右房。」爸把嬸嬸的衣物拿到左房，嬸嬸去買兩碗「切仔麵」和豬頭皮、雞翅膀雜碎，笑笑地比手勢請我和媽吃。嬸嬸真的很好，有大家閨秀風采，「好的開始，幸福一半」，但願如魚得水，讓多苦多難的媽媽能有好日子過。肚子也餓了，特別好吃，我對她點點頭，表示謝意，她摸摸我的頭，說什麼聽不懂，猜想她一定問我好不好吃。

爸爸與屋裡一大堆人說什麼，聽不懂，大概在介紹說明我和媽的來龍去脈吧。

嬸嬸與爸爸說幾句話，嬸嬸又同我們點頭揮手走了，爸爸說：「依嬸娘家就在雙連火車站，很近，今晚不回來，廷錦就和麗卿睡左房。」

隔壁房與我們共用一個燈泡，壁板挖個空洞，燈泡懸掛洞中央，一個燈泡照兩房，每兩房都是共用一個小小昏暗的燈泡，省電費。

早上醒過來，麗卿、爸爸都不見了，床上一張字條：「哥哥，我上課去，阿母會回來弄早餐，再見」，「阿母」大概就是她媽媽的意思。

媽說爸爸五點鐘就去上班了，工地很遠，爸說要騎很久腳踏車，都要很早去。早上人多，老婆婆一邊上早香，一邊叫家人起床，幾乎很準時的約兩分鐘叫一次，「阿吉仔！起床啦！阿芬時間到啦！」阿吉仔他們大概也知道他媽媽都提早二三十分叫，聽而不聞，倒是同屋裡的人都被叫醒過來（以後天天如此）。早餐前先嚐嚐五六個爐灶煙霧洗禮，天井有站的、蹲的趕緊刷牙趕上班的人，等上廁所的、罵小孩的、小孩哭哭啼啼的、還有出去了又衝回來拿忘帶的東西、也有拿東西追出去交給沒記性親人…，倒蠻像福州救火隊，敲鑼挑著水跑來跑去救火災。兵荒馬亂過後，屋裡人少了，靜了。

「媽！」我說：「這屋裡怎麼這麼多人？」

「台灣一般人，不是很有錢，都是共同租房子住，這房子還好，有的很多人共住木屋，颱風來時屋頂漏水，家裡濕淋淋，」媽沉思一回，很正經地對我說：「你要聽話，現在不比在家，不要亂說話，你記性好，多學台灣話，將來看看爸爸能不能給你去學校讀書，上個月才發生『二二八事變』，外面還不平靜，不要亂跑。」我點點頭，三十八歲的爸、媽、依嬸都要面臨「情意綿綿剪不斷理還亂」的困境。千盼萬盼到處燒香拜佛能夫妻團圓的媽媽，她眼前的心境，我是寒天飲冰水，點滴在心頭。

我們是民國三十六年（一九四七）二月二十三日由福州馬尾港出發，海峽遇狂風被吹到廣東省汕頭市，轉乘「中興號郵輪」於三月九日到基隆港。這一定是「農曆」，家鄉根本不知什麼國曆，換算國曆的話，應是三月中至四月初，即「二二八事變」後一個月左右到台。早一個月來的話，也許正好被不明不白地打死，總算老天爺有眼，網開一面，讓多災多難的母子逃過兩大劫難，除了感恩還是感恩。

## 沒穿褲子的「準日本人」

我家對面是一棟日式宿舍，夏天男主人很喜歡光著屁股坐欄杆納涼，我很不好意思看他，他倒蠻自然地向我們打招呼。

「媽！」我有一次問：「他為什麼不穿褲子？」

「他穿丁字褲，」媽向我解釋：「日本人都這樣穿，台灣受日本文化影響，…」

「這也叫文化？」

「日本人『有禮無體』，」日據時代媽畢竟也住過台灣，懂些：「你沒看到早上他上班時，他太太都跪門廊送他，晚上一聽他到家門口聲音，就拿拖鞋，跪著等候，他一進門就幫忙脫外衣、鞋子，恭恭敬敬侍候他。」

難怪有人說，娶日本『妻』、住西洋『樓』、吃中國『菜』。

爸不在的時候，我會帶媽媽去「圓環」附近走走，那裡有「王祿仔仙」、圓環中心裡有長期跑江湖賣膏藥的，我最喜歡看賣「高家種子丸」歌仔團，唱歌、逗趣、雜技，也有環外路邊盲人手抱琵琶琴獨唱「哭調」、「乞吃調」，圓環周邊重慶北路、南京西路、天水路，賣吃的攤販多，豬腳滷成黃金色，在黃燈光照射下，好誘人，想想看看，雖然沒錢吃，聞聞香味也不錯。整條街兩旁都是攤販，賣衣物的、裝飾品的、…晚上人擠入，生意人吆喝聲、食客喝酒猜拳聲、炒菜鍋鏟聲、還有腳踏車驅逐行人讓路的鈴聲…好熱鬧。生長鄉村的我，那看過這場景，要不是媽說要回家，還真捨不得走。

「媽妳等我一下！」看到一攤烤香腸攤，跑過去就站攤邊，媽很奇怪地走過來，叫我回家，「等一下嘛，不要錢的。」

「那有不要錢的？」

「我只是聞聞味道，好香喔！」

媽摸摸口袋，要買一條香腸給我吃，「一條多少錢？」

人家不理我們，因為媽說福州話，人家聽不懂，只好回頭走，聽不懂他們在說什麼，只懂一句「阿山人」，媽拉我快速回家。

## 偷賣「枝仔冰」（冰棒）

我發現家裡吃的食物縮水很多，新腳踏車也不見了，車也由我來洗，買最便宜的粗糙米，米從酒瓶口慢慢倒瓶裡，我用鐵條插入瓶裡，上下捶米，把米捶打去殼，每幾天都要捶幾瓶，一天我叫麗卿幫忙捶，她說：「我要做功課，沒空！」這句話不打緊，下一句傷了我的心：「我們以前都不吃這種米，都是你們來以後，魚肉好吃的都少了⋯」我氣得抓她的頭髮，打她嘴巴，她很大聲的哭叫，媽媽、阿嬸都從房間跑出來，媽媽在罵我，阿嬸去拿竹枝很生氣的要打，媽去阻擋阿嬸，告訴阿嬸：「要打打我好了！不准打廷錦！」

「孩子不打不行！」阿嬸體力大，身體強壯，媽擋不住，麗卿被連打幾下，還要她向我賠不是。還好媽說的是福州話，阿嬸聽不懂，台灣話我聽一半，但是「孩子不打不行」我聽得懂，只是這「孩子」是否指我就不知道了，直到麗卿被阿嬸打了，才明白，但也差點造成大誤會。

我學過木工，就鋸四塊木板，釘個枕頭大小的木箱，裡面鋪布保冷，以防枝仔冰溶化。向媽要幾角錢，媽連問都沒問就給我，媽知道我根本不會亂花錢。

爸早出晚回，趁他不在家，我拿著木箱到枝仔冰廠去「批購」十枝「枝仔冰」，像在家鄉賣「炸蚵餅」一樣，沿路叫賣，天氣熱，很快就賣完了，又去批購二十枝，卻只賣十三枝，怕爸回家，我要趕在爸前面回來才不會讓他知道，偷偷地把木箱藏在桌腳隱密處，誰知道那七枝冰棒溶化了，水濕淋淋流滿桌腳地面，被爸發現了，砸爛木箱，媽還挨罵：「孩子怎麼管的？」

我是恨不得趕快長大，吃什麼苦都沒關係，面子也不打緊，只要有錢賺，養媽媽是我的使命，媽誰都不能欺侮她。但爸爸不一樣，他身體壯、口才好、領導力強、交際廣，十來年日據時代，憑著他的頭腦靈敏、設計構圖天賦異稟，日本官民都口服心服，重用他。（光復後最冒險的是承建台北市南海路古色古香的「國立歷史博物館」）。構圖設計、鞠躬盡瘁地早晚親手做、親自監督，史館門前面兩隻石獅，是叫他還在讀初中的長孫守謙（現開「守謙中醫診所」）畫的。之所以說「冒險」，那時家境窮困，承包史博館時，爸曾與不贊成他承包的同仁說：「我知道會在虧本與不虧本邊緣，但包建這歷史博物館太有歷史價值，對子孫後代也滿有意義。」畫好圖還花錢請建築師蓋章，因爸不是科班出身。幾年後落成典禮，館長包尊彭先生特頒獎狀讚譽爸之手藝「巧奪天工」。）怎忍受孩子去賣枝仔冰？被朋友看到，面子往那裡擱？怪不得爸要生氣。

## 為聽「鄉音」走幾里路

在圓環逛街時，碰到兩個福州人在說福州話，那種他鄉遇「故音」之喜悅，好親切好窩心，真正體會到離鄉背井的人感覺「人是故鄉親、月是故鄉明」的情感。我就跟在他倆背後，聽他倆說福州話，過馬路繞大街，他倆停下來看東西，我也停住，他倆走我也走，最失望就是他倆有時很久只走不說，有時候聲音小，我幾乎像長頸鹿一樣，伸長頭去貼近他倆耳朵，即使被他倆發現我跟蹤很久，「這小孩可能是扒手」我聽了也高興。一直到人家門口，才敗興而歸。也發現我跟蹤好遠，走了好幾里路。

## 自導自演「布袋戲」

圓環除賣藝走唱以外，我最愛看布袋戲，印象中最有名的是「小西園」，記得戲台上有一對很有意思的「對聯」，「千軍萬馬四五人。萬里路途六七步」，故事動人、描述人物性格、老少男女文人、粗人的說話腔調都合乎其身份，行住坐臥，打鬥跳窗，演得維妙維肖，尤其是「吐劍光」，看起來像真的從嘴裡吐出來，我每每看到自己喜歡的「好人」贏了，就像自己贏了一樣好過癮，跟大家鼓掌叫好。

最討厭的是戲演到最高潮時候，結束了，每一次都這樣：「欲知後果如何，請某月某日到某某宮…」每一次被氣但每一次都會去先享受，再生氣等下一次再去。

生氣了，向媽要錢買兩個布袋戲偶像回來，自編自導自演自樂，刀劍依照鄰居孩子教我，拿幾根鐵丁放在火車鐵軌上，火車開過去，鐵丁就被車輪壓扁，像刀的、像劍的、像鐮鉤的，接在木偶手小空隙裡，坐在椅子，雙手穿插木偶腹部，左右手互相打來打去，口裡唸唸有詞，不知道演什麼，就是高興好玩自得其樂嘛。不過那兩尊偶像很倒楣，不久又被爸發現，「粉身碎骨」，媽又因我被爸罵：「妳怎麼教的？」

## 我離家又去學木匠

阿嬸住娘家多，一個月回來幾天，給爸幾次不大好看的臉，他們不愉快本來與媽無關，怎麼每次媽都莫名其妙地遭殃，更加強了我賺錢養媽的衝動。

麗卿犯錯，被阿嬸責打而離家不知去向，阿嬸也不想找她，聽說以前常常蹺課離家出走，惹阿嬸生氣。爸的朋友來訪的越來越少，因為阿嬸很會款待朋友，逢午餐、晚餐，必會去買些花生、豬耳、雞鴨翅膀…在客廳喝米酒聊天；但媽、我來後，家庭負擔重，加上媽也不捨得亂用錢，怕給爸增加負擔。所以朋友眼中口中，媽不如阿嬸好。媽不識字，國台語又不懂，成了「聾啞、文盲」準殘障似地有話難言，常常與台灣人說福州話，彼此搖頭比手不知所云。這樣也有好處，與阿嬸就沒辦法「吵架」，倒也相安無事。

靠爸一人賺錢養家活口，本不難，但爸很好客，國稅可以拖延，朋友紅包白包絕不失禮，朋友來家只要他在，沒錢也要去賒酒、賒菜餚，媽常常為還雜貨店賒債與爸偶而鬧意見。

「媽！」我決心地對媽說：「我要去學木工！」

「和爸商量商量看。」

「爸不會肯的，我一賺錢，爸媽你們就不會為錢，天天煎熬，不會很久的。」我在貴陽街教堂邊巷子裡找到一家製造傢俱工廠，告訴老闆我已往學過一段日子，老闆拿鋸子、刨刀給我，考我鋸厚木板、刨木塊的功夫，老闆看了很滿意，就把我列入「半師」，不算「學徒」；已當學徒一年的阿根很不滿，又不敢向老闆抗議，卻老是要我去燒飯洗碗、打掃、做雜七雜八的事，這行的規矩很重視「先來後到」，先進來當學徒，根本就像我以往在福州當學徒一樣，燒飯挑水洗衣物，等新來一個學徒，才升級學技術，我體會阿根心情，他千盼萬盼盼到了「後到」的新生，正高興自己脫離苦海，卻因為我「技勝一籌」，使阿根希望落空。我也想幫他做燒洗雜事，但老闆不肯我幫他。

我「背書」笨，但做技術性的工作，手腳卻蠻靈巧的，所以老闆給我免費吃住，還給我符合「績效」工資，我等待發工資，拿回家讓媽高興，叫媽不要擔心。天天歡歡喜喜的工作，前途一片好景。

還不到一個月，老闆對我說：「你原來是冠雄的兒子，你爸要你回去。」

「我爸怎麼知道我在這裡？」

「依弟呀，」老闆說：「你爸是很有名的，『新起街（長沙街）』傢俱行、工廠，你爸都熟呀，你回家吧，…」

回到家爸還沒回來，媽抱著我含淚說：「媽好擔心你，爸急得請朋友到處找，回來就好，回來就好。」我把老闆給的錢交給媽：「這是給妳自己用的。」

「這…」媽悲喜交集，接著一定是聲淚俱下的一句：「可憐的孩子」。趕快轉移話題：「媽，台灣很容易找工作啊，你不要怕！」爸回家只對媽說：「孩子都被妳寵壞！」

爸沒罵我，但他的威嚴嚇得我不敢同他說話，只要爸在看，我連掃地都掃不好，垃圾都會找麻煩，跑東跑西的，就是不進斗箕裡面去。

## 西螺村姑看「阿山」我長什麼樣子

張文宗姪是我恩師，他歲數比我大，但輩份低，還得叫我「錦叔」，在省政府當機要秘書、…一天來訪，媽和他談到我：「錦叔在家鄉讀私塾，沒學籍證明，你看有什麼辦法能到學校讀書？」

文宗師與我聊聊天，心裡在探測我學識程度。後來他辭官職，先帶我到宜蘭縣頭城中學就讀，校長是他老朋友，就住校長宿舍，一學期後，弄個轉學證明，到台南縣（後改雲林縣）西螺鎮農業學校就讀。

剛光復一年多，老師們還都在補習國語，國文倒沒問題，本省人雖然受日本教育，但民間學「漢文」卻普遍。與大陸幾十年的隔離，不了解大陸，認定凡是外省人都會說國語，上課時老師都會先叫我站起來以國語唸一遍，簡直是打鴨子上架，我硬著頭皮，懂得這個字國語怎麼唸的，就以國語唸，不懂的字就以福州話唸，就這樣混水摸魚，「蜀中無大將廖化當先鋒」我也滿愜意地過著「先鋒師」愉快日子。

更離譜的是，西螺「新街仔廟」附近一傳十，十傳百，農校來一個外省孩子，好幾個姑娘到校門口看我，想知道外省孩子到底長得什麼樣子，我成了稀有動物，一段時間老是在校門口碰到三五成群姑娘，對我指指點點，同學告訴我說，她們都是來看你的。鄰居阿婆指著豬問我：「你們家鄉豬，和這隻一樣不一樣？」

## 西螺又住「鬼屋」

恩師、他胞弟守庸和我、田老師、謝老師一家人，都住在所有教師宿舍中最大的，是已回去的日本校長住過的大屋院，二三百坪大，四周有圍牆，圍牆內四周有假山、花卉、高低大小樹木很多、還有二樓高的木瓜樹、一大片菜圃、中心是標準的日式木屋，中央板牆把木屋分隔東、西兩半。謝老師一家人住西邊，我們住東邊，隔間都是活動紙門，可以拖來拖去來分組大小不同的房間，屋裡全鋪榻榻米，這麼好的別墅式的宿舍，怎麼先到職的台灣老師都挑百坪大小的獨棟宿舍，反而留下又大又好的給後到職的老師來住?後來我聽到很多奇怪問話：

「你住的宿舍，夜間有聽到什麼聲音沒有?」

「夜間有沒有聽到哭泣聲?」

「半夜有沒有看到有人種菜除草?」

「半夜紙門會搬動，燈泡會閃亮?」

「如果夜間窗戶有木桿伸進來，」鄰居阿婆對我說：「木桿頭綁著繩索，不能用脖子去套！」

「為什麼？」

「你不理他就是啦。」阿婆不告訴我什麼原因。

後來也有人暗示恩師：「這宿舍不乾淨，本來是墓園，日本人把墓園鏟除，蓋宿舍，校長女兒就被鬼掐死在廁所裡。」難怪我鋤頭翻掘土壤要種菜時，都會掘出很多零零碎碎白骨骼。有一夜，恩師、田老師、朱老師他們「鬼興來潮」，乾脆坐榻榻米上大談聽到的鬼故事。「鬼故事」精彩好聽，事後疑神疑鬼，屋裡好像到處都有鬼蹤影，尤其到廁所（以前廁所是地板挖個空洞，有一人高的下面，埋一個大缸，一塊木板斜著，板頭放缸底，板尾斜靠缸沿，人就蹲上面投屎，屎塊要投在斜板上面，如果投歪了，缸裡屎水會濺上來，污穢屁股。），我都盯下面看，一怕鬼手會從糞坑下面伸上來，隨時準備快跑，二是屎塊投炸下去，把大頭蒼蠅炸死，一樂也。

一個「牽豬哥」（以此為業的人，拉公豬去應母豬交配）老阿伯告訴我們說：「以前一個老師，深夜應酬回你住的這棟宿舍，門一開就看到牆壁上，一個女鬼在跳舞，這個老師嚇得往屋裡奔跑，也忘了隔壁房間住的是一對夫婦，把人家紙門一拉，躲進棉被裡睡覺，…」豬哥伯笑呵呵的說：「第二年還生一個胖娃娃呢。」

「臭酸啦！」一起聽的「媒人婆」駁斥豬哥伯：「講幾十次了，這次又多一個胖娃娃出來，下一次不知會不會多一條豬仔出來。」

「呵呵…」豬哥伯不理她，繼續說：「這宿舍本來有一個女鬼，還是我…」

「不穿衣服的女鬼，」「媒人婆」搶先說：「想勾引你，被你用火熱煙斗燙鬼乳房，鬼就吱吱喳喳逃了！」

「真鬼沒有腳的…」豬哥伯牽著公豬，以竹枝輕輕打一下豬屁股，不理我們，一跛一跛趕公豬走了。

恩師不怕鬼，擔心我們會怕，就多裝幾盞燈泡，白壁刷得更白，門紙換新。鬼是不怕它了，但電費卻增加了，民國三十七、八年（一九四八），公教人員薪資都很少，上半月薪資差不多用完了，下半個月，茄子在熱鍋裡燙熟，醬油買不起，鹽巴混開水當醬油，茄子沾鹽水下飯。後院子有一株二層樓高的木瓜樹，它下方比電線桿粗，越往上越細小，也許我屬猴關係，爬樹很輕巧，雙手抱樹幹，雙腳繞緊樹幹，手腳一鬆一緊，一步一步爬到頂端，樹幹會東西南北搖擺不定，單手摘木瓜，雙腳夾緊那搖晃的木瓜樹，有時候木瓜根莖很堅韌，不容易拔下來，又怕樹幹斷裂摔下來。幾次以後膽子大了，帶小刀上去割。木瓜去皮，剖開把黑籽弄掉，切成一片片，炒熟了下飯，倒蠻好吃的。又不用錢買，來源不斷，窮也有窮樂啊。

「你真大膽！那麼高你也敢爬？摔下來不得了！」一次被阿婆看到，寵罵一頓。

## 一暫緣「終生情」

阿婆疼我的原因是，我是很遠來的「唐山小孩子」，個子矮小。她看我根本不會煮飯炒菜、洗衣，教我可又不如她意，乾脆幾乎天天來宿舍廚房半教半自己「出手」做。她家走過來只要幾分鐘，所以常來當「義工」，她真是非常慈祥的長輩，五十出頭的阿婆，生在富豪家，只因其父重男輕女，次女、三女都送人當養女，留下長女的她，與自己「長工」（可說是家奴）成婚。不幾年阿婆的父親疏遠其髮妻，娶個比阿婆還少三歲的十幾歲小妾。小妾「得財忘本」，把「老夫」財產敗光，阿婆連嫁妝都沒有，與「長工」夫婿搬出破碎的家。生了八女一男，四十出頭喪夫，其艱困可想而知。也因為自己處境由富而窮之苦楚，特別喜愛幫助街坊鄰居，我也在阿婆呵護照顧之下完成學業。

一天有一位小女孩子來宿舍找阿婆，她在廚房窗戶外與阿婆說什麼，我剛好在宿舍上面看到她，她害羞的蹲下去躲我，兩三分鐘後，她站起來看到我還在，又蹲下去。後來不見了，想是跑回去了。

「阿婆，那是妳什麼人？」

「我的女兒啊什麼人？」阿婆邊炒菜邊回話。

「阿婆妳還有這麼小的女兒？」我很好奇的問她。剛才又蹲又躲，沒看清楚，因此更想看清楚。

一天下課後去找阿婆，一進門就先碰到她，互瞄一眼，沒看清楚，只知道是一個小女孩子，之所以沒看清楚，好像兩人在比賽似的，看誰的眼光先轉開，誰就不是「大面神」（厚臉皮），我想再看一眼，就那麼湊巧，她也許想知道「唐山孩子」長得什麼樣子，兩人眼神又同時觸電一次，她的臉被「電」得羞紅滿面，蠻不自在要到屋後去，我說：「阿婆在家嗎？」

「阿母快回來了，你坐一下。」

阿婆從外面回來，很訝異地看我，怎麼會到她家來，問我：「有什麼事？」

「沒…事。」那麼慈祥的阿婆也會讓我緊促地不自然，好奇怪喔。

「吃飯沒有？請你吃油麵！」幾碗菜、一盤炒油麵，就擺在公婆龕前「神桌」上，吃麵時候，她女兒都低著頭吃，趁機掃瞄一下，圓圓的臉龐，眉毛細密，眼珠子黑白分明，整個輪廓很甜美，笑起來一定很好看，頭髮齊肩，黑黝黝的，蠻純樸的典型鄉村姑娘。

除了老八女兒從小送人，阿婆六個女兒都嫁了，獨子在台中市跟大女婿學電氣，還有一個養子，抓田蛙下酒不做事，阿婆說被他老爸寵壞了，他不敢一起吃飯，阿婆也都備有他的飯菜，阿婆母女吃完了，他自己才獨個兒吃。

後來我常常去阿婆家，老人家很疼我，七女兒叫詹素貞，課餘就幫阿婆照看路邊攤舖，我成了她小攤舖的常客，花幾毛錢抽獎，每次都抽不到大獎，素貞不把秘密告訴我，還是阿婆不忍心讓我常常抽不到大獎，偷偷告訴我：「傻孩子！大獎抽不到的，號碼都先挖出來了，你要那一把槍，阿婆給你。」

阿婆啊阿婆！我對槍沒興趣，我也不知道自己在抽什麼東西，只是為抽獎而抽獎，沒想過要什麼大獎。素貞說話不多，乖乖地上學、看店、餵雞、家事…常常把贏我的錢，偷偷放回我的書包，有時候書包裡還有糖果、餅乾什麼的，一定是她放的。

那些去看「唐山小孩子」幾個小姑娘，都是附近鄰居，都喜歡找我聊天、逗趣消遣我，素貞不會逗我什麼，文文靜靜，蠻可愛地。阿婆的雞害雞瘟那一兩個月，我只要告訴阿婆：「阿婆！那一隻雞走路顛顛倒倒…」

「你去抓牠，殺來吃。」

雞瘟真好，我一輩子還沒天天有雞肉吃；之所以天天有雞吃，要感謝「雞瘟神」的安排，差不多三、五天死一隻，吃完這一隻雞，再來一隻，如果十幾隻雞一起死，總不能一天全部一次吃完，不然不是撐死，就是被瘟神帶走，與雞同歸於盡。

在家鄉春節才殺一隻雞，而且我還不能吃，那是留著請客的。有一年看甕裡香噴噴的燉雞肉，趁媽不在，抓一塊來吃，才抓在手裡還沒吃，我就擔心了，以為神不知鬼不覺，那知道天氣冷，雞湯結凍，抓一塊起來，卻留下一個坑洞，媽一定知道是我，責罰免不了。吃了秤錘鐵了心，先吃了再說。也許是一邊吃一邊害怕，吃起來一點雞味道都沒有。

雞瘟突然沒了，好幾天不知雞肉味道，阿婆的雞還有好幾隻沒死，找阿婆說說看：「阿婆啊！有一隻雞好像走路不正常…」

「抓來殺！」

素貞看我追雞追的到處跑，還沒追到雞，就知道我追的不是病雞；病雞跑不快，很容易抓。認識她以來，頭一次合作抓雞。抓的又是健康雞，心裡有一點愧對此雞，想放了牠。素貞卻說：「牠是病雞！」素貞話不多，但就有一種「無聲勝有聲」的溫馨與魅力，不像那幾個小妹妹對我「腳來手來」，逗趣玩樂，其中一個瘦瘦綽號叫「葫仔」的，我去西螺戲院看歌仔戲，她會偷偷跟進戲院，站我後面，給我花生、甘蔗、糖果等零食，偏偏我很冷落她；想不到人家一年後當了「王爺夫人」，呼奴使婢，榮華富貴得不得了，連她老爸老娘都沾光，街坊鄰居也都低聲下氣對待老太爺老夫人。老太爺也不虧待他們，常常帶他們「進宮」觀賞一番，每當看到王爺，大家熱烈鼓掌讚譽有嘉，老太爺、老夫人笑得嘴巴都合不攏。

「你這子婿贊啊！」

「又英俊，體裁又帥！」

大家的讚揚，老太爺、老夫人高興得不得了。

「出來了出來了！」老夫人指著她女兒：「看到沒有？」葫仔揮著一面大旗子，跟一排人碎步跑出來。

「妳女兒怎麼拿著大旗子？」

「我子婿說，」老夫人解釋說：「我子婿說她沒演過戲，暫時在台上練習練習，以後就可以當主角啦。」

葫仔常常去看戲，迷上飾演王爺的「小生」，很快肚子有了「小王爺」，嫁進「王宮」當「王妃」。

台灣光復時，民間都窮苦不堪，談不上什麼娛樂，歌仔戲最風光了，尤其是俊「小生」、「哭旦」最迷惑人，台上哭得死去活來，台下女觀眾跟著一起哭，雙眼淚汪汪，眼眶紅通通，出戲院門還在擦拭滿面淚水，這才過癮。去看戲以前，一要先探聽「哭旦」會不會哭，越會哭的越喜歡去一起哭；二要先帶手帕，準備擦淚水，戲完了，滿腹心酸也與淚水一起發洩了，舒暢了，明天再去哭。

## 對牛「灑淚」

幾個女孩子周旋身邊玩鬧，素貞無動於衷，一次放暑假，恩師及老師們都回去了，我因右腳掌長「透掌瘡」，痛得不能走，只能用左腳跳著走，阿婆叫素貞拿草藥水到宿舍給我喝，對我說：「阿母說你要多吃幾帖才會好，你不吃的話，瘡會從腳面爛到腳底，變跛腳！」

「妳阿母說的？」

「我說的！」素貞提著小鍋子走幾步又轉頭說：「再見！」羞怯怯地跑了。第五天好多了，我對素貞說：「妳不用再拿來了，我要去謝謝妳阿母，我慢慢走⋯」說著我就在榻榻米上試走，只是顛跛一下，素貞很快的爬上榻榻米，抓住右臂扶住：「不能這樣走！」一年多相識，還沒看過她動作這樣敏捷，說話像大人對小孩口氣。

「妳好兇喔，妳扶我走到妳家好嗎？」

「不可以！我走了。」看她仍由竹林小徑回去了，怕人家看到，說閒話。

不一會兒她騎一輛腳踏車來，扶我到大門口，我坐後鐵架，等她載我。

「你自己騎，」她看看大馬路沒人，幫我抓穩車子，等我坐上坐墊，「走！」往前一推，我就搖搖晃晃單腳又踩又勾的騎，素貞快步繞竹徑跑。正擔心到了怎麼下車，遠遠看到她，在門口等我，十五歲的女孩子，嘴巴話不多，肢體語言充滿了關懷。愛情？友情？那時候腦海裡還沒這東西，只知道讀好書賺錢養媽媽是我的使命。雖是十七歲，其實只有十五歲多一點，個子又矮小，那看過這麼小的孩子談情說愛？不懂愛情是什麼東西。只覺得看到她有一種說不上來的心滿意足之感。

到門口時，她上前一手抓住車把，一手抓我臂膀，下車後才發覺她喘噓噓地，話都說不清楚，她一定拼命快跑要趕在我前面接我，才喘得連臉都白了，我第一次帶有「情意」地對她說：「謝謝妳！」

三十七年（一九四八）卅九歲的媽媽生下三弟廷銘，一年多沒回台北市了，好想看媽媽。腳也康復十幾天了，於是趁阿婆請我吃飯時，對阿婆說：「阿婆，我明天回台北，下個月開課時再回來。」

素貞看我一眼，沒說話，她無意識地在把玩手指頭。看她淚潤眼眶，怎麼啦？我沒得罪她啊。

「妳眼睛怎麼啦？」一定沾上細沙什麼的。不問還好，一問，淚眼汪汪地跑到臥房去。

「阿婆！素貞不舒服嗎？」

「我正要問你啊！」

「我沒欺負她。」

「憨囝仔！」阿婆怎麼啦？我憨不憨與素貞有什麼關係？不懂，真奇怪。

「先到市場，」阿婆交代說：「坐巴士車到斗六火車站，再坐火車，今天在這裡吃晚飯，好麼？」

我點點頭，阿婆去煮飯了，素貞知道我愛吃甘蔗，去削一段甘蔗給我吃。恩師胞弟守庸侄，也常常到素貞的小攤子，只要說：「哥哥要甘蔗。」要多少有多少，要什麼有什麼。素貞有一天問我家裡甘蔗吃完沒有，才知道是守庸逕自拿去吃。（恩師乳名叫「依弗」，大我十二歲，又是老師，我雖然是他堂叔，依家鄉習俗還得叫他「依弗哥」他也一樣得叫我「錦家（叔）」，所以老師們都認為恩師是我哥哥，守庸是我弟弟，大家都不知道真相）。

「還要不要？」她看我沒幾口就啃完了，還沒等我答應，又削一段給我。

## 難分難捨是「別離」！

與我形影不離的林啟東同學，是全校優等生，無論大小考試都是考第一名。找不到他找我，找不到我找他，絕對找得到我們。我倆可以說是「校寶」，他是真才實學的「孔明」，我是「蜀中無大將，廖化當先鋒」的「廖化」，台南縣校際「文、武」比賽，我倆都是第一人選，諸如作文比賽、注音比賽、演講比賽、童子軍競賽…大小獎得了不少。兩人之所以都愛好文學，受教國文的文宗恩師影響最深，他腦裡詩、詞、歌、賦一大堆，教國文就放著課本不看，教那一課就先把其人之故事、背景介紹清楚，教到那個人物時，就把此人之詩詞，寫在黑板，解釋此詩還旁引很多詩詞出來，我與啟東聽得如癡如醉，忙著抄錄下來，害慘那些聽慣本省籍老師唸一行解釋一行的同學，碰到文宗恩師「天馬行空」的教法，不能在課本裡找考試題材，除了我和啟東，大部份同學都「鴨聽雷」，直盼望早點下課，偏偏恩師下課鐘響了，還意有未盡，常常教到下一堂老師來了才下課。

第一次投稿被台中市「民聲日報」」副刊登出來，其喜悅真難形容。接著「國語日報」、「中央日報」、「自由中國」、「自立晚報」、「華報」…半被錄用半被退稿，時間久了，郵局裡的人全認識我們，只要寫西螺林啟東、張廷錦絕對收得到，不必寫地址。運動會的話大部份是我，代表學校參加西螺鎮運動會，每次跳高都敗給啟東好友西螺中學廖石柱「腳下」（現在台灣響噹噹的新學友書局董事長、改名廖俊榮）。新營「縣運動會」，我參加賽跑、籃球、排球，不過都「陣亡而歸」。我在學校是先鋒「廖化」，出校門必成「戰死沙場」羞死鬼。

啟東家離往台北的車站很近，啟東與我在車站話別時，素貞遠遠看到他與我在車站，就獨自走了。車子經過學校附近時，從車窗看到素貞在「學寮」處向我揮手。愣愣地回憶往事一下，突然好想再看素貞一眼，但車子已到下一站了，伊人不知何處去了，「離別見真情」？我嚐到了。

## 恩人知何處？

我乘坐最慢的火車，因為它便宜，從斗六站到台北站，坐八個鐘頭，因為我們要停靠車站，讓前面的「平快車」、「快車」…過站；也要讓後面的「平快車」、「快車」…過站，停站時間比行車時間久。買一個鴨蛋，附送一小包鹽巴，沾蛋吃，不太餓就好，沒錢就不敢奢望吃「便當」。

我回到家，先到媽媽房間，媽媽在床鋪上喂奶，看到我回來，很激動地以關懷眼神，從頭到腳端詳我：「我弄飯給你吃！」

「媽！我很飽吃不下。」我那飽？不過從小餓慣了，很耐餓，不想麻煩媽媽。弟弟很可愛，抱在手上軟綿綿地，怕掉下，又交給媽媽。

「爸爸在遠地做工程，好久才回來一次，『依弗哥』好嗎？他當教員薪水少，我們寄去的錢不夠你吃用，連累了他，你在西螺情形快告訴我，我很擔心…」

「媽妳放心，我很好呀。」我真的很好呀，恩師升格當教務主任，粗茶淡飯還過得去，阿婆那麼照顧我，如不是擔心媽媽，我太如意了；因為媽不如意，我過得越好良心越難過啊。簡單把西螺情況告訴媽，她聽了很高興，說：「阿婆那麼寵你，也好，也好，啊對啦！」

「媽，什麼事？」

「你看麗卿這女孩好不好？爸對我說，阿嬌希望把你們『送做堆』（結婚），叫我問你看看，…」

「她不是跑了嗎？」

「依嬌把她找回來，」媽指指隔壁房：「大概依嬌已經睡了，今晚你就跟媽睡好了，你還沒回答媽的話，…」

「不要，我還小嘛！再說我只想賺錢幫爸負擔家庭過好日子，最最重要的是賺很多錢給媽媽，要什麼買什麼，愛吃什麼就買什麼吃，好不好？」

「你說的話，媽真的相信！不是哄媽媽的。以前媽媽是為你活，現在你是媽媽的『希望』，環境再怎麼苦，只要有『希望』，再怎麼苦媽媽也不覺得苦了。」媽媽眼眶含著喜悅淚珠，說：「我們睡覺吧，都半夜了。」

第二天早晨，媽聽到依嬌與麗卿說話聲，就叫我去隔壁房向依嬌請安問好。依嬌笑瞇瞇地叫我進去，看看我身體：「長大了，讀書對你來講是難了一點，慢慢來，…」

「阿嬌，不難，剛去讀是二十五名，…」

「喔？不錯呀！」

「不好，全班只有二十七個，…」

麗卿蒙在棉被裡偷笑，阿嬸罵罵她，叫她起床。

「這學期考第貳名，」我說：「數學沒讀過，不容易追上人家。」

「你台灣話說得很好啦！慢慢來，你很聰明，又肯用功，不像麗卿，笨又不用功。」嬸嬸就是溫溫地，慢慢地，使我有親切感。

媽媽說她很想念「瑯弟伯」，和那老態龍鍾的老伯伯。請嬸嬸照顧三弟，我帶媽媽乘公車，過台北大橋，才一半橋，公車故障不動了，「男車掌」拿一根彎曲鐵棒，插進車頭中心小孔洞，用力搖轉七八下，車子動了。

過橋第一站下車，向右土路直走，一個多鐘頭果然看到田野中的竹籬笆內，有幾間平房，也聽到織布機聲音，推開柴門，對一個阿嬸說我們要找琅弟伯，她問我們找她「老官（公公）」有什麼事。

「沒事，」媽媽很謙恭地說：「看看他老人家…」

「沒事的話，」他媳婦說：「你留個名字，我轉告他好了。」

我寫下姓名、地址，並且謝謝他，落難汕頭市時幫助我們。

「他不在嗎？」媽還是不死心：「他叫我們要來找他的。」

「那是客套話，你就不要放在心上。」

「謝謝妳啊！再見。」我拉媽的手，小聲對媽說：「他媳婦以為我們來借錢的，媽妳要相信我，賺錢第一件要做的事，是買像樣衣服給妳穿，佛要金裝，人要衣裝，到時候人家才不會以為妳來借錢的，我們走！」

「你這孩子讀書才一年，怎麼就把金呀，衣啊裝在腦袋，可別讀到歪路上去，」媽媽邊走邊回頭看瑯弟伯會不會出來，順便教導我：「不過媽相信你不會變質！」

「我千變萬變，對媽孝心不會變！」

媽媽笑盈盈看我一眼，即使「假話」聽了先高興也不錯嘛。邊聊邊走，快到一半路了，隱約聽到後面跑步聲和呼叫聲，回頭一看是瑯弟伯媳婦追趕我們，氣喘如牛的說：「我『老官』請你們到我們家……」

「這位依嫂，」我說：「時間不多，我們要趕回家，妳轉告瑯弟伯，說我們下次再來拜訪老人家……」

「不行啊！」她幾乎哭出來：「我『老官』脾氣不好，他說找不到你們，叫我也不要回去！」

看她沮喪的臉，只好跟她回家，半路她還告訴我們說：「我還沒看過他為訪客發這麼大脾氣，請你們替我說說好話。」

瑯弟伯看到我們笑逐顏開迎出來，拉我的手到客廳，問了家況，還鼓勵我還要讀書，他與很多共患難的朋友都有連絡。他媳婦煮麵線加鴨蛋請我們，媽也讚美她幾句，就問瑯弟伯說：「汕頭市你代付的費用，欠那麼久了，我想知道多少錢，今天…」

「呵呵，能活著已是福氣了，」瑯弟伯說：「快吃麵吧，」他突然想起什麼：「喔！林啟官啊，這人好啊，有一次他還問起你們啦。」

林啟官是誰呢？我問：「瑯弟伯，他是誰呀？」

「就是你說的那個可憐老態龍鍾那位依伯啊，」瑯弟伯說：「大善人喔！他就是借給你們錢那一位『無名氏』啊，…」

「喔，我想起來了，媽，就是那位問妳還有多少錢，媽還問他你要多少…」

「呵呵，他說你媽心地善良，」琅弟伯對媽說：「他問妳有多少錢，本想妳不夠的話，借給妳錢，妳反問他要多少，他說真難得的善人，好誇讚妳啊！他想知道妳的家境如何，想幫助你們，他根本不要妳們還錢啊，妳們大家借錢的簿子燒掉了，匆忙中也忘了把妳們地址留下，也沒辦法連絡到你們。」

琅弟伯告訴我們說，林啟官是作木材行大批發商，日據時代就到台灣。這一次一起來的很多人都會紡紗、織布，一部分人還沒找到工作，他就在堆放木材地區挪出一塊地，搭棚作織布廠，收容一部份人在那裡工作，琅弟伯說：「好人啊，不為賺錢，只想幫人過日子！」

「琅弟伯，」媽問他：「他身體好嗎？他住那裡呀？我想去謝謝他。」

「他住龍山區，」琅弟伯說：「就在和平西路和昆明街頭附近，那裡只有他一家木材行，很好找。」

媽感謝過琅弟伯，也讚賞他媳婦，我們就告別了，琅弟伯叫我們有時間常去他那裡玩。

## 當廁所是「洞房」？

第二天同媽抱著三弟，由雙連火車站坐到艋舺火車站（萬華火車站），出乎意料的，好容易找到林啟官伯伯。老人家眼尖，我們還在問人，他從洋樓內走出來，笑呵呵的問我們：「你們怎麼找到的？」拉著我的手去織布廠，又說：「裡頭好幾個你們都認識…」十幾台織布機都停下來，大家看到我們笑嘻嘻地圍過來，有大目哥夫婦、說人家摸她屁股的夫婦、看到鳥的夫婦、四、五個挾帶我上大船的嬸嬸們，女人與媽聊往事問近況，把三弟抱去玩，我與大目哥等幾個男生聊我們的，我探詢「阿彌陀佛」、「老台灣」伯伯、…

「臭和尚最無情！」俏皮的大目哥說：「有一天我們到寺院去找他，只叫我們施主長施主短的，好像不認識我們，我罵他無情的人，他反而說：『無情即有情；有情即無情，…』我罵他不是人，他更離譜的說：『善哉！善哉！施主誇獎，貧僧仍是人間俗人，未竟非人之境界，受之有愧』。」

「非人即是『佛』啊！」啟官伯說：「『佛』這個字，左邊是人，右邊是弗。弗就是『不是』，你罵他不是人，那你就認為他是『佛』啊，和尚當然不敢接受你誇獎嘛！」

難怪啟官伯在船上、汕頭市、基隆市，行、住、坐、臥，以至於言談舉止，會與眾大不同呀！原來他老人家已悟「色即空、空即色」境界，「難捨能捨」的幫助「難眾」，做到「大體同悲」，「佛、非佛、是佛也」，恭他是人間活佛，他受之無愧啊！

不遠處有男女吵吵鬧鬧，「又是依彪夫婦為廁所事吵架！」大目哥要說，有人拉他不讓他在啟官伯面前說。

「什麼事吵呀？」啟官伯說：「說，你說說看，…」

大目哥反而吱吱喳喳半天說不出口：「依發你說給啟官伯聽。」

「是這樣…」依發吞吞吐吐地說：「依彪常常叫老婆上廁所，他老婆不去，就吵起來了。」

「為什麼他老婆不上廁所，夫婦會吵起來呢？」啟官伯不明白。對啊，那有兩個人上廁所的？我也不明白。

「我們只有兩間『統床』（十幾人睡在一起的大地板床）對不對？」大目哥說：「不管夫婦不夫婦，男的睡一間，女的睡另外一間，…」

「對呀！」啟官伯愣愣地，不明白：「那吵什麼？」

「因為沒有洞房，才吵起來！」

「那個工廠有洞房？」啟官伯問大家。幾個男人在偷笑，對啊！工廠沒人討老婆，幹什麼要洞房？

「依彪把廁所當洞房，叫老婆進洞房！」

「喔？」啟官伯說：「我明白了，依彪不對，我去勸勸依彪。」說著說著就過去勸架了。

「浪費我們說了半天，依伯還是不明白。」

依彪老婆向啟官伯訴苦：「常常要拉我進廁所，不進去就打我，罵我…」

「一個一個進去嘛，」啟官伯說得很在理：「兩個人太擠了，以後弄兩間廁所好了，不要吵架啊。」啟官伯請媽和我到客廳，準備吃飯。大目哥跑到依彪面前模仿啟官伯口氣說：「一個一個進去，就不會太擠，不要吵架啊。」幾個男人笑什麼？我不懂。

## 爸不要日本朋友贈送的「宿舍」

啟官伯於飯後，在客廳聊天時，聊起琅弟伯：「大好人啊！雖然他出的錢不是最多，但了不起呀！因為他把所有的錢都捐贈出來，布廠也開不起，…」

「他現在的布廠不是他的嗎？」媽媽皺緊眉頭，媽一定後悔昨天還讓琅弟伯花錢。

「布廠是他的，」啟官伯說：「好人有好報啊！有人借款給他，他那些工人前幾個月，都自願免工資幫助他，現在欣欣向榮，他賺啦！工人的工資也比別人高呀。」

八九不離十，看他那麼興高采烈地談話，一定是啟官伯幫忙他，人家不說出，媽也不拆穿，靜靜地聽下去。

「可惜你們不認識這個人，」啟官伯聊起勁來了，我們很喜歡聽他說：「不大有錢，骨氣傲世，我一次被日本憲兵抓起來，罪名是『支那（中國）間諜』，橡皮管塞入胃腸，灌水灌得肚皮都膨脹起來，幾個人輪流站我的肚皮上跳動，用腳踩踏，水又從嘴巴、鼻孔流出來，不認罪再灌，不當人打，用槍托撞擊，怕死？不怕，那時候真希望死啊！昏迷不醒了，他們又把我弄醒過來，腳被打斷了，你們都發現我走路一跛一跛的吧？」

「後來怎麼放出來？」媽和我都聽得毛骨悚然，替啟官伯痛啊！希望他趕快出來，所以才冒然打斷他說話。

「冠儒弟有個日本好朋友叫務本，」啟官伯悠然點燃長煙斗，吸一口，雙鼻孔噴出兩道煙霧，說：「就是那個日本朋友，冠儒弟請他幫忙，他說隊部決定打死為止，務本利用關係，我以為拖去槍決，結果卻糊裡糊塗被放出來。備一份厚禮去謝冠儒弟，一句拿回去，我就拿回來，他啊，說了也沒用，好人、好人！」

「啟官伯，你說的這個冠儒弟，是他的本名？還是他是冠儒的弟弟？」伯父的名叫冠儒，但福州人很習慣叫鄉弟、妹弟、細弟、憨弟…所以媽才問個明白。

「喔！不是名字，」啟官伯說：「冠儒是他哥哥，大他七八歲，又是先來台灣，幾年後才把弟弟帶來，所以大家都叫他冠儒弟，他的正名反而沒幾人知道。」

「依伯！」我換一個方式問：「我依家（爸爸）名字是冠雄…」啟官伯傻愣愣地眼睛睜大大的看我：「像！像！住赤峰街四十一巷九號，對吧？」

「是…」

「你依家是我救命恩人啊！」依伯叫兒孫們都到客廳，「跪下！跪下！大恩人的家屬…」老人家說著起身就要屈膝下跪，嚇得媽媽和我趕緊扶阻他，再怎麼說老人家也一大把年紀了，何況他也是我母子的恩人啊！

工廠的人得到消息，都跑到客廳湊熱鬧，有站著的、坐地板的，許多羨慕眼神投在媽媽和我身上，打從我出娘胎以來，從沒這樣受人尊重過，怪不自在的。

「他是你父親情同手足的日本朋友，叫什麼『務本』的，」啟官伯沉醉在回憶中，抽著煙斗慢吞吞地說起故事來，老人家說有關父親的故事，我母子最渴望聽了，男女工人雖然事不關己，但因為不必工作，不扣薪資又有多少關心的故事可聽，也欣然豎耳當聽眾。

啟官伯還真有圓環棚寮內「收費講古仙」水準，以下是他說的精華段：

務本與冠儒弟酒後，在北投一家「湯店」泡溫泉澡，那是民國三十三年（一九四四），日本已經在東南亞、中國、太平洋，節節敗退，美國軍機也常常空襲台灣了，但日本都報喜不報憂，以致務本以為日本快勝利了，所以對冠儒弟說：「你是我的好兄弟，日本打敗『支那國』時，我可推薦你去支那（中國）當官，呵呵…」雖然兩人是知己好友，但一談到國家大事，各為其國，沒有不爭辯不翻臉的。冠儒弟一句不說，穿著衣服走了。不過走歸走，兩人情同手足難分難離，不多久又把酒言歡復歸於好，不久他們又會「為國」鬧翻。

民國三十四年（一九四五）八月中旬，務本欣喜若狂的與冠儒弟飲酒把歡。告訴冠儒弟：「這一兩天，天皇要向全國人民宣告日本勝利的好消息，好兄弟！歡迎你光臨寒舍，聽收音機，聽天皇宣告的好消息…」冠儒弟擲杯而別；他一來替好友高興，二來心痛祖國之無能，盼望十年多的勝利美夢破碎，頓覺了無生趣，萬念俱灰，前途一片茫然若失。

次日日皇宣告什麼消息，他好想知道又怕知道，偷偷的到務本宿舍花園，靜坐樹蔭下，以往兩人煮茶聊天的石墩上，視若無睹的看著假山瀑布流水，心灰意冷，從茂盛花叢空隙，可看見務本一家人，正忙碌著洗澡更衣，把收音機恭在桌子高處，全家人極虔誠地伏跪著，等待天皇宣告好消息。怎麼還沒宣佈呢?冠儒弟站起來一看，嚇了一大跳?怎麼這樣?「難道?難道?」再看一眼，好友全家人抱頭痛哭!難道日本投降了?正想進去安慰安慰他們，「不對，」冠儒弟想起日本偷襲美國珍珠港成功，他們一家人也是這樣抱頭痛哭，高興啊！今天是為勝利哭？戰敗哭？不知道，務本為其祖國勝利喜！戰敗悲！冠儒弟感同身受，日本是勝？是敗？以他兩人的情同手足知己好友，此時都不宜進去。

冠儒弟悶聲不響地離去，路上遇見幾個日本人，垂頭喪氣如喪家之犬，往日氣勢磅礡，高昂不可一世威風凜凜，卻頓時消失無疾而終。他心裡知道日本確實被打敗了，他欣喜祖國終於勝利了，以前常常與務本為「國」鬧得不歡而散，憋了十幾年在自己國土當「華僑」的三等賤民（日本人一等人、台灣人二等人、大陸來的是三等「準間諜」異民），台灣老百姓開始找迫害自己的日本警察報仇，很多警察躲起來，對鄰居作威作福的日本人，也不敢住在家裡，怕被鄰居打。冠儒弟次日趕緊到務本家去，由三等異民一夜成了勝利國國民，保護好友綽綽有餘。

「拜託你一件事⋯」務本坐跪榻榻米懇求冠儒弟。

「坐好再說罷！」

務本要把宿舍贈送冠儒弟，知道冠儒弟倔強脾氣，非他先答應就不坐正。

「除了宿舍，」冠儒弟說：「我答應你⋯」

務本一再懇求，叫太太也來勸說：「立桑（哥哥）！務本與你常各為其國爭辯、生氣，但你們很快又談笑風生，他離不開你，你離不開他，我也勸他不談國事，你們那樣猜拳喝酒，樂醉榻榻米，醒過來再喝，多麼快樂啊，你們偏偏說著說著，就又扯上兩國戰事，每次都鬧得不歡而散，我伺候你們是沒有分別的，我把你當著自家人，現在我們都要回日本了，這宿舍給自己人，自己人不要，你們這算什麼兄弟嘛？今後我再也沒有機會看到你們兩個，飲酒作樂、為什麼國事爭吵，」她拭去汪汪淚水，嘆口氣，對冠儒弟低聲下氣的說：「這可以說是永不再見的懇求，你答應吧…」

對這在情在理的泣訴，「男人有淚不輕彈」也難免忍不住「以淚報淚」：「我答應就是，這幾天我在這裡陪你們…」說是陪，其實是意在保護他們哪。

一個多月後，冠儒弟護送他們一家人到基隆碼頭，彼此淚流滿面，看著船上的務本一家人，揮著悲痛的手，絕望的隨著船緩緩離去，也帶走千古難逢友情，留下過去兩人喜怒哀樂的回憶。

「宿舍還是不要，」啟官伯喝一口茶，說：「就在南京東路與中山北路口，拆了可蓋四棟大樓，一大筆財產啊！朋友問他後悔不後悔，他說：『心裡本無屋，悔從何來？打敗日本，勝利太平！是我期待的無形無價之寶！』冠儒弟說得對，亡國奴隸，任人打殺，生命朝不保夕，錢財何用？」

我很認同父親愛國不貪財情操，後來爸爸回家，我把拜訪啟官伯經過告訴爸爸。他知道妻、子與啟官伯有這麼一段「大難不死」的奇緣，喜形於色騎腳踏車找啟官伯去了。

## 我嘗過特權「癮」

二年級時學校成立糾察隊，我當總隊長，下有兩大隊，每一大隊又分三中隊，每一中隊又分三小隊，我左胸繡紅、藍、白三副布穗標誌，記得雙肩膀還有標誌，腰掛童子軍軍刀，如果腰帶佩一把長劍，大概就很像袁世凱派頭。

尊照本省籍訓導主任旨意，一班裡只要有一位同學犯錯，全班同學罰跑操場一或兩三圈不等；讓犯錯的同學受全班同學責罵，這樣間接處罰的壓力比直接處罰更具「威嚇」效果。

阿婆小店少很多學生顧客，問素貞為什麼，素貞說不知道，阿婆說：「都是你這個大官虎，人家怕你啊！」這倒傷腦筋，我總不好意思下令叫同學來捧場吧？王和裕同學告訴我：「保證有效…」

「你不要給我出餿主意呀！」他鬼主意很多，我說：「阿婆會罵我，會怕我心術不正，…」

「只要現在陪我到第一市場，」王同學說：「請我吃一碗四果冰，保證你的阿婆生意好得不得了。」只好和他到市場，人都還沒進場，遠遠看到好多學生逃命似的跑來跑去，有的沒給錢、有的丟下錢不等找錢，抱著書包跑了，有幾個攤販招呼我，要請我吃冰、吃蚵仔麵線、…「什麼意思啊？」

「生意人眼尖，」王同學說：「看你這身打扮，學生匆忙的奔逃，請你吃，叫你以後少來…」害我好幾天都不敢到素貞小店去，因為會把學生嚇跑，有時候遠遠看到小店裡有學生在，這情形就該我躲他們了，怕把他們嚇跑了，生意作不成，我就不好意思。

後來我都從古井樹蔭小徑到阿婆家，阿婆會做好幾種糕點、甜食…我最愛吃阿婆炒的花生，又香又鹹而不太鹹那種味覺。大鼎（鍋）放半鼎黑沙，灶炕的火先把黑沙燒熱，精選又大又肥的花生倒進鼎裡，用鏟子不斷翻炒，好一陣子，拿一顆試吃，滿意了，就用大瓢勺，舀到竹篩籮裡，盤旋漏沙留花生，趁熱邊灑鹽水邊盤旋，粒粒花生外皮白花花，趁熱吃的話，牙縫津津美味，好吃得不得了。

小店的學生慢慢多起來，不怕我的原因是，他們知道阿婆很疼我，在這最危險的地方最安全了，這一定是王同學洩密的。

## 恩師向阿婆要「阿叔」

二年級到三年級上學期，我常常到阿婆家做功課，有時候也在阿婆家過夜，恩師大概因為怕我學壞了，有一晚上找到阿婆家要人。我在廚房後面油碟燈旁作功課，恩師來得太突然，所以不敢出來。恩師在前門口，國、台語混淆不清的問阿婆我在不在，阿婆不會聽國語，也聽不懂恩師的台語，只聽他告訴阿婆說：「…他是我阿叔，我把他帶來西螺，如果變壞了，叔公叔婆會怪我，…」

阿婆很客氣的請恩師到屋裡坐，「坐啦，」阿婆對恩師說：「什麼東西壞啦？我叫人修理…」

「人…壞…了…」恩師很慢很慢的說。阿婆有聽沒懂。

「歹勢（不好意思），打擾妳啦，…」恩師想再說也是白說，告別而回。

素貞問我怎麼辦？怎麼辦？我也不知道，回不回去都難，我曾住過林啟東家，也住過「學寮」，一個月不回家幾次也是常事。

「今天不回去，」素貞說：「明天告訴老師，說在啟東家睡覺，只騙一次嘛！」

「不可以！」我說：「老師說過，騙一次就會騙第二次，以後就會常常騙人。」

「喔！你騙過我，」素貞轉身對阿婆說：「阿母，他說張老師是他哥哥，騙我們的，他是張老師的阿叔，不是哥哥。」

「什麼阿叔?你這麼小做老師的阿叔?」

「論輩不論歲，」我告訴阿婆：「在福州也有七八十歲的人都叫我阿叔、叔公。老師的阿爸我叫哥哥，所以老師要叫我阿叔。」

阿婆有一點急：「張老師找阿叔，原來就是找你，我還跟張老師說沒有看到他阿叔，你趕快回去吧！」

「我不敢回去！」真的不敢也不好意思回去，怎麼解釋嘛。

「你回去吧！」素貞對我說：「你為什麼不敢回去?」

「妳想想看，恩師跟妳阿母說那麼久，我都躲在後面，沒有出來見恩師，現在回去怎麼好意思?」

「你才要想想看！」素貞很輕鬆的說：「老師知道你在後面嗎?」

「不知道！」

「不……知……道?」素貞很慢很慢的覆述我的話，「你回家，老師會問你從那裡回來的嗎?」

「不會。」壓我心裡的一塊石頭不翼而飛：「妳一語點醒夢中人！」我看她那麼得意，第一次輕輕打她一下頭：「傻小妹，再見！」慢慢的一跳一跳跑著走。

「嗨！」素貞叫住我：「你真的敢回去呀？」

我停下來看她：「又怎麼啦？」

「不知道誰是傻瓜！」原來她作弄我，我發現素貞越來越活潑，也想逗逗她：「知道嗎，妳阿母要收我做乾兒子，以後要叫我哥哥。」

「好啊！」她挑皮的說：「你是老師的阿叔，我是他阿叔的乾妹，張老師要叫我什麼？」

「叫阿婶！」素貞聽後秀髮一甩，不理我，笑咪咪的進屋裡去了。

## 我是「匪諜」？

民國三十八九年（一九四九）全國舉辦「匪諜自首、既往不究」運動，到處治安單位比業績，查辦特別嚴厲。那一晚我在阿婆家睡覺，半夜急促的敲門聲把我們嚇醒，門打開衝進來三四個便衣，手握槍枝、手電筒，屋內到處搜查，我說：「你們不同鄰里長來，也沒有搜索票，不合法的⋯」

「你的身分證呢？」他們不理我的問話，照查。

「在宿舍，沒帶在身上。」

他們把我拉到屋外，素貞緊緊地又拉我又推他們，很兇猛一邊掙扎一邊說：「他是學生，我去拿學生證，你們等一下…」她畢竟是孩子，被他們一推跌坐地上，又很快追過來，但她又被另外一個人拉住，我邊被拉著走，邊回頭告訴素貞不會有事，剛好在新街廟賣藝的小歌舞團收場，我被塞進電動三輪車，擠在幾個還沒卸妝的女藝人堆裡，送去西螺警察分局途中，這些女子還大吃我豆腐，到分局門口，幾個警察對我又指又笑的，向抓我來的便衣警察說：「你們那裡抓來的丑仔？」

一大群被抓來的人，本都很嚴肅排著隊伍待查報，向我一看，他們竟然很訝異的眼光在打量我。問案問到凌晨三點多，才問我：「你住那裡？」

「住以前日本校長宿舍，」我說：「農校三年級。」

「西螺中學劉老師是匪諜，他的組織簿本上，有你的名字，你們常常聚會，討論什麼？……」

「他怎麼會是匪諜？他人很好啊！他新詩寫得好，免費教我們寫詩，…」

他看我既傻又膽大，回的話也不夠格當匪諜，就叫我回家。

「天黑黑的，怎麼回家？」

「我叫一部禮車送你回家！」

「謝謝！」我好感謝他。

「嘿！你還當真的？」

「怎麼？警察怎麼可以騙人？」也許我的「騙人」這句話太大聲，大家都瞪著那個警察看，警察很尷尬拉我到後房間，借給我一支手電筒：「你明天要還我！回家吧。」

天還沒亮敲阿婆的門，敲門與開門幾乎同時動作，並不是她母女聽到我敲門，而是隔幾分鐘就開一次門，瞧瞧我回來沒有，她母女倆點著油燈在神桌前等我，香爐還插著幾柱香，連祖先都找來幫忙。素貞一看我的臉，很激動的摸著我的臉流淚：「痛不痛？」

「不痛！」

「打得滿臉是血，還說不痛！」素貞向來不曾這樣忘我的當阿婆的面這樣親近我，又摸又哭。打？警察沒打我啊！我去拿小鏡一照，滿臉紅斑斑，難怪警察說我是小丑、一大群人又好奇地看我。

「這不是警察打的，」我安慰她：「是賣膏藥的小姐，濃濃唇膏塗上去的。」

「拿唇膏塗的？」

「不是，她們不要臉，用嘴唇塗抹的，…」油燈昏暗，沒看到素貞變臉，倒是老眼昏花的阿婆感覺到了，插話解危：「一部車擠那麼多人，車子晃動，碰來碰去碰上臉的。」

「不是！」我不知「死活」的說：「不是碰上臉，她們幾個抓住我，用嘴唇畫上去的！」

「很好喔？」素貞說：「不管你了！」她躲到後面去了。我問阿婆怎麼會這樣？阿婆說：「誰叫你那麼憨呆！」

阿婆問我警察大人還問什麼？

「以後他們還要查我有沒有當匪諜？知道那一個有嫌疑都要告訴他，我就沒有事。」

## 素貞去台北當「護士」

素貞有一個遠房親戚，在台北市中山北路「三條通」附近開「彭淑媛婦產科」，要素貞過去幫忙，她本不想去，但阿婆不好意思拒絕，有錢人開了口，就像是「聖旨」。

兩年多的相處，雙腳走著走著就向阿婆家去，覺得與素貞在一起，有說不出的舒暢感，沒有談情說愛，沒有談到兒女私事。突然素貞要離開，心裡有說不上來的失落感，茫茫然不知該說什麼，只是默默呆若木雞坐著。

後來總廚婆（專門替人包辦宴席廚師）進來，她說話慢慢溫溫地，拿著銅水煙斗，煙袋抓一撮煙草，在手指間搓揉成一丸，放煙管頭，把長紙條近嘴一吹，冒出火花去點煙管頭煙草，吸一口，鼻孔嘴巴煙柱齊噴，很好看。

「阿錦，」總廚婆把煙管頭往上輕輕一拉，同時吹口氣，把吸過的煙蒂吹上一兩尺高而後彎曲落地，說：「你老爸老母有說什麼？」

「沒有！」我不懂這句話的意思。

「素貞要去台北市，」總廚婆說：「你要順便帶回家給老爸老母看看…」她又抽一次煙，「你也不到一年就畢業了，先掛個戒指，以後的事再談。」

喔！總廚婆說親來了，我壓根兒就沒想過，心裡只想讀完書，賺錢養父母，尤其是讓媽媽過好日子。

「總廚婆！」我說：「妳等一下！」我拉素貞到屋後，告訴她說我家境很苦，又是外省人，妳哥哥、姊姊們會同意嗎？

「阿母疼你，比疼哥哥還疼，」素貞低頭慢訴：「英姊姊最反對，勸阻無效，同阿母吵架，阿母罵她：『從今天起，妳不要回家！』合姊姊、粉姊姊、月里姊姊、…她們只是不放心，你們家怎麼樣都不知道，說苦嘛我家也苦，我六歲就沒有老爸，阿母一個女人，養不起十個兒女，銀姊姊、粉姊姊、三歲的素珠妹妹，都送給人，老爸的墓碑都沒錢買，豎一塊石頭當墓碑，…」我看她邊滴淚水邊泣訴，好心痛，同是苦命兒才能感受彼此的心酸。

「我不怕苦！」我真的不怕苦：「妳怕不怕？」

「苦嚇不倒我！」素貞在當心什麼：「不知道伯父伯母喜不喜歡我…」

「媽沒問題，爸比較嚴肅，我也怕他，」我非常堅強的說：「不過妳放心，老爸不是不講理的人，萬一太委屈妳了，我會為妳力爭，妳安心好了。」

## 林啟東反對我「訂婚」！

我的好友林啟東同學，聽到我將訂婚的消息，非常反對，其態度之堅決大出我意料。

「這兩年多，阿婆疼我、照顧我，素貞心地也很好，我不能忘恩…」

「恩是不能忘，」啟東有學者外貌、有教授內涵，說話非常有說服力：「報恩不能以犧牲前途來報，你我有很好的前景，宏大的目標，不是素貞不好，而是你這麼早就被婚姻家庭捆綁，太可惜呀！你可以用任何方式報恩，決不可以娶素貞做報恩！」啟東的話，句句出自肺腑之言。

素貞在台北已經半個多月了，我請假回台北市。中山北路「三條通」巷子，看到「彭淑媛婦產科」招牌，偏門進去，有個護士小姐背著我，「請問…」她回頭看我，嚇我一跳，幾乎是同時：「你…」原來是素貞，「妳怎麼穿護士裝？」

「堂嫂叫我在診療室幫忙。」

「好多人反對我們訂婚！」我看她臉色沉悶，趕快說：「妳看我會放棄妳嗎？」

「我怕林啟東、阿伯、伯母都會大力阻止你！」

我真誠的對她說：「婚姻是我們的事，妳心地善良，我喜歡，誰都阻止不了！」人要衣裝佛要金裝，果然不錯，才半月不見，醜母雞變鳳凰！她這一身打扮，清秀高貴，脫胎換骨，真的好漂亮。

「還訂得成嗎？」

「當然成！林啟東先不讓他知道，等他吃了喜餅，妳這阿嫂他還是要叫的。妳還沒告訴我妳要什麼啊？」

「你給什麼都可以，能省盡量省，你先回家吧，好好跟伯父伯母商量，不傷和氣，我好做人。」

## 我訂婚：「四面楚歌」前導！

四弟廷光生下（民國三十九年一九五〇）不久，爸就搬到三重鎮長元街八十六號住，那是爸好友林謝烏番伯伯的家，木造房子，他們住樓下，樓上堆積雜物的閣樓借我們住，沒有床，睡地板。屋頂鋪瓦片，有幾塊磚頭大的玻璃鑲嵌在瓦片縫中，陽光由玻璃片進來，這就是我們的照明「燈」了，屋頂中樑處有一人多高，屋頂前、屋頂後，由中間往前後低斜，屋頂最低的地方，坐下來，頭都會碰到屋頂瓦片，有時候睡中匆忙翻身起來，往往頭會把瓦片頂散，穿衣服脫衣服，都要到中樑處來穿脫，因為前面後面你身體都沒辦法站直呀。家境仍然困難，我不敢說訂婚，我把阿婆、素貞背景為人，向媽說清楚，「只要給一枚小戒指就算訂婚，以後家境轉好，再做一次正式訂婚，媽妳不要為我操心，不會增加家庭負擔。」

「這麼簡單，人家肯嗎？」媽媽說：「媽給你一點錢，喜餅總要給人家吃，媽這枚戒指拿去，……」

「謝謝媽！媽妳要不要看看素貞！她在台北。」

「好呀！」媽很高興，突然想到什麼：「不行，這個住家怎麼好招待她…。」

後來我到三條通，把戒指戴上素貞的手指，「戴那一指我不知道。」她含情脈脈瞄我一眼：「戴那一指就那一指。」

「這戒指紅寶石鑲金，好看，伯母那有錢買？」

「這可是爸送給媽的訂婚戒指！自己捨不得戴，媽疼妳，給妳戴！媽還給你一包紅包。」

「不是沒錢嗎？」

「無中生有，妳懂不懂？」

「不懂！」

「買菜拿回扣、放利息…」她愣愣的越聽越糊塗。

「買六兩肉，報半斤，回扣二兩，油米醬菜，凡經媽手的，都以少報多，以此類推，日久集少成多，就有私房錢啦，碰到老爸缺錢，借老爸，利息二分，…」

「伯父會給嗎？」

「媽都會說是向鄰居陳太太啊、方太太啊…借的，爸外出賺錢，媽在家賺錢，兩個人賺錢，以後錢一定很多很多。」

「騙人！」素貞說：「這些錢給你，什麼時候要回西螺？」

「明天。這錢我替妳轉交妳阿母好了，有空多寫信給我！」

搬到台中市竹管市場開水果行的阿婆堂妹紙姨，也反對這門婚事，叫阿婆搬台中市住，說大女兒女婿、獨子發成都在台中市，可以就近照顧，其實紙姨是想分開我與阿婆、素貞，感情就會變質、淡化，就像她拆散自己女兒的窮男友，硬要女兒與一個有婦之夫、老富翁同居一樣。老富翁逝世後，紙姨又找一個男士給表姊，這次已到中年的表姊發飆了：「妳想要把我嫁幾次啊！」我很怕太現實的紙姨阻撓，因為阿婆與她感情很好，但阿婆因我，連英姊姊都捨得斷絕往來，相信紙姨也是白搭。

我回到西螺時，阿婆說我的阿嬸找過她，意思是孩子還小，家境不是很好，等以後再說。阿嬸怎麼為我那麼遠跑到西螺來，我很納悶，難道爸爸知道了，叫她來作反說客？

恩師也知道我將要訂婚，分析我訂婚的利、弊得失，說我是可造之材，不能自毀前程，恩師國文底子深厚，把五千年來風雲人物都請出來，又引經據典，勸我「壯士斷腕」，不可放棄海闊天空，自陷於淺灘而默默以終。

## 關老師不敢私奔「憾終身」

教體育的關老師，身體結實高俏，沉默寡言，以行為代替語言關懷學子。帶隊去虎尾、新營、…比賽，睡帳蓬、吃飯、…半夜都多次替我們蓋好毛毯，替我們拿東西，但是沉默不語，一天難聽到他幾句話。他的籃球技術出神入化，球在他手裡就像黏住一樣，左右單手傳球，遠近投籃、灌籃、搶球，簡直是特技表演。但他除了上球場糾正我們錯誤以外，大部分時間都拱背曲腳，雙手抱膝蓋，坐場邊看我們玩，即使夏天大太陽，一樣陪我們。不知道他具有什麼魅力，有他在，我們就有說不出來的溫馨、安全。

阿婆常常罵我呆子，「日頭那麼大，一個人在球場，拿球丟來丟去，晒黑黑的，有什麼好玩？」

今天很奇怪，關老師怎麼也坐場邊看我一個人玩？該不會是恩師叫他來當說客吧？最好不是，他如果開口勸阻婚事，我會非常非常為難啊！他看我走近，也站起來一手搭我的肩膀，走到大榕樹下，在晒不到太陽的石頭墩上坐下，我猜得八九不離十，一定是訂婚的事。

「最近你被什麼心事困擾啦？」關老師呀關老師，你明知故問，你再插一腳，我就更困擾啦。他輕鬆的問我：「說說看，看看老師能不能幫忙你。」

「老師你絕對能幫忙我！」先下手為強。

「喔？」關老師溫和的說：「要老師怎麼幫忙你？」我很誠懇地說：「你不開口，不管這樁婚事，就是最大的幫忙。」

「訂婚是好事啊！誰反對你嗎？」

原來關老師看出我近來臉有愁容，只是關心我而想知道究竟什麼事困住我，想紓解我。以小人之心度君子之腹，我好愧疚。幾個人反對，我大約說說。

「你會因為人反對，而不訂婚？」

「不會！」但我也告訴關老師，我不得已得罪這些為我好，卻反對我婚姻的人。

「你比老師有魄力！」原來關老師十幾年前在山東，有一位紅粉知己，因家人反對，情人願意與他私奔，而他不敢，就此棒打鴛鴦兩分飛，迄今不知伊人棲身何處。關老師告訴我一句話：「做你認為對的事吧！」感謝關老師給我勇氣，肯定我！

## 我與「七仙女」訂婚

排行老七的素貞沒辦法回來，我未來大舅子詹發成兄，早兩天回來幫忙，這兩年多他也回來過好幾次，天生老實人，沒見過他愁眉苦臉，經常掛著輕鬆笑臉，與我同年，不講客套話，沒見過他發脾氣。詹幸德（養子、三十多歲）身體壯壯的，除了不工作，也沒什麼缺點，晚上提著空罐頭填裝硫磺會冒火的燈，到田野抓青蛙、土殺魚、…阿婆曾叮嚀我不要惹他，但他與我只是同在一屋，不相聞問而已，有一次抓一大鍋青蛙，在廚房剝皮剖肚，奇怪，青蛙皮也剝掉、腸肚也挖空了，牠還會跳來跳去，我就把好幾隻赤裸裸青蛙抓回來，放在另一個滾燙的鍋裡，蓋上蓋，他第一次對我說：「等一下，一起吃。」他拿一瓶米酒，到後菜園坐矮凳吃得津津有味，我端一小碗跟他一起吃，他說：「倒幾滴酒比較香，卡好吃。」我發現他人不錯，就不擔心他會對我怎麼樣。

選星期日訂婚，阿婆把祭祖先、拜公婆祭品擺滿一桌，接過祭香，虔誠拜謝，阿婆在我身旁唸唸有詞，我想阿婆一定在提醒祖先，雞鴨魚肉你們也吃了，別忘了庇佑子孫平安，健康大發財。

我和發成兄各踩一輛腳踏車，載著禮餅送至親好友，銀姊姊不認識我，還問發成兄，妹妹同誰訂婚。

「就是他！」

銀姊姊請我到家裡坐坐，我說還趕著去送餅。趁林啟東不在家，送給林伯父、伯母，匆匆告別。恩師如果知道我「執迷不悟」會傷心，就不送啦。英姊雖然激烈反對，但也是怕胞妹受苦之故，我照規矩送她。

英姊有一點不好意思，說：「我不是反對訂婚，我是怕你們兩個走太近，大家都知道了，萬一沒結婚，妹妹就不好再找婆家，才不贊成你們這樣走下去。」

「阿姊！妳是好心啦！」我說：「妳阿母沒怪妳啦。」

「這外省孩子還真懂道理。」英姊對發成兄說：「你在台中過得好不好？」

聊一下就到廣興村月里姊、鎮公所對面粉姊、西螺勝美百貨公司合姊。合姊是大家族，傳統規矩仍舊，不能隨便要回娘家就回娘家，她很照顧阿婆，都是趁去田園工作時，偷偷踩腳踏車，帶應季蔬菜給阿婆，偶而也載一袋白米，給阿婆一些錢。

## 「新街人」寵我這「阿山子」

在西螺三年左右時間，是我最得意的日子，新街廟一帶街坊鄰居，幾乎每一家都疼惜我，很多家都請過我到他們家吃飯，我會替他們寫信，會教他們小孩讀書，阿婆右鄰王阿伯，他女兒王貴美，八歲時把她作文改一改，投國語日報少年版副刊，登出來時，家人還拿給大家看，除了幾元稿費，女兒名字上報，在西螺也是第一人，學校還頒褒獎。王阿伯夏天吃過晚餐，就在屋前廣埕拉胡琴，鄰居阿婆小孩都自帶矮凳，坐下來聽王寶川、三伯英台⋯最掃興的是公車陷在西螺濁水溪，王阿伯就拉牛車去拖公車過溪，大家歌就聽不成了，不過王阿伯也賺些錢，因為那時候西螺大橋還沒建，公車都從溪床泥沙比較硬，沒水的地方小心過溪，但偶而車輪會陷入泥沙中，就要叫牛車去拖拉一下，車子又自己開動了。

## 「酒國佳人」曾是我「同床人」

學校校慶，教職員工自組「話劇班」，帥哥林恒生老師（後來當選雲林縣縣長）演男主角，女主角是外面請來的小姐，晚上都在大禮堂彩排。

西螺中學運動健將廖石柱同學（新學友書局董事長），與林啟東是好友，我是他跳高比賽「腳下敗將」，一天到他家玩，記得是廖伯母指著不太遠的「西螺酒家」，對我說：「酒家樓上靠窗戶的那位酒家女，看到沒有?她認識你，…」

我抬頭看一下，說：「我不認識她。」

我同啟東特地到禮堂看話劇彩排，那位小姐看來似曾相識，也有點像酒家那位酒女。我不敢太看她，有時故意把視線轉向，表示我不是來看她，反而她倒大方的瞄我好幾次，不可能是酒女呀，學校怎麼會請酒女來演話劇?

「你台北市有一個妹妹嗎?」

「我嬸嬸有個養女，」我告訴啟東：「那是不可能啊，她固然有一點叛逆，也不至於跑到這裡當酒家女啊!更不可能的是，麗卿曾和我同睡一床，兩年前我回台北市，嬸嬸還想把我們『送做堆』，我婉拒了，我怎麼會不認得?」

「麗卿?」啟東說：「就是她，陳麗卿!」

「你怎麼知道她姓陳?」

「我還知道你半夜打過她嘴巴!」

「那是十四五歲時，半夜她常常咬牙吵醒我，我半醒半睡，也許打過嘴巴，不知道。你怎麼知道的?」

「她到廖伯母店鋪聊天說的，再看一看，像不像？」

我仔細端詳一下，女孩真的會「女大十八變」？「是她，可是前年回家還看過，還是小女孩，才一年多，怎麼身材高了，腰圍小了，那臉蛋塗脂抹粉，倒蠻俗艷，人也變成小姐了，不像小女孩…」

「那時候如果這個模樣，你就不會拒絕『送做堆』囉！」啟東逗我。

「她看起來比素貞成熟，有女人味，但她怎麼看，都比素貞少了一些什麼，…」我在想如何說出兩人不一樣在那裡：「素貞和我談訂婚時，第一個就猜你會反對，她說那麼多反對的人裡面，就屬你是最可能阻止婚姻的人，連你都阻止不了了，可見素貞魅力、內涵、純樸氣質，這是麗卿所缺少的…」

「唉！替我對未來阿嫂美言幾句，我可不是反對她，是反對你太早被婚姻家庭的擔子拖住。」

麗卿一定離家出走，怎麼會墜落風塵，家人知道嗎？我不想管，也不找機會，會她的面。

我下課去總廚婆家找阿婆，她要搬台中市住，拜託總廚婆照顧我。我說：「阿婆妳不要擔心，…」

「還叫阿婆？」總廚婆糾正我：「訂婚了要叫阿母！」（其實十個男女兒，都叫阿婆：『阿姨』、『姨喔』，閩、台習俗，有人命中不能當父母，還有直叫父母名字的。）我叫阿婆叫得蠻順的，還好總廚婆逼我。我叫：「阿母！」阿婆笑的好高興，「阿母！妳什麼時候搬家？」我第一次叫不出口，第二次就好叫了。可是岳母不一樣，第二次她聽了卻傷心流淚。

「阿母妳怎麼啦？」我不問還好，一問老人家哽咽說不出話，以袖子拭淚。

「妳阿母捨不得離開你，」總廚婆說：「你阿母多疼你！」我突然也心酸不已。

悶悶不樂的回宿舍，才踩進門，又是一聲霹靂，聽到恩師告訴朱老師，他好友說省政府有個缺，問恩師要不要到台北市上班，恩師說如果去的話，要安排我住「學寮」（學生宿舍），也交代朱老師、田老師、丁老師他們照顧我，差一點我眼淚沒流出來。我進去裝著沒聽到。恩師問我意見，我說：「沒關係…」，後來恩師不知何故沒去，於我畢業後，才到台北市杭州南路省糧食局，當人事室主任。一定恩師看我臉有怯色，改變心意沒去。

## 我又「相親」

爸又從三重鎮遷到台北市龍山區帆寮里西園路一段十三號，就是二號水門邊，這本來是「地地家」（綽號，本名張國祥，福州人叫叔叔都叫「家」）租的，他轉租給我們。巷子很窄，前半巷只有兩人並肩那麼寬，後半巷多一倍寬，但卻很長，右邊是牆壁，左邊像方型蒙古包大的土角牆、半雜木板壁的矮小違建屋舍有八九間，巷地鋪大小不等高低不平的石頭，這「無尾巷」住了十來戶，如果巷口火警，巷內的人逃都無路可逃。窮人有得住已經夠滿足了，那會去想什麼安危。

我們屋子在巷子中段，大人進出會碰到屋簷瓦片，所以進出時都要低著頭。裡面一張舊古床，爸媽兩個小弟弟睡，我！臨睡時鋪幾塊木板在椅條上，早上再收好，豎立在牆角。奇怪的是，那麼不太乾淨的整條巷子，見不到一隻蚊子蒼蠅，大家都說我們住在「蟾蜍穴」上，所以蚊蠅都被蟾蜍吃掉了。

屋子只有三、四坪大，但媽媽很滿意，因為金官表舅就住在巷口外「三角間」，長沙街很多傢俱店，都是福州人開的，大部份不是親戚，就是朋友，走幾分鐘就到，語言不但通，親情更是媽所渴望的，龍山寺也近，禮佛逛街都方便。

「媽！」我由西螺接到信，就請假趕回來，「爸信裡說一定要回來一下，什麼事啊？」

「鱸鰻叔（綽號叫流氓，不知其名）有個親戚，叫鱸鰻叔做媒人，說那女孩多麼好，你爸扭不過他，就叫你回來相親…」

「我不要，和素貞都訂婚了，媽，素貞很好呀，…」

「你訂婚只有媽知道，你去相一相，對方不滿意的話，兩全其美，事情就了了…」

「這太危險，你的兒子很有女人緣呀！」我抱著四弟廷光上下拋弄，媽說：「小心一點，他在三重才從樓梯上滾落地面，腳扭傷，還好樓上矮，…」

三弟廷銘搖搖晃晃抱著我的腳，要我抱。爸和鱸鰻叔從外面進來，打過招呼，「粗線條」的鱸鰻叔很親切風趣，他說：「阿叔最近沒錢啦，給你做個媒人，賺個紅包喝酒。」有爸在場我不敢逗鱸鰻叔，會挨罵的。

相親很簡單，我和鱸鰻叔從對方的門前走過去，他們親人偷偷端詳我走姿，品頭論足定成敗。

「鱸鰻叔！只有他們看我，我不能看她，我怎麼知道她長得什麼樣子？」

「保證不會跟你鱸鰻叔長得一樣，」鱸鰻叔帶我過貴陽街、繞康定路、由三水街回西園路。

「鱸鰻叔，還要走多遠啊？」

「好了！他們看過了，我們回家。」

「好啦？我怎麼不知道？」我想素貞如果知道我專程回來相親，一定傷心死了。我告別鱸鰻叔去找素貞。

鱸鰻叔叮嚀我：「下午三點，趕回來，他們會派一個長輩和你面談。」

素貞突然看到我這不速之客，訝異地看我，「有什麼事嗎？」

「事情『大條』了。」

我把來龍去脈簡單的說說，「我們要先下手為強，趁他們還沒來，先同我回去見爸、媽！」

素貞向堂嫂請個假，就同我回家，看這長長的無尾巷，擠這麼多家人，屋子這麼小，怕素貞不滿意，「這是租的，以後我們會住大的屋子…」

「好得不得了！好得不得了！」

素貞好奇怪，窮到家徒四壁，還好什麼？

「你免奇怪！人家看你們這樣環境，面談這一關你過不了，…」

「那妳呢？」

「我又不是嫁給這屋子和巷子！」

「一語點醒夢中人！」

「是糊塗人！」素貞說：「先想一想，等一下你爸打我、趕我，怎麼辦？」

「妳想得美啊！妳還沒有福氣挨老爸打！是我才有挨老爸打的福氣！」

「那就進去享福吧！」我發現素貞真的變了，以前她沒這麼調皮、活潑。

爸看我帶一個女孩回來，他的個性，當著陌生人的面，絕不會發脾氣的，但爸今天對素貞很客氣，也不是他對初見面陌生人的個性。素貞叫一聲「伯父、伯母」就去坐在媽的身旁，逗弟弟玩，跟媽聊起來。

「鱸鰻叔怎麼沒一起回來？」

「爸，鱸鰻叔等一下來。」爸一定認為素貞就是鱸鰻叔介紹的那位小姐，難怪爸對素貞那麼親切。等鱸鰻叔和來面談的對方長輩回來，這場面一定很尷尬，我低聲邊逗弟弟邊說：「妳先回去！」素貞眼睛問我「為什麼？」大概看我臉色不大對，就說了：「伯父、伯母，我要回去了。」我趕緊說：「好，我送妳到門口。」

到巷口，我叫她趕快走，素貞說：「我不知道怎麼回去呀！」

「妳在附近走走，我會找得到妳！現在沒空說清楚！再見！」

我要趕在鱸鰻叔前面回家，準備面談時如何讓對方認為我不適合他們的條件。不太久，鱸鰻叔臉色尷尬，一進門就對爸說：「失禮！失禮！」

「怎麼啦？」爸說：「人都到家了，談得好好的，那女孩子不錯啊！」爸！不錯是你說的，到時候知道了別罵我喔。

鱸鰻叔沒聽清楚，只顧著想怎麼對爸說。哀聲嘆氣：「現在人太現實，走到巷子就回去了，現在窮並不表示以後永遠窮啊！」喔！原來人家嫌我們窮，好！太好了。我送走鱸鰻叔，還千謝萬謝，謝得鱸鰻叔莫名其妙，愧疚而回。我佩服素貞有先見之明，難怪她說：「好得不得了」，人家與你沒感情，幹嘛挑個窮小子？

媽心裡明白，臉有喜色，爸自言自語：「你鱸鰻叔酒喝多了…」

「不是酒的關係，是他們長輩嫌我們住的地方不好，回去了。」

## 素貞被當「野雞」

我繞了幾個街巷，才找到素貞，看她驚嚇的臉，含淚泣訴：「你那麼久才出來？」

「萬事如意！」我告訴她：「沒事了。」

「我差一點被人抓去知道嗎？」

「光天化日之下誰敢抓人？」

「不是抓人！一個男人把我當做雞，要抓我回去殺，」素貞生氣我：「我掙扎喊救命，打他一巴掌，他還很委屈的說：『妳不是野雞？』我罵他雞和人你都看不出來？我在這裡等人，我先生來的話，你會被打死！」

「妳先生那麼兇啊！」

「不說兇一點他不怕呀！他臨走還假好心說：『小姐啊！萬華這裡女人不能站路邊等人等那麼久，站那麼久，人家以為妳在『站壁』等客人！』」素貞告訴我，那男人說著說著就走了，「你那麼久不出來，我越想越害怕，不能站著等，只好到處走呀！」她又問我一句連我都不知道的話：「野雞是什麼雞？為什麼不能靠壁站著？」

「大概像西螺到處放養的雞吧？」十幾歲的我們，那知道那是阻街流鶯？

## 護士與學生「私奔」

我只有兩個多月就畢業了，岳母安排住在總廚婆獨立小草厝，素貞就辭掉堂嫂的工作，與我回西螺，幫我煮飯，她堂嫂只知道我把她帶走，又不認識我，所以很擔心，特地派人告訴岳母。岳母請「來人」轉告，是女婿接回來，小孩子沒說明白，很抱歉。鬧得成了「護士小姐被學生騙走了」。

草屋一木床、一書桌，空間不多，素貞煮飯時，都把火爐捧到屋外一尺寬的走廊煮，以免油煙充滿屋內，久久不散，煮一餐都被煙薰得淚眼刺澀難受。晴天還好，雨天的話，草蓋的屋簷，雨水淋得她頭髮、衣服都濕漉漉的，碰到「西北雨」（陣雨）更是兵荒馬亂，又要端鼎（鍋）、又要搶爐子，這種雨來得快速，端走鼎（鍋），爐火往往被傾盆大雨沖熄了。再起火就難了，因為爐子濕淋淋，火煤點燃不易，搞得涕淚滿臉，我在的話還好，一人端一件，可是她燒飯時，我都還沒下課，回來吃飯實在心裡過意不去，看素貞心甘情願煮，歡歡喜喜受，大概這是種下我倆恩愛的「因」，得到逾五十年婚姻旅途上多彩多姿的「果」吧？

## 畢業報刊惹禍？

林啟東與我對文學很興趣，兩人突然心血來潮，想辦「畢業報刊」，「八開」像國語日報大，有文藝版、同學地址及同學「留話」版、建議學校改革版、感恩版、…稿源倒不成問題，我和啟東兩人就綽綽有餘。教國文的張文宗恩師滿贊成辦這畢業紀念刊物，錢嘛同學們樂捐，也是不成問題，五十年前的西螺鎮，找不到像樣的印刷廠，只好給唯一的一家印刷廠承印。老闆很好，他說自己的字體、字數都不夠，要到虎尾、斗六、北港各鄉鎮去買，所以時間要長一點，但絕對會在畢業前交貨，就此拍板定案。

文藝版等各版沒問題，問題出在「建議改革版」，啟東和我建議問題有：學生不是農夫，學校種田太多，蔬菜果園面積太大，花在田園時間太多，上課的時間相對減少，學生來校是學習、研究農植物生長過程、品質改良，不是像農夫一樣只是勤耕、增加收入。其次一人做事一人當，不要一人犯錯，體罰全班。再其次，學生犯錯，請勿重摑嘴巴，已有學生耳朵聽覺受損，致使少數學生懷恨在心，造成「畢業即是報復時」。全部經過恩師過目才付梓，以恩師的人品、文學根基、做事謹慎而能通過他這一關，足見我兩個人應該「下筆」很婉轉，不至傷害學校「錢途」才對，我兩人的心血結晶，從印刷廠高高興興以腳踏車載回來，送學校辦公室，等畢業典禮分發。方圓百里還沒有學校辦過這樣畢業「報刊」，臨別記個「功」跑不掉吧？

## 校長有請！我倆「二進宮」？

校長有一天對林啟東和我說：「你們兩個，今晚到校長家，校長請你們！」

種瓜得瓜，種豆得豆，辦「報刊」固然辛苦，但苦盡甘來，其樂無價呀！校長現在又錦上添花，好運到了，擋都擋不住不是？

上次去領罰，這次「二進宮」卻是榮譽。校長帶我們到後花園逛，好大啊，各種果樹都有，校長夫人切好幾盤水果，擺放大榕樹下精緻的桌子上，我們受寵若驚，跟校長一起坐著，吃水果。

「你們—還年輕…」校長坐「太師椅」，安詳地翹二郎腿，手拿「蓮霧」靠嘴角看他要咬了又不咬，很悠閒地看夜空，慢慢地說：「這個學校，一磚一瓦，我都曾親手搬過，都留下我青春時光，我與磚瓦教室有說不出的感情，…」手裡的「蓮霧」只是拿著，弄得我們也不好意思吃水果。

「吃呀！」

「謝謝！」我與啟東一樣心情，吃不吃都不自在，校長怎麼啦?話中有話，他老人家到底要說什麼呢?說心事?他站在升旗典禮台上訓話的威嚴為什麼消失了?

## 林校長訴心事

「你們不懂，」校長自言自語似地說：「做人難哪!你們不懂因為你們年輕，我像你們這種年齡，也是很衝動，很有正義感!得罪不少人，等到知道那正義並不正義，只是無理性的情緒、激動時，已經老了。如今正義、情緒、激動的新一代卻衝我而來，…」

我很納悶地看啟東一眼，啟東心知肚明，校長要說的話快出口了。

「這封信，」校長從口袋掏出來，遞給啟東，校長說：「情、理、法，寫得好啊!我看了都感動，都生氣有這麼一個無能的校長領導學校，…」終於咬一口手中蓮霧，校長的動作緩緩溫溫，「學校裡能寫這麼動人的文章，除了你們兩個，連老師也找不出一兩個，校長不是在怪你們，你們也是為學校好，才會向教育局檢舉校風敗壞，⋯」

這是很久前寫的，很多同學都到林啟東家簽名蓋章，林伯母還奇怪地說過：「你們兩個孩子在搞什麼呀？」我們都忘了，怎麼檢舉函現在才落在校長手裡？

「還好，局長是我的好朋友，沒有往上報，這件事到此就算結束了，校長也會照你們的寶貴建議來改善，⋯」

「糟了！」在心坎裡「說」，啟東的表情，也看得出來不好受，長輩罵我們還好，這樣低姿態對後生小輩，實在難受啊。告別送我們到門口的林校長，我拉著啟東：「怎麼辦？」

「什麼怎麼辦？」

「你忘啦？」我邊走邊說：「我們有兩份，當初同學都兩份各蓋一次印，後來交王和裕去寄，省政府教育廳還沒來調查，⋯」

「這麼久了應該忘了吧？」啟東很多事情都往好的方向想，「即使來查，校長已在改變校風，大不了申誡一次！」

三天後一個黃昏，有一位外地人，西裝領帶，個子稍矮，皮鞋亮得會反光，悠閒地觀賞校園，我準備降旗典禮，與他正面相逢，我向他點點頭，他笑容可掬的問我：「要降旗啦？」

「是！」

「怎麼田園還有那麼多學生在工作？」

校工在敲降旗鐘，田園學生向操場跑，很快集合隊伍，國歌、降旗歌響起來，跑不到操場的學生「就地立正」，此時還在田中指揮的林老師卻吼叫起來：「都過來工作，不要管降旗！」

有的就過去工作，有一個學生仍然在田中立正行禮，林老師很生氣的跑過來摑他耳光。林老師太用力打，這個同學鼻子血流不止，我們趕快用布料紙張堵塞，一邊抬到粗陋的衛生室，那位外地人看到了，他亮出證件，是省政府派來調查的莊督察，林校長趕快接他到校長室，看過公文，只是來看看校務，偏偏林老師在節骨眼上「擦槍走火」，自己不立正行禮就罷了，還叫學生不要管降旗，又把學生打得鼻子血流不止，結果流彈誤傷林校長。

莊督察單獨查詢幾個學生，叫林校長簽名。林校長叫工友到西螺餐廳訂一桌酒席，客客氣氣地對莊督察說：「鄉下沒什麼好菜，今天晚上無論如何，請您賞光…」

「你別想用酒菜堵我的嘴巴！」含怒而別。

想起日前校長的一番話，再看看職位即將不保的他，我內心竟湧起愧疚之心，久久揮之不去。

## 畢業晚會「酒女當家」

畢業前夕晚會很新潮，請酒國佳麗當女主角，男主角林恆生老師，白皙皮膚，娃娃臉頰，為人瀟灑，性格豁達，樂觀、親和力溢於言表，真是好一個富貴子弟，常常在操場與我們玩耍。

我告訴啟東：「富貴子弟，他們都是雞鴨來投胎的！」

「亂講！」啟東說。

「不亂講！我聽阿婆每一次在殺雞殺鴨的時候，左手抓雞頭，右手拔頸毛，握菜刀，唸唸有詞告訴雞鴨說：『做雞做鴨無了時，後世人給你去做富貴家子兒』然後手起刀落，只慘叫幾聲，就到富貴家去投胎做人了！」

「你說林老師是雞鴨投胎的？」啟東邊看話劇邊逗我：「你這妹妹倒是演戲的料，她前世人是燒什麼香？」

「什麼妹妹嘛！」我說：「她是父母不詳的孤女，我阿嬸看她可憐，弄回來養，本性難改，老爸也不管她，逃學翹家，阿嬸也被她煩透了，…」戲演到這兒，只見她手指著我們，臉卻向著林老師：「死沒良心的…」

「她指著你，」林啟東今晚怎麼啦?老是逗我，又說：「她罵你喜新厭舊，沒良心！」

我不辯，演的是情侶打情罵俏，這隻手該是指男主角林老師才對，怎麼荒腔走板，指台下來呢？

林老師個性本來就活潑幽默，乾脆演一段「戲外戲」，他唱起「平劇」來了。

「唉！小姑娘，下面那一個公子負了妳啦？」逗得哄堂大笑。

麗卿來個蛇身柳浪，也演起平劇來了：「不說也罷！」

「要說！」

「當真要說？」

「要說！」兩人演起勁兒來了，台下笑聲不斷，啟東右手肘碰碰我，叫我要有心理準備，麗卿似有「戲報私仇」樣子。

「就是…」她那裡學來的平劇身段？「就是…」

林老師及時插花：「可是他麼？」手指著校長，更引起台下一片笑聲，掌聲如雷。

麗卿走著碎步到台前，端詳林校長一眼：「非也…」滿懷心事的林校長，情不自禁地鼓起掌來。說時遲那時快，只見她雙腳交叉身子一蹲，來個回馬身，左手指著啟東說：「就…是…他！」大家笑歪了嘴，啟東愣愣地看我，他想絕對會指我，但那指的方向誰都看得出來是他。一是啟東人高馬大，目標明顯；二是麗卿蹲下去回馬身時失了準頭，指錯方向。

我跟著大家鼓掌時報了一箭之仇：「這負心公子原來是你啊？」

## 聲聲驪歌、滴滴淚！

三年朝夕相處，盼不得趕快畢業，一但面臨別離，卻打心底湧上來生離死別辛酸，回憶三年來喜怒哀樂，偷吃園裡甘蔗的就橫咬著長長甘蔗、偷吃蕃茄的就咬著蕃茄、偷吃香蕉的就咬著香蕉、升旗典禮時，罰站訓話台上示眾，算是殺雞警猴。被罰地最辛苦的是偷吃甘蔗的同學，咬蕃茄、香蕉，雖然嘴咬住，只是尷尬而已，但畢竟咬起來不重，長長一條甘蔗，橫咬住中心點，蠻重的，碰到校長、老師們「短話長說」，不但牙齒、下巴受不了，連雙腳都會發抖。偶有老師還問被罰同學：「甘蔗甜不甜？」不回答嘛不禮貌，想回答嘛又沒嘴巴可回答，只好點頭，「甜？好吃喔，還要不要偷吃？」這下可慘了，點頭已經不容易了，橫咬長、重甘蔗搖頭，往往一搖就掉下來，重新再來。我有一次與幾個同學，躲在隱密的果園偷吃蕃茄，結果遠處果樹嘩嘩晃動，還聽到：「不要跑！」同學們跑了，我想那樣逃跑，怪難看地，反正蕃茄輕輕地，不比甘蔗重，罰就罰吧！老師看到我，兩人都愣住。

「你吃的這粒還沒熟，」王老師不罵我，反而教我怎樣辨識蕃茄：「你看！這一粒整粒紅了，蒂部肥肥地，就又甜又粉脆。」

我有一次月夜，到張三豐老師宿舍，想摘一個柚子送阿婆吃，張老師一家人跑出來抓賊，差點被他家人揍，只聽張老師大聲叫：「放了他！」張老師對家人介紹我：「他是張教務主任的弟弟。」大家客客氣氣地請我上去坐。

「阿松呀！」張老師叫他的兒子吧：「去摘幾個好吃的給『阿同』哎！（對同姓的暱稱）」我本來只要一個，張老師賊抓不成，倒白白地損失三個。

不管月考、期末考，我就成「炙手可熱」人物。我住恩師宿舍，有數學老師、國文老師、歷史老師。住一起，同學們要我偷看出什麼「考題」。恩師國文課本凡有硃砂筆圈圈過的，其他老師書頁有折疊的，就抄錄下來作「好事」。偏偏我所提供的考試範圍，老師們就很少出考題，那些同學從我這裡撈不到好處。

割稻子的時候，阿婆的鄰居來了幾個拾稻穗村姑，都喜歡跟在我後面，因為我苦過，特別同情窮苦人家，故意多丟一些穗子給他們，「這個阿山孩子memai（不錯）！」

臨別回憶過去，依依不捨，我還比人家多撈一個「賢妻」，新街廟那麼多溫馨友情，素貞兄長姊妹及她的親戚，都那麼照顧我，讓我這從小多災多難的「苦命子」，嘗到第二故鄉西螺所給我如母親懷抱一樣愛、安全、溫馨。四十三歲以後，我常以機車，花六個多小時從台北載素貞回西螺享受姊妹、姊妹夫、老師們、新街廟一帶好鄰居的親情招待。蓋上次在合姊家吃，這一次就得到粉姊家吃，下一次又得到另一位姊姊家吃，否則人家會有被我「冷落」的感覺，有時探親時間短，這一家正準備飯菜，那一家卻在餐廳訂了酒菜，過來拉我們，連東家都一起拉去。有次與朋友經西螺街合姊勝美百貨公司，本只想打個招呼就回台北，卻被合姊強留，擋住車門不准走，一定要吃一餐才能走，吾友李明宗夫婦感動兼羨慕：「有這麼好的親戚，難怪你常往西螺跑。」

鄉下親人熱情，加上我這「稀有動物」得人緣，即使七十高齡的現在，下車第一腳踩踏西螺地面，就打腳底溫馨上來，渾身舒暢、心靈安詳、連空氣都充滿感情；但也多少帶點鬱悶，蓋很多至親好友都離開人間，「睹屋思人」，也蠻心酸。能由福州、台北、到西螺「結善緣」，皆拜文宗恩師所賜，對恩師除了感恩還是感恩。

大禮堂充滿別情深深，彼此留下地址，或在紀念冊上寫下鼓勵祝福留言，非常珍惜當下，好像是「此別即千古」難分難捨氣氛瀰漫，唯一遺憾的是，我與啟東辛苦印好的「畢業記念報刊」，學校因怕人家看了，知道學生像農夫而不來報考，會影響「錢途」，所以不發，致使很多同學通訊地址都無法連絡。

## 與貞告別西螺親友

畢業後，我帶素貞回台北，仍住西園路，爸已經接受素貞了，在台北三四天，我帶她乘新店線火車，到景美站，再轉乘客運車到木柵，然後走路走到山腳，再順著階梯往上走，半小時到仙公廟（指南宮）。很多民間傳說，情侶不能到仙公廟，因為祂老人家喜歡拆散人家，也許仙公特別寵愛我倆，不但沒有棒打鴛鴦，還在我倆婚姻路上領我們平安的走過知天命（五十年）歲月。素貞穿一件當時算是時髦的量身訂製，淺桃紅色旗袍，十七八歲姑娘，其實穿什麼都好看，現在從相片看起來土土地；我也好不到那裡去，媽拿爸爸的又大又寬的西裝套在我身上，西裝褲腰圍寬大，還好有腰帶吊掛肩膀，不會掉下來，很像風靡世界的電影大明星「勞萊」、「哈台」這兩個寶貝，傻呼呼地。（台灣風光一時的電影「王哥、柳哥」就是模仿他們）。回程被西北雨淋得渾身濕漉漉地，媽煮半鍋老薑汁給我倆喝，以防感冒。

第二天先搭火車到北投，因為我會暈車，所以走路上草山（陽明山），走了兩三個鐘頭，人逢喜事精神爽，走不累，因有情話綿綿在織未來燦爛的美夢，談過去話將來沒完沒了怎麼會累？倒覺得「時不我予」，怎麼那樣快就過了幾個鐘頭。草山公園紅花綠葉，遍山嘩嘩清澈小溪流，宛然少女吟唱情歌，款款沁人心弦。

藍藍的天，輕飄的白雲如仙侶般在天上牽著手飛翔，那麼悠悠蕩蕩，自由自在，多麼使人間有情人羨慕與陶醉。

居高臨下，遠眺繁華都市，河道夕陽彩霞對映，水天華光一色，豔輝四射，美不勝收，「此景只應天上有，人間難得幾回瞰」？或坐樹蔭石墩、笑指池塘悠遊的鯉魚，或與眾遊客半坐半臥綠茸茸草皮，耳鬢廝磨，卿卿我我，或挽手漫步百花叢下石板曲徑，無言勝有言，清新微風拂面，空中花瓣片片飄浮，體會到「流水任急境常靜，落花雖頻意自閒」境界。呼吸舒暢涼氣，人間仙境，如夢如幻，置身其中，「不知有秦與漢…」，樂在其中，如果你真正愛過，你就會「感同身受」。

## 逛龍山寺、芳明館看「戲尾」

貞回台中前一天，我帶她到龍山寺拜拜，那時候龍山寺廣場沒有圍牆，廣場兩側是小吃攤販，人來人往蠻熱鬧，走過寺前的廣州街公園，有跑江湖賣膏藥的、變魔術的，我叫貞在賣藝攤等，我去公廁小解出來，貞不見了，找了好一會兒，才找到貞，我說妳不要亂跑。

「一個男人一直糾纏我，問我：『多少錢？』我躲來躲去，也在找你啊！」

「不要怕！我請妳吃道地的福州炒牛肉，壓壓驚。」

我叫一盤炒牛肉，一碗牛雜湯，那時候酒可以一杯一杯買，不必叫一瓶，我想有肉沒酒不搭調，在福州沒聽過啤酒，我對老闆說：

「倒一小杯啤酒給我！」在我前面桌的食客回頭看我，在我側面桌的食客側頭看我，好奇怪，老闆很客氣的問我：

「你要什麼酒？」

「我酒量不好，」我說：「只要一小杯啤酒。」

怎麼那麼多人在笑？還有一個出聲大笑還加搖頭，很奇怪不是？

「啤酒都是一瓶一瓶賣的，」老闆說：「沒賣一杯的，米酒可以零售。」

我正猶豫，貞說：「你又不是做月內（子），不要喝米酒。」

吃完以後，又對貞說：「我們還來得及走過去，到華西街芳明館戲院看新劇（話劇），妳沒看過，很好看。我看過幾次『戲尾』，就是廣告戲，戲快演完了，最精彩十分鐘，打開戲院大門，給外面人進去看。」

「最精彩的看過了，誰還想買票進去看？」

「妳不懂，」我說：「你看了最精彩戲尾，就想看整齣戲！不過不買票也可以偷看。」

走十來分鐘就到芳明館戲院，門還沒開，貞看到很多人臉貼著木板壁，還有小孩坐大人肩膀，上下兩人的臉一動也不動地把臉貼緊板壁，有的半蹲、有的坐地上，整面板壁擠滿滿的，除了小女孩，大部份是男性，大家都一樣，額頭、鼻子靠壁。

「他們在做什麼？」貞很好奇問我。

「全台北市只有這一家，」我逗貞：「做了壞事，面壁懺悔！」

「真的呀？他們是什麼『教』？」

「好像…」

戲院的門打開了，一大群的人湧進去，我們也被推擠進去，站著看「戲尾」，演的是「送君情淚」，一對情侶在碼頭擁抱哭泣，難分難捨，開船的汽笛響了，男的走了幾步，又回頭抱淚汪汪的女友，船動了，男的急步追船，只聽女的一聲很長的慘叫：「阿明！」

銀幕拉下來。廣告來了：「精彩！精彩！要知道，明天請早光臨！」

貞明天要回家，看到別情依依劇情，我們感同身受，不過愁悶很快被一大群人擠來擠去擠掉了。到外面，我拉貞的手：「我們也去面壁懺悔！」板壁很舊，有很多破裂洞，板與板接縫處空隙，眼睛對著縫隙，就能看到不大清楚的戲劇，貞也看了一下，知道被我作弄了，抿嘴微笑：「你常常來懺悔喔！」

## 貞揮揮手、帶走我的心

送貞到萬華火車站，別離苦，別離患難情人更苦。我買一張月台票與貞一起進站，等火車來，又怕火車來，送別又怕別離，捏捏貞的手指頭，告訴貞：「餓了買一盒飯盒吃，我不怕窮苦，我們不會一直這樣苦，…」

「知道！我也一樣苦，沒什麼，你不要當心。」

遠遠聽到火車吼叫聲，也漸漸看到它噴著煙霧向我們衝來，我幫貞一起擠上車廂，想找個位子給她坐，位子卻被從窗戶外爬進來的人和包袱從窗戶外丟在座椅上佔滿了座位。我詢問幾個乘客，有一個只要三站就下車，叫貞站他身邊等他下車。火車快開了，貞木訥的眼睛看我：「車要開了，快下去吧！」

一聲長笛，車子緩緩在動，我很快奔下車，跟著火車跑，與貞的窗戶平行，一邊側著臉看貞一邊跑，貞在車廂窗戶口揮手，火車越來越快，我曾是田徑選手，仍然越追越落後，火車像一條黑巨龍，貞的手也不見了，車站的路終端了，我無路可跑，眼睜睜的看牠得意忘形一聲巨吼，把我的貞擄走了。

頓時失了魂似的沒生趣，悶悶不樂，我不知道現在要往那裡走，沒貞的龍山寺失了吸引力，沒貞的街景令我生厭，我無方向無目的地走，想起媽，我才趕緊回家。媽看我要死不活的臉，關切的問我：

「你有沒有送上車？」

「有啦！」我的口氣令媽不放心。

「可憐的孩子！」

「媽！」很自責地壓制心酸，怕媽擔心，裝著沒事似地說：「媽你以後不能再叫我可憐的孩子啦！我長大了，別人聽到會笑話我們。」

## 我當國語日報工友

次日與林啟東去考師範學校，面對考卷，心在貞那裡。家境實在窮困，賺錢幫忙家計，是我根深柢固的使命，前途？錢途？第二天放棄考試，偷偷去應徵台灣省教育廳國語推行委員會（與國語日報是連體嬰，就是現在植物園國立中央圖書館館址）傳達室工友，試用三個月。

媽還是希望我讀書，我告訴媽：「媽，先工作，以後再讀書。」

「你做什麼工作？」

「辦公，」我不敢說是掃好大的一片園地、燒茶水、送稿件，「媽你想想看，多了我收入，少了讀書支出，而且每月還有配給米，爸負擔就輕鬆多了，加班費給妳做私房錢，賺爸爸利息。」

「你呀！」很久沒看到媽這麼喜悅的臉，「你從小就被媽寵壞了，什麼事都是先做了再說。」

「媽妳放心，」我找到工作、想想能幫爸爸負擔一半家計，心情特別高興，「媽的孩子不會變壞，因為媽是好人嘛！」

從西園路走到植物園，頭一天上班不知道要走多久，所以我早上五點以前就出門，只走一個鐘頭左右就到了，先把一人高鍋爐灌滿水，再把鍋爐下方灶穴生火，八點以前有幾位「下女」（女工友）就拿著熱水瓶來，把鍋爐水龍頭旋開，接取開水。這工作辛苦而薪資也不高，大部份都是中老年不求上進混日子的人做，像我學生年齡的人，還是頭一個。她們門縫裡看人把我看扁了，倒使我有點尷尬，刻意把斗笠戴歪，好遮住臉頰，調皮的下女小姐，還蹲下去往上看我臉，還告訴別的小姐：「嘿！臉還會紅呢！」

我之所以選這份工作，是因為國語推行委員會，學者教授、名編輯、文壇人才濟濟，有主任何容教授、委員齊鐵恨教授、王玉川教授、梁容若教授、林良教授、魏廉、魏訥姊妹教授、鍾露昇、夏承盈（何凡）等，「古今文選」迄今仍是「不二文摘」。

掃地最傷腦筋，廣闊園區大小樹林又多，好不容易掃得乾乾淨淨，一陣微風就滿天飛葉，從頭再掃。

送稿子給委員們最舒暢，像齊鐵恨老教授德高望重前輩，還從座位站起來，慈祥地問我工作辛苦嗎？最喜歡我問不知道的古文詩詞，不厭其煩的解釋，王玉川教授，對用字遣詞怎麼用，不但解釋還引經據典，教我不少寫作入門「訣竅」。魏廉、魏訥老姊妹教授，我根深柢固地記得她們最「疼惜我」，偏偏因為我們是同鄉，為避「瓜田李下」，她們表面上看不出對我有什麼特別照顧，但她們鼓勵我的話每次雖然幾句，卻勝千言萬語受用。一閒下來就手不離書，也寫寫稿子，一次投稿本報「少年副刊」，地址就寫傳達室，結果林良（子敏，那一輩他可能是碩果僅存了，現任國語日報社社長）主編到傳達室找我，第一句話就是：「你就是張廷錦呀？」雖然不相識，可是幾年來我的名字常常出現在文藝版副刊上，林主編記性好，還記得。我後悔地址寫傳達室，使自己不敢再投稿，他錄用了，我怕是因「我」而錄用，不錄用的話他會不會為難？反倒是林主編問我：「最近忙嗎？沒空寫稿子？」

## 我是頂「鬼缺」

報社「書版部」一個技術人員到中正大橋新店溪戲水溺斃，在「報版部」的好友李明宗，叫我去替「鬼缺」。領班陳金頂也滿喜歡我，莊水龍是負責指導我的師傅，我很滿意這份工作，趙可畬、顏文士、鄭金泉、金相信、周振華、鄭玉璋等幾個同仁都蠻照顧我，後來我因為會打排球，還參加國語日報夏承盈、林良編輯記者們組成的球隊，訓練個把月，參加台北市記者節比賽。對一個窮困孩子，能與大人物們一樣穿印有「國語日報」那麼好的運動制服，本來就有見富見貴的自卑性格，練起球來好不自在，有學問的人就是不同，上至何容主委、委員、編輯、記者們，都那麼謙和親切，不分彼此，尤其是對我這個會搖搖筆竿的人，也比較禮遇。

好景不長，半年不到，書版部因拉不到生意而結束，我頭一回嘗到失業的鬱悶。

## 連倒四家印刷廠

同事們很幫忙，替我轉介到和平西路龍口市場大新印刷廠，黃鎮椿老鄉很照顧我，他在中華日報上夜班，本來不用兼差，因為結婚酒菜貴而不美，報社同事認為他「趁婚打劫」，吃得冒火，報社婚喪喜慶不送現金禮，都是先寫在會計保管帳簿上，幾個激憤同事，把帳簿拿來撕毀，致使發薪水時無從扣起，黃老鄉也不好意思向人家要補送紅包，欠一屁股債，看破世事，投奔「救主」信基督教，在教會弟兄們溫馨關懷鼓勵之下，夫婦倒變成一對非常有愛心與處處幫助人，倒使以前「白吃」的人不好意思。黃老師後來當專業牧師在教會傳道。

股東不和，拆夥搬到成都路，好友李珍琇因會排版，沒被遣散，我拿一點遣散費，心情鬱悶的走出廠門，一個撿破爛的榮民，肩膀挑擔，擔子裡有一隻死狗，好像撿到寶貝似地興奮，遇到其友，大聲叫嚷：「老兄！今晚來啊！我請客！」

「好啊！」其友也高興地說：「我去買酒！」

看他們這樣落魄，當死狗如珍品，自己鬱什麼嘛鬱？克難街很多這些人，一位拉三輪車的老榮民告訴我，他家的田地那像台灣算幾甲地幾畝地，他們算「天」的，從田頭繞個圈回來，一兩天走不完，有十幾匹馬，幾十個長工，十幾歲被「抓壯丁」抓了，打鬼子打到拉三輪車，「老鄉，人啊沒死算不準地。」名言呀！

有四個工作夥伴在重慶南路，租屋頂加蓋違建小屋創業，問我嫌不嫌其工廠小，我只要有工作做，有錢賺，就高興得不得了，那裡還會嫌人家？我負責早晨把「鑄字爐」火生起來，小工廠有個好處，什麼都得做，所以我什麼都有機會學到，但老闆幾個月拉不到生意，琴、刻字、書法都有一手的多才敦厚陳忠「老闆」，很不好意思地告訴我要結束營業，把我介紹羅斯福路興豐印刷廠。台灣電視公司剛剛開播後幾年，陳忠老兄常常在電視機畫面上出現，與幾位「樂友」演奏國樂。蓋那時「黑白電視」時代，窮人多，街路上難以看到一兩家店舖有電視機，偶爾遇到一家有電視機，店門口也圍著一大堆群眾，陳忠算起來是開播前輩，到民間漸漸零零落落有電視機了，台灣電視公司漸入佳境了，陳忠功成身退，台灣電視公司現在那記得「雪中送炭」的患難前輩？

頭一天上班，看到老闆座位後面貼著一張紅壁紙，寫八字真言：「至親好友、恕不擔保」，心中涼了一半，連至親、好友，都如此公告周知，當他的員工，日子怎麼會好過？

孫領班好會管東管西，剛相處實在難適應，時間久了，卻非常覺得他好體貼人，「烏鴉嘴菩薩心」。「手搖鑄字機」技工陳嘉南（現任台川中小企業公司董事長），一天要搖一萬多下鑄字機器（搖一下鑄出一個字），與我很投緣，他告訴我說，老闆以前替親友擔保，結果傾家蕩產，苦了十幾年才開這家印刷廠，聽了非常同情老闆之境遇。

興豐印刷廠關閉後，李珍琇拉我到他工作的憲兵學校印刷廠（台北縣三重埔），雖然騎腳踏車要一個多小時，但有工作再遠都沒打緊。下班過台北大橋，珍琇與我不騎車了，拉著車沿著淡水河岸，邊走邊聊天，河水清澈，夕陽餘暉映照河面，波光閃爍，蠻漂亮景觀。河裡有孩子游泳嬉戲、成人摸蛤蜊、小舢舨船伕一竹竿插入水底，使一下力，船前進些，拔起竹竿再插入水底…渡一兩個人過河，賺些小錢也可以養家活口。除了雨天，幾乎天天走到貳號水門後，各自騎車回家。

## 媽私房錢「買房子」

爸好朋友在古亭區蓋一排簡陋木屋，還有一戶，問爸要的話，三千塊，還可以慢慢付款，爸說沒錢，不願欠人情債。

媽要我帶她去看，找到漳州街三巷四弄四十四號，在護理學校宿舍後面（即現在古亭女中），十五六坪大，瓦片屋頂、白石灰壁、泥土地面，木框玻璃窗戶，我拉過來拉過去，摸摸玻璃，一種說不上來的感觸，有自己的屋子，又是獨門獨戶，那是夢寐難求的呀，真的嗎？

不是夢，媽以私房錢加「會子錢」買了。搬家簡單，除了幾件衣服、棉被、鍋爐等，腳踏車兩三趟就搬完了。

鄰居六家都是福州人，媽只要有同鄉住在一起就有安全感，語言相通，不用過有口難言自閉式日子。

爸舉手之勞就隔造一間臥房，爸媽、四歲三弟、二歲四弟住，我還是以長木板臨睡時架在椅條上，在客廳睡，早上拆除，長板條豎立壁角。之所以感覺空間好大，一因為根本沒東西擺設，二因為原來住的全屋只有一房間大。在台灣第一次有自己房子，無陌生人同住，它雖小，卻小而美、小而可愛呀！我一下班，就回家，這個家實在太溫馨了。

## 爸競選議員日、是我混水摸「妻」時

爸是台北市民防大隊副大隊長，兼消防拆卸大隊區隊長，警察學校客座教師（皆義務），屬下幾百隊員挺爸出來競選市議員，沒錢你不管，人家募捐，出錢出力。反正我幫不上忙，趁爸忙得不可開交時，想把貞娶回來，省得人家親戚擔心夜長夢多，不娶貞的話，大家都知道貞訂婚了，以後怎麼嫁人。

「再等一等，」媽說：「媽再去搭個會，標來娶。」

「媽，妳買房子已經把錢用光了。」我說：「我好高興有這麼好的房子，素貞她阿母很疼我，去帶回來沒問題，不請客不買東西，不要用什麼錢。」

「人家女兒養這麼大，就這樣簡單，不好，這次聽媽的，而且要和爸商量一下。」

「十九日就要投票了，不要給爸添麻煩了，二十六日日子好，就這一天，好嗎？」

「結婚是大事，說結婚就結婚。」

「媽呀！」我安慰媽：「先把妳的媳婦帶回來，拜拜祖先，等我賺大錢時，風風光光的請親友。」

我寫信告訴貞，二十六日結婚，我早一天到台中市，叫貞轉告阿母。寄了信，我就開始築「新娘房」，接媽房壁，造兩片壁，離地大腿高，幾根枝架，上面鋪兩塊三合板，釘牢，鋪上草蓆，試躺一下，蠻舒服的床，還好學過木工，兩天就大功告成，親手造的「房」，特別滿意。

「你呀！」媽挑剔我：「這麼小，粗製濫造，素貞看了⋯⋯。」

「她又不是嫁房子，」我告訴媽：「西園路那麼小，她都沒說小，不會啦。」

鱸鰻叔一進門，看到多一間小房間，「要娶媳婦啦？」

「你怎麼會知道？」媽啊人家不知道呀，妳這麼一說鱸鰻叔當然知道了。

「怎麼沒聽冠雄仙說啊？」

「爸爸正忙得不可開交，」我說：「鱸鰻叔，暫時不要告訴我爸爸，等選舉投票過了，再告訴我爸爸，…」

和平西路火車平交道附近，王阿旺伯的店舖，免費給爸當競選辦事處，連茶水都包辦了，平常就擠滿幫忙的人，大都是民防隊隊員和木工工會工人，大家自帶飯盒，進進出出，我去幾次都被人家擠出來，爸也不像當事人，抬轎比坐轎還匆忙，民國四十三年（一九五四）文盲多，文宣人家看不懂，也印不起，沒有麥克風，靠嘴巴沿路騎腳踏車拜票，晚上沒有消夜，大家這樣出錢賣力，我看不懂，只是想不透爸那麼窮困，怎麼會有那麼多人這樣為他賣命？

投票前一日是最後一天的衝刺，家裡無戰事，因為戰場在朋友家，鄰居本來也不知道老爸競選市議員，有一位鄰居老鄉外面聽到消息，告訴鄰居，大家都來怪老爸，外人都出錢出力，我們鄰居老鄉倒袖手旁觀，人家會笑話：「你拿名片給我們，這幾個里我們負責拉票…」

「家裡沒名片，」爸話一出口，鄰居叫起來了：「沒看過這樣選舉。」爸要去辦事處，感謝他們：「多謝啦！我叫人送回來。」

「多拿一點！」

午後沿街掃票，爸肩膀斜披紅彩布條，一馬當先，後面長長隊伍把長沙街塞得滿滿，像山洪暴發的「土石流」，也像福州逃難時媽護我過大橋似地，推擠爸爸前進，群眾向兩旁揮手呼叫，兩旁家俱店樓上樓下也在揮手、放鞭炮，彷彿致身日本投降時的福州中亭街，炮火連天。我越走越慢，反正有我不多沒我不少，離隊伍後面幾十步，卻混入另外一二十人隊伍中，候選人也是福州人，他們向店家、路人訴說：「冠雄先生一定當選！」

「他的票太多，分一點給何先生，議會就會有兩個福州人議員。」

「兩個議員比一個議員夠力，都能夠為鄉親服務。」

最好笑的是他們塞一堆宣傳單給我，也不好意思不拿著走，被爸助選員看到，把單子搶走，還罵我：「依弟你這樣傻瓜，你爸多一票算一票，那有怕票多的？」

投票日晚上，事務所擠滿了等開票結果的人，每回來一位報票數的人，大家都興奮鼓掌叫喊，這樣雀躍又叫又跳幾十次以後，有人高呼「當選啦！」

「放鞭炮啊！」

「再等一等！」爸高聲阻止。

「冠雄仙！」手拿長串鞭炮要點火的人說：「超過上屆當選票數太多了，沒問題啦！」

「等等嘛！」

還好沒放鞭炮，差一百來票，高票落選。何老鄉多些許票，當選了。大家哀聲嘆氣，埋怨基本票區被「騙票」，氣憤不已。

爸說：「感謝大家出錢出力，日夜奔走，晒太陽，淋冷雨，這種情義，金錢都買不到的，謝謝！謝謝！」謝得大家更難過、傷心。

「大家不要難過！」鱸鰻叔站上椅子說：「冠雄兄要娶媳婦了，我們好好的喝他幾杯喜酒！」啪啪掌聲沖淡敗選的「落寞」。

「我什麼時候告訴你要娶媳婦？」爸又怕鱸鰻叔犯酒瘋，亂說話。我一看有點怕爸罵，先溜回家，把落選、結婚扼要的告訴媽：「爸落選妳不要傷心。」

「好好，這樣好。」媽的臉上很欣慰。

「媽！我是說爸沒有選上！」

「沒有選上是好事！」媽說：「想想看，你老爸是個不肯說好聽話的人，也不想逢迎人，日本好朋友贈送宿舍不要就是不要，日夜奔波籌劃木工工會，成立了，理事長也不當，福州同鄉會加蓋建築，你老爸了錢了工，社交廣，人際關係好，憑老爸認識那麼多有頭有臉的人，替你找個工作很容易啊，但他就是不肯開口求人，如果老爸當議員，應酬更多，忙得自己工程都沒辦法做，家裡會更苦。」

「我有個不丟臉老爸，不過等一下爸回家，一定會罵我自作主張，我先睡覺去，媽妳美言幾句。」

躲在新房間還沒睡覺，聽到爸回家與媽對話：「鱸鰻說廷錦二十六日要結婚，怎麼我不知道？」

「廷錦看你選舉忙，沒敢告訴你…」

「結婚是大事，」出乎意料的，爸沒怪我，「五六天，來得及嗎？」

「廷錦說先把素貞帶回來，以後有充裕的錢，再請客。」

「鱸鰻告訴人家了，不請客不行。」爸很久才回話：「人家嫁女兒，也不能不給人家面子，訂婚結婚一起辦，先叫鱸鰻去說親。」

爸啊！你越來越可愛了，你的膽小兒子，背著你早幾年就訂婚啦，不是不同你商量，是不敢啊！你那不怒而威的臉，我真的害怕。又怕媽說錯話，趕緊開門出來對爸說：「不用叫鱸鰻叔去，我一個人去就好了，素貞媽媽很疼我。」

「疼你？」爸沒再說話，不過他的臉告訴我：「看你怎麼帶回來！」

媽塞一些錢給爸爸，幫爸還還舉債。

「妳留著給廷錦結婚用吧。」爸感性的對媽說：「生活苦些，過得去就好，我欠的債這輩子還不了。」

「你欠那麼多債呀？」

「沒欠錢債，欠人情債！難還呀！」

爸早就對這些熱情挺爸出來競選的人說過，自己沒錢。團體裡幹部隊員說：「你出人！我們出錢！」所以老爸沒過問「錢」的事。連鄰居、部份親友都是很近投票日才知道爸競選市議員。媽、我根本沒向親友提起過，親友也不知道我爸競選的事，我照常上班，同事之所以不知道，是因為我覺得競選向人「求票」很難開口，有失面子的事。爸沒有勢在必得，故也沒有「失落」悲傷。（附註：爸的總幹事張立中先生就當選下一屆市議員，足見民防隊、工會團結的力量有多大，要不是何先生哀訴，撈去長沙街部份同情票，當選的必定是爸，但不一定是福，何先生只當一屆，攪得傾家蕩產，也證明他為人清廉以致如此。）

次日上午，整套藤椅、電扇、熱水瓶等賀禮陸陸續續送來，爸朋友多，幫忙找辦宴席地點的、寫請帖的。我找李明宗、李珍琇、陳嘉南等幾個「死忠」好友，幫雜忙。

二十五日我穿著租來西裝，（別笑我，五十年前租禮服禮品、租訂婚罐頭、租半隻「豬體」，給女方「做面子」，街坊鄰居親友看過，回程到家，趕快把這些租的禮物送還。現在雖然不租這些東西，但租「孝男、孝女、孝孫」在告別式靈堂前代哭，地上翻來滾去，其悲痛哀號，感天地泣鬼神，加上擴音器效果，街坊鄰居「無不動容」，是哀容？怒容？就不知道啦！）提一個大木箱，搭乘火車去台中市娶妻。

到貞家門口，岳母很錯愕問我：「你怎麼有空來玩？」

「阿母，妳沒收到信嗎？」

「什麼信？」

「我寄的信呀！」我仍然很安然的說，因為「阿婆」很疼我：「通知妳，我今天要來帶素貞回去結婚，…」老人家臉上有點說不上來的表情，轉身不看我，看她的背影，好像以袖子在擦拭眼淚。我拉貞到廚房，問她阿母怎麼啦？

「阿母心理不平衡，訂婚訂那麼久，你不來娶親，親戚問東問西的，阿母不好回答，突然你來要帶我走，一定捨不得，悲喜交集。」貞看阿母到房間去，又閉著門，「你去講講好話，安撫安撫。」

敲門進去，岳母背著我，突然轉身說要出去，就走了，想安撫都沒機會。

素貞說剛收到信，正考慮怎麼跟阿母說，你卻來了。

「你都沒錢，」貞說：「還帶那麼大箱東西來幹什麼？多花費！」

「那是空箱，帶來裝妳衣物的，…」貞一聽說是空箱子，很快把箱子拿她房間去，好像藏起來。

岳母一定到紙姨家去，因為什麼事她都跟紙姨商量。我告訴貞，妳不要怕，我不會讓妳受苦。貞點點頭，沒說什麼。

遠看岳母手提著一大堆東西，在路上搖搖擺擺地走，我趕快跑去幫忙拿過來，蠻重地，「阿母！什麼東西這麼重？」

「拜公嬤『成禮』。」岳母就在廚房燒她的菜餚，一半豬頭、一隻雞、紅蛋、…給我和貞各三柱香，向公婆龕祖先們三跪三叩首，老人家唸唸有詞，拜好了，竹筷子挾一顆雞心給我吃，「咬一半，」

岳母說著，另一半給貞吃。

「這樣你們兩個今後才會『同心』！」也許真的「有效」，近五十年來，「我對了也對，不對也對；千錯萬錯別人錯，我『安』不會錯！」（安，夫也。）

「阿婆」端端正正有板有眼地坐椅子等，我正想她要幹嘛？貞碰碰我的手，我看貞跪下，緊跟著也跪下，叩三個頭，正想站起來，看貞不動，也不敢動。

「素貞妳脾氣也要改一改，」岳母手拭著淚水說：「要聽『大官、大家（公公、婆婆）』的話，嫁出去不比在家，知道嗎？」說得貞抱住岳母大腿，母女哭成一團，我含著淚說：「阿母妳免煩惱，我會照顧素貞。」

「素貞從小沒老爸，甘苦子，」岳母近乎哀求我：「你就看阿母這幾年疼你的份上，凡事多讓她一點。」

「阿母妳免驚，我會讓她。」

岳母叫我倆起來，她要去買幾件布料給貞，當嫁妝。

「阿母！不用買，」貞說著去房間提出我的木箱：「廷錦有帶很多衣服來。」「阿婆」啊「阿婆」，妳老人家可別打開，那是空箱子啊。貞啊，妳這空城計太冒險啦。

「我看看，」阿母打開一看，愣住，看著我說：「想不到你。」

我說：「阿母！以後有錢了，會買漂亮衣服給素貞穿。」

「有錢也不要亂花，省一點，積一點。」

箱子裡擺滿衣服，我使個眼色，貞跟我到廚房，告訴我是她斷斷續續買的，阿母不知道。女孩子就是女孩子，比男孩子細膩，想得周全。

次日凌晨起床，祖先再上個香，再向岳母跪別，坐上岳母早就叫了的一部三輪車，揮舞著手，含淚而別。乘坐早班火車，近午到萬華火車站，李明宗幾個好友，放幾串鞭炮，帶到附近出租禮服店，租全新的很貴，挑一件只有右肘腋破裂巴掌大的舊「婚紗禮服」，叫貞右手靠攏些，人家就看不出來，只穿幾小時，租便宜的合算。

時間緊迫，先回家，上香祭祖，再拜父母，誰送的一束又大又重的花，媽交給貞抱。

宴席租借承德路建成區公所禮堂，沒有新娘休息房間，貞抱著又大又重的花束，我們到得早，客人都還沒來，只有幫忙的幾十個親友在跑來跑去忙著，貞單獨坐主桌，我本想把那又大又重的花束拿開放桌子上，貞搖搖頭，嗯！我想通了，女孩子害羞，又是第一次結婚，不好意思，客人漸漸零零落落的來，空間不大卻擺三十桌，將近五十年前很少人辦這麼多桌，爸的選舉班底，民防隊、同鄉會、工會、加上親戚好友，會有這麼多桌，連爸都不知道。

爸愉快的招呼一群一群親友，我除了親戚，幾個自己朋友，其他都不認識，媽媽也把好久都住在娘家的阿嬸請到主桌來，想不到媽這無心插柳柳成蔭，意外討得爸歡心，客人坐滿滿地，爸看看時鐘，叫「出菜」。

酒過三巡，爸站上椅子，「各位！各位！」一片叫好聲、掌聲、口哨聲此起彼落，讓爸沒法講話。「各位靜一靜！」爸高舉酒杯，大聲說：「我先乾為敬！」說著早就倒進喉嚨，還把空杯倒過來讓大家看：「感謝大家這次幫大忙，請多喝幾杯！」有人拿一瓶酒要爸「乾瓶」，媽要去阻擋，卻被阿嬸拉住：「不要緊，酒量好，沒醉過！」

爸一口就喝乾了，叫媽、阿嬸、我和貞站上較矮的沙發椅，向大家敬酒，人家不放過我倆，要說戀愛過程史，叫嚷不休，還是阿嬸老練，幾句話就打發過去了。

岳母大人在台中市看過「鬧洞房」外景，新娘被鬧得受不了，到處跑，幾個男女在後面追趕，拉拉扯扯抓回去，所以很慎重的告訴我：「外省人這種鬧洞房不好，你要盡力保護素貞⋯」我小時候也喜歡看鬧洞房，大部份是新娘子口含茶水，站椅子上，新郎昂首張口，去接新娘吐下來的茶水，這叫「觀音滴露」，大部份接不準，弄得新郎滿臉濕淋淋，這樣大家就滿意了，掌聲、叫好聲免不了。

「空中摘月」，用紙剪成的「月亮」，貼一個半人高的板壁上，新郎個子如果矮小無力，新娘如果是胖重型的，最有看頭，攔腰抱的話，构不到紙月亮，要蹲下去抱大腿，新郎抱得像舉重選手，臉紅脖子粗，眼看新娘的手快觸到了，卻因新郎後繼無力，搖搖晃晃倒下來，一而再抱上去摔下來，直到撕下來為止，大家就喜歡這調調。

鬧洞房反被新郎新娘「鬧跑」了，我在「陳厝」外曾祖母家看過。我們鄉下人保守害羞，像抱新娘「空中摘月」，已經近乎色情表演了，女觀眾只敢側眼偷看，因為平常男女夫妻連走路都保持距離，只有鬧洞房開禁。大家把洞房擠得滿滿地，一齣一齣鬧，新郎拿著一粒大橘子，從新娘子左袖口塞入，經過新娘胸脯，從新娘右袖口拿出來；觀音滴露、空中摘月都表演了，觀眾已盡興，可是這對「南洋客」新郎新娘意猶未盡，玩得正起勁，兩人擁抱、目中無人的熱吻起來、抱起來揮舞，嚇得女觀眾低頭、手掌遮著臉奔逃，男觀眾邊走邊回頭看，捨不得離開，不走又怕人家笑話。

曾聽老一輩說過，未婚男子最好不要離譜的鬧洞房，有朝一日你結婚了，人家會以牙還牙，你得加倍奉還。說以前有一個鬧洞房，要新娘解胸衣，要看「乳房」，新郎好言婉拒不成，與簾幕後新娘子商量。

「他結婚了沒有?」一聽說未婚，「給他看!」

幾年後這位仁兄結婚時；「露乳」妻子對丈夫說：「記得，要看新娘肚臍。」那時候嬰兒都吃母奶，客廳、走廊，到處都可以看到少婦餵奶，乳房反而不那麼見不得人，更不會使人想入非非。後面這位新娘知道自己丈夫曾要人家「解胸露乳」過，只好在肚臍部位，新娘裝剪一圈破洞，露肚臍還本息。

那天都是爸的朋友多，對我這後生小輩也沒什麼好鬧，加上建成區宴會處到古亭區我家蠻遠，所以「洞房劫」就平安無事。但貞卻告訴我，說她手好酸痛，「怎麼會酸痛？」

「那束花好重！」貞說：「又抱那麼久！」

「我不是要妳放桌子上嗎？」

「我怕人家看到破禮服。」

我一看，沒破啊！貞說是媽偷偷縫補起來，我安慰貞，以後有錢時租全新的，「那有穿兩次新娘裝的？」一年多後又租一套禮服，叫照相館老闆到我門口補照一張結婚照，四十幾年沒退色，「三不五時」向孫兒們玄耀：「寶貝孫呀！爺爺奶奶的結婚相片漂亮不漂亮？」孫兒們有一次說：「黑黑白白的，不漂亮。」被我兒子他老爸修理，孫子們學乖了，往後都以「嘻嘻！」回答，不知道「嘻」我什麼。

婚後一年，莊水龍師傅，把我和李珍琇拉到寧波西街，武學書局（台北市衡陽路三十六號）附設「武學印刷廠」（寧波西街，後來越南大使館館址設在這裡），因為這家待遇高。他安慰我說：「你現在不要擔心失業了，董事長高文整先生很富有，衡陽路武學書局、台中市武學書局都是他開的，國防部有一位少將親戚幫他，我們都印軍中的書，印不完的…」聽了好欣慰，月薪六百塊，相當好的待遇。

馬駿廠長如果說今晚要加班，四小時八塊錢，大家都很高興，如果趕工加班到天亮，雙倍工錢，那就更高興了。李珍琇、莊水龍、鄭玉璋、周振華…他們都很幸運、晚上能到報社印刷廠兼差，那時候大家缺錢，不知工作辛苦，只要有錢賺，能養家活口，一天工作十幾小時都沒關係。

只要聽到圍牆外董事長「偉士牌」機車聲（那時偉士牌比現在的賓士轎車，更羨煞人）或「自家用」三輪車叮噹鈴聲，大家就不敢怠慢，雙手工作加快，中年的董事長，秀秀氣氣，但每一次掛電話，聽筒不是好好放下，都是用摔地，我真的很納悶。

最難受的是馬廠長每天早餐，桌上碟子放兩個荷包蛋，翹著二郎腿，優遊自在地嘴巴叼根香煙，就是不快點吃了。那時候的蛋很貴，我一次與李明宗下了很大的決心，兩人路邊攤吃飯時，商量共購買一枚蛋，一人吃一半，已經是不得了的事了，眼看馬廠長每天早餐吃兩枚蛋，使我每一天都羨慕一次，也難過一次，到什麼時候能夠有這樣口福，吃它個痛痛快快，而不心痛。

半年來我賺了不少錢，這個月加班多，領了八百多塊，下班時到小吃店買五枚滷蛋，爸、我、素貞各一枚，只有媽兩枚，還有滷雞翅膀、豬耳朵。快到家了，想起媽喜歡福州菜，腳踏車轉回頭，到離印刷廠不遠的寧波西街，福州老鄉開的「金城飯店」（小吃店），炒一盤糖醋排骨、炸紅糟鰻、烤豆腐、海鮮粉乾，高高興興回家。才要開口叫貞幫忙拿進走，卻看到貞淚汪汪地在門口等我。我急了問她：「媽怎麼啦？」貞搖搖頭，趕緊進屋找媽，媽看到我卻哭出聲來。看不到爸，難道爸出事了？「爸呢？」貞說爸還沒下班。

「到底怎麼啦？」

「你要當兵了，」貞遞給我寫著六月十日的「入伍令」。

「當兵？只有十天？」這一兩年好不容易才有個好工作，第一次領這麼多錢，第一次買這麼多菜，才想讓爸、媽、貞吃一頓「合家歡」晚餐，只有十天就要入伍的「通知」，慢一天來不多好？

這一餐很像「最後晚餐」，一家人悶聲不響的吃。

「怎麼啦？」愛國勝愛家的爸爸說話了：「吃吃，當兵嘛！你們這樣愁眉苦臉，叫廷錦怎麼能安心去當兵？」

爸只說一句話，米酒一杯杯的喝。爸！我看到你的心是捨不得孩子我上戰場，而且打的又不是外國人。

我又要離開武學印刷廠了，還好是停薪留職，政府規定地，兩年後退伍一定要復職。

## 最是難過入伍時

明天很早就要入伍，這兩個榻榻米大的木板，鋪上草蓆，就是平坦的床，三合板圍個牆壁，隔成一間，它是我結婚時親手動工造的「新娘房」，雖小卻是很溫馨的窩，突然要離開，著實難過。天亮以前，媽早排上祭禮，給我三柱香，恭恭敬敬叩別祖先，叮嚀我：「自己要小心，知道嗎。」

我點點頭，捏捏媽的肩膀，請媽放心。貞預產期是八月，少了我收入，爸的擔子又重了，這是我最不安心與虧疚的。

貞挺著大肚，陪媽送我到羅斯福路古亭區區公所報到，密密麻麻一大群人，聽得都是一片父母叮嚀聲、夫妻情侶低泣聲、互相拭淚卻互相安慰；「自己照顧好。」聲聲悲泣，感人肺腑。

突然前頭「震撼鼓」咚咚響徹雲霄，聲聲打痛我的心，區長替我們披掛紅色彩布，大家爬上載貨卡車，鞭炮聲、鼓聲激發起「生離死別」（那時兩岸戰雲密佈，非現在有去有回可比）情不自禁的汪汪淚水，模糊眼眶，看不清楚媽、貞，只好對著媽站的方向，揮舞著手，車緩緩跟著鼓號樂隊前進，直奔台北火車站，想起剛有好日子的媽、貞，她倆此刻回家路上一定婆媳傷心不已，自己一陣心酸，拭拭淚，轉乘火車，由台中再轉乘軍用卡車，到「車輪埔」新兵訓練中心，誰說男子有淚不輕彈？第一夜息燈後，抽泣聲此起彼落，還有自己哭著，還叫鄰床不要哭，害他睡不著。記得才睡著，卻聽到號兵在吹起床號，壁鐘才五點二十分，值星官猛吹哨子：「二十分鐘後在操場集合！」

二十分鐘？棉被要摺疊得方方正正，像豆腐塊有稜有角，打綁腿、洗臉刷牙、大小便，那來得及？尿尿與刷牙同時辦，哨子又響了：「再三分鐘集合！」

一個動作接一個動作，忙得沒時間想家人，除了聽哨子動作，到了忘我境界，累得疲憊不堪，好想坐下來，哨子就是吹不斷，做不完，餓了，渴了，我二十來年，沒吃過這麼好吃的糙米飯，沒喝過這麼甘甜取自田溝的混水，第二夜躺下床，才要想家，卻睡著了，沒睡過這麼沉地覺，凌晨醒過來，好舒服，吸一口氣，好清涼，突然想起媽、大肚子的貞，一陣心酸欲淚還休，之所以「還休」是因為催促哨子又響起來。

## 懇親會場不認識

那時候訓練中心，周日、假期都不放假外出，我是十八梯次補充兵，盼到第二周日懇親會，會親前先集合操場訓話，貞、岳母夾在懇親群眾中，眼睛到處尋找我。

簡排長說話了：「我知道你們急著想會親人，你們注意聽，我長話短說，只說三點。第一點…」說啊我的好排長，怎麼不說了？「你們不聽，我就不說，」原來簡排長發現有人與親人眼來眉去。

「我說到那裡啦？」

「報告排長！」異口同聲回答：「說了第一點了。」

「第二點，」他山東口腔，我們根本聽不清楚，只要不動，他就認為你們聽清楚了，三點都講過了，正準備會親，簡排長又說話了：「最後一點…還有一點…最重要一點…補充一點…」排長呀排長！你這叫長話短說？「我一共講了幾點？」

「七點！」很宏亮的回答，知道大家聽清楚了，排長滿意了，一句解散，大家一哄而散。

「死老百姓啊！」值星班長開罵了：「回來！」

大家又排一個凹字型隊伍，「立正！」班長後轉身，向排長敬個禮，然後解散。

百多人向親人衝過去，我在貞面前，貞的眼睛還在找我，直到我叫「阿母、素貞！」她還愣愣地不認識我似地，眼含淚珠瞪著我。也難怪，大家都光禿禿地，晒黑黑地，都穿一樣縫補軍服，一時間辨認不出來。

「甘苦嘛？」貞關心地問，我沒回答她，說：「妳肚子大，阿母，我們到樹仔腳休息。」

爸身體健壯得不知道什麼叫做病痛，所以三弟、四弟感冒發燒，都矇著爸去看醫師。貞身體不適也不敢同爸媽講，畢竟新婚不久，婆媳又不比母女可以隨便講話，我怕爸爸，那種日子難過，貞的處境我感同身受，就叫貞回娘家待產。

貞拿雞腿、雞肫、飲料給我，吃得津津有味。入伍前人瘦腸胃不好，動不動即瀉肚子，還擔心入伍後怎麼辦，帶一大堆腸胃病的藥，那知道才操練十幾天，大家會吃會睡，四五天還拉不到一次大便，貞說：「我如果不回台北生產，爸爸、媽媽會不會生氣？」

「妳放心！」我安撫貞：「我寫信告訴爸。」會客時間過得特別快，哨子又響起來，只有五分鐘要集合，我送岳母、貞到營門口，即使沒衛兵守著，我們也不敢到矮牆外一步，貞他們一大群人，依依不捨得等到我們又被哨音叫回去，才不斷回頭地慢慢走，他們一定會奇怪自己的兒子、丈夫，才這麼幾天，脫胎換骨變了一個人，怎麼這樣乖、這樣聽話？台北市市民，總統府、三軍球場附近「香肉店」，我們還和上校、中校他們搶座位，路上遇上將官也不理他們，想不到現在一個下士，就讓我們怕得不得了。訓練團裡最大的團長只是上校，偶爾少將級師長光臨，整理環境、內務都讓我們忙得不可開交，老戰士告訴我們：「不怕官只怕管」，還真的是經驗之談。

## 實彈射擊

一天到晚一而再的「端槍、臥倒、瞄準」，無聊的空彈射擊練習，操場低窪處，留有昨天雨水，臥下去一定渾身濕淋淋，我們才不會那麼笨去臥在水灘上，有的左移、右移、前移、後移，避來避去，不成隊形，教官很體貼，沒禁止我們，他穿著燙得有綾有角軍服，看他端槍、左腳邁前一步，很利落的撲臥在水灘上，臉不改色，還在瞄準、射擊、起身，筆挺軍服，沾滿泥土，大家一看，趕快整齊站立，此之所謂「以身作則」，無言勝有言的教化，「上行下效」。這是我當兵最大的收穫。

第一次到靶場，實彈射擊，很興奮。一組三人：射擊手、助手、記分員，鄧榮華一臥下就罵助手：「你不要動我的槍！肩膀好痛喔！」

「是你自己開槍」助手說：「槍托沒靠緊肩膀，被槍的後震力震痛啦！」鄧榮華說沒開槍，因為沒聽到槍聲。

「那一個開槍？」教育班長遠遠跑過來查看，正在問，鄧榮華又「砰！」地開了一槍，班長氣地想踢他一腳，突然踢一半的腳收回來：「他是聾子！怎麼聾子也來當兵？」班長叫他去後面休息。我隔離他五排，正奇怪射擊命令還沒下，怎麼有槍聲，原來是聾子，我們沒發現，倒被細心班長發現。

我在學校軍訓課時，打過靶，幾顆子彈不過癮，把不敢射擊的人，子彈拿過來打，蠻過癮。看「靶子」記分員統計出來了，最高分的竟然大出意外，是鄧榮華聾子。我想可能是我們打歪了，不然五顆子彈怎麼「靶板」上有六個彈孔？班長也不提聾子的事，第一次就有人打高分，算他教導有方，撿到的「功」捨不得丟棄。

第二次打靶坐姿、立姿，打到一半，突然黑雲排山倒海似地攏來，一條條閃電，頭上隆隆雷聲，傾盆大雨，頂嚇人地。

「收靶！」教官下令：「大家槍口朝天，槍膛子彈退出來，再朝天開幾槍空槍⋯」全身濕漉漉，雨中做好這些動作，整齊隊伍整齊步子，唱著：「反攻反攻，反攻大陸去，大陸是我們的國土⋯」

一回到營房，值星排長指著兩大桶熱騰騰紅糖薑茶，叫大家喝一碗，預防感冒。換上乾軍服，參加慶生會，甘秉英連長精神講話，說得大家很安心，聽他的話，上台唱歌、說笑話，有魚有肉，第一次吃一頓溫馨晚餐。

睡前把濕潤的槍擦拭擦拭，我是十一班內務班長，十二位班員，都睡下層鋪，班員郭孔正擦著擦著，扣一下扳機，卻「砰！」一聲射出一彈，嚇得連長、副連長、指導員（輔導長）、排長們都緊張得不得了。

「有沒有人受傷？」連長大聲的問。

「報告連長！沒有！」我們也大聲回答。

「到對面福利社看看！」連長還是不放心：「是誰開槍？」

郭孔正嚇得愣住，話都說不出來。連長問他怎麼有子彈？

「不知道！」我想收靶時傾盆大雨，電雷交加，匆促中對空沒扣扳機，不知道槍膛裡留著子彈。郭孔正說：「擦好槍，扣一下扳機，砰一聲，我…」

「你槍口對那個方向？」

郭孔正說：「我坐床上，槍這樣橫著放在大腿，槍口對斜對面，扣扣看，就砰一聲響起來了。」

連長順著所講的方向瞄去，應該彈頭會由營房門出去，福利社沒人受傷，大概沒事。團部知道了，政治主任帶幾個軍官來調查。結果連長、排長、教官被記大、小過、申誡。郭孔正、助手、記分員三人關「禁閉」五天。次日發現子彈頭射在門口第一床橫木上，高兩寸的話，綽號「林葛」的頭就開花了。

關五天等於休息五天，因禍得福，我買一點零食去禁閉室給他們吃，衛兵說關禁閉的人，只能吃白飯配鹽開水，還特別強調一句，很鹹的水。以為休息享福，一聽五天都只吃白飯鹹開水，此福不享也罷。

「張班長！」郭孔正低聲告訴我：「過兩天懇親會，我未婚妻，岳父母會來，拜託你告訴他們，說我出公差去。」答應他，此事我會處理。

懇親會那天，我那來的膽自己都不知道，敲連長辦公室：「報告連長！」

連長聽到我聲音，說：「進來吧！」剛進門連長就叫我坐：「太太生了嗎？要去台中市看太太？」嚇我一跳，連長怎麼知道得這麼清楚？

「不知道生了沒有，」我說：「我班上弟兄郭孔正他未婚妻和岳父母來了，郭孔正要我騙說去出公差，想想由台北市來這裡，路途遠，要轉好幾次車，不容易。」

「你太太有沒有來看你呀？」

「還沒來，快生產了，不一定會來。」連長啊連長，你怎麼答非所問，「報告連長！郭孔正訂婚不久。」

連長很爽快的放三個出來懇親。

岳母很胖，晃啊晃地，和少她幾歲的弟弟在問人，我趕緊過去扶持：「阿母、阿舅！來福利社坐。」

「醫生說生產會有危險，」岳母急著告訴我：「萬一有什麼差錯，怎麼對你父母交代！」

「阿母妳放心，」我邊扶她走邊說：「先保住素貞的命，孩子以後還會再生，爸媽方面我負責，妳不用擔心。」

「廷錦這樣說了，」舅舅勸岳母：「阿姊妳就免煩惱啦。」

除了輪到「採購」，才能夠天未亮乘採購軍車去台中市市場買菜，但百多人，一天兩人，不容易輪到，再加上家境好的，為著能出去透透氣，自己貼錢買豐盛的菜，大家吃的滿意，共推薦他連任幾天，別人輪得到的機會更少了。

「投桃報李」，郭孔正為我說服一個採購弟兄放棄，讓我去採購，就這樣我與何厚登到台中市市場，把我嚇壞了，別說在家很少買菜，就是買菜也是一斤半斤，百多人吃的菜，用四只竹簍筐裝，買什麼？怎麼配合？

「不怕！」何厚登說：「他們說，先找一家菜販，把錢交給他們，就會替我們買得好好地。你去看你老婆吧！」

沒知會突然到岳母家，貞看到我先去關門，「你怎麼逃出來？」

「妳產檢有問題嗎？」

「沒事，」貞挺著大肚，「不要聽阿母亂講，這一兩天你就會當爸爸啦。你還沒告訴我，你怎麼能出來？」

「我出來買一百多人吃的菜，下午回兵仔營。」我安慰貞，不要緊張，不要害怕，「一定母女平安，更不用擔心我，官長、兵仔友都對我很好。」

「你這樣講，我就放心啦。」

岳母從外面回來，訝異地看我，「阿母妳免驚，我外出買菜，特別回來看妳們。」

「你也會買菜？」

「阿母！妳還把我看做囝仔啊？」

「可憐喔！黑黑瘦瘦的，我去買『好料』的給你補補。」說著就走了。貞告訴我，她去區公所、兵役課跑了幾趟，可以補助我們一點生活費。

「那好啊！」

「運氣不好，」貞說：「爸爸剛好那天在家，來調查的人問爸爸，家裡有什麼困難需要幫助的？爸說沒困難，不需要幫助！」

「爸的個性就是這樣，你不要怪他。」

「不會啦！」

我月薪二十五塊錢，剃頭髮凳子還沒坐熱已剃好了，不過也便宜，只有一兩角錢，其他沒什麼好花費，就給貞四十塊錢，這一給，給出貞的淚水來。

常在一起。」

「你身邊沒錢不行，」貞去拿百來塊錢給我：「拿去，喜歡吃什麼買來吃！」

「好，都不拿！」我說：「我們雖然多災多難，妳不要怕！兩年兵很快就會過去的，以後我們就會常在一起。」

## 我是「黑道班長」

百多人裡有「本省幫、福建幫、山東幫」。本省幫有二十來人，渾身刺青也最多，「阿不吉」胸部刺龍，背部刺虎，矮矮胖胖，最有「大哥」樣。福建幫七八個，與只有四個人的山東幫一樣，沒人刺青。那個時代，他們的前科資料早就到指導員手裡，先招集他們訓話：「這是軍中，我不管你們以前的錯，規規矩矩受訓，賞罰分明，不虧待你們，但你們如果敢為非做歹，或者結黨欺人，絕對重罰，知道嘛！」

「知道！」

我班裡就有三個，王旺祿、蔡敏德，都到綠島管訓過，陳年華傷害坐牢過。我有一次叫王旺祿出公差，他認為他已當過差，不從。我雖然只是內務班長，那時候軍紀嚴格，他不敢動手犯上，「誰出公差，我都記在簿本上，這次輪到你，我已告訴你了，不去你自己負責。」

「你記住！」他威脅我：「退伍以後，你要小心！」

「退伍還要兩年！」我很沉著的說。他心不甘情不願的去搬東西。

蔡敏德幾個人正在到處找郭孔正，要修理他。何厚登說：「張班長，你可要幫鄉親，找幾個去幫忙，不能讓老郭被欺負。」

「張班長！」薛永順跑來告訴我：「幾個人圍堵老郭，你快去，我去通知老鄉…」我警告他們，不要糾眾生事，我去就可以了。

老郭個子瘦小，但學過國術，兩個人不知什麼事情打起來，蔡敏德下腹部被老郭的「日月腿」踢到，痛的蹲好久才起來，叫幾個人報仇。

我擠進人堆：「蔡敏德！這次郭孔正不對，我要他向你道歉！」老郭蠻識時務，敬個禮：「對不起！」

我拉他兩個人去福利社：「我請你吃清冰！」兩人在我居中斡旋之下，有說有笑，蔡敏德面子有了，一定要付錢，阿哥型的人，乾脆豪爽。

老郭說他自己一時衝動，腳踢到一半就覺不對，收不回來：「每次都是你幫忙，謝謝你。」

最離譜的是阿不吉他們與山東幫，司令台勞軍晚會中，爭位置爭到「離會」，到操場打群架，撒土砂、擲石子、…團長由那走過，被灑得滿臉砂。大家一看這矮矮阿兵仔吼叫什麼，正想順便修理修理，年輕人眼睛尖，看到肩膀有三朵梅花，一哄而散。

我與老郭幾個不愛看勞軍團的歌舞，溜到福利社去逛，結果被糾察隊逮到，帽子被摘去。晚點名時，副連長說睡前話：「我左臉是人臉，右臉是狗臉，你們守規矩，我就人臉對待，不守規矩，就以狗臉對付你們！知道嗎！」

「知道！」回答的很大聲，我想今晚糟糕了，碰到副連長坐鎮，他平常說話不多，不知道他的「狗臉」利害到什麼樣子。

「沒戴帽子的站前面來！」我和幾個很快速地跑到隊伍前面站住，一個一個大聲報名，副連長走面前看一會兒，又上台說話了：「明天處罰！」

連長由團部回來，他問大家有沒有在操場打架?大家大聲的回答：「沒有」，他很放心。

當夜臨睡前，兩幫頭頭找我當和事老，知道軍中打群架兩邊都要受罰，有了不吃軍中虧「共識」，以後只見「個體戶」彼此一時衝動，一時打一時解決，絕不「上告」。

次日早餐，值星官宣佈：「昨晚上去福利社的人站起來。」

我們十來個都站起來待罰。副連長講話了：「張廷錦，你上台報告！」

「我昨天晚上擅自離開司令台，」我面對百多人懺悔：「這種行為，有損本連榮譽，請大家不要學我壞榜樣。」敬禮下台，就算罰了。

大家都用鋁飯碗，吃飯後不自覺地以筷子敲鋁碗，「叮叮噹噹」地響。

「不要敲碗！」值星官才下完命令，鄧榮華邊走邊敲，還敲得特別響。值星官生氣了要打他。

「他是聾子！」大家大聲叫喊，值星官愣愣地說：「聾子怎麼來當兵？」值星官生氣也好，大呼大叫救他也好，鄧榮華不知道，碗照敲，不但沒事，上次打靶只有幾個人知道，這次官兵周知，好處就更多了，他「對當然對、不對也對」，「一失多得」，全連他最「諸法皆空、自由自在」，成了我們寶貝「兵」。

## 我當爸爸！甘連長賀我「大禮」

岳母仍然由舅父陪她來看我，胖重身體，舉步維艱，搖搖晃晃，好不忍心她來，又盼望她來。見面最要緊地是先找位子給她坐。

「運氣真不好，」岳母邊找包包裡的東西給我吃，邊自言自語似的說：「好不容易生下來，但…」

「阿母！安怎？」我緊張的問她：「素貞平安嘛？」

「素貞還好。生男孩！」岳母遞給我一隻滷雞腿，喃喃自語：「怪病，看了幾個醫生，也沒見效，素貞只是忙著抱孩子看醫生，坐月子不像坐月子。」

「素貞平安就好，」我安慰她：「囝仔是我們的，跑不掉。阿舅！謝謝你，常常勞煩你。」舅舅微笑，跟發成兄一樣，很少講話，看到他，你就有一種被關懷的感覺。

如果不是家境差、貞在受煎熬，我是一個很快樂的阿兵哥，連長以下長官，都對我很好，雖然有黑道兄弟型同志，可是他們有事都會找我斡旋，班裡王旺祿，共事三個來月，「路遙知馬力、事久見人心」，發覺他很會幫助人，也不記恨，「班長，我力量大，笨重的事我來做！」可能是貞與長子病，魂不守舍，悶悶不樂，幾個弟兄問我有什麼事，別擱在心裡，我謝謝他們，說沒事。

有一天連長叫我到他寢室：「坐呀，坐！聽說你當爸爸了？恭喜你呀！」

「謝謝連長！」

「連長送你一個禮，」說著遞給我一張紙條，我拿在手裡，「書生人情紙一張」，心想一定是什麼「弄璋誌喜」之類。就起立敬禮，退出寢室。攤開來一看，我連門都沒敲就衝回寢室，感動的幾乎哽咽說不出話。想不到連長給我的紙條是：「令二兵張廷錦外出買兩罐油漆……。」

「報告連長！您這個大禮，我一輩子都會記得！」（真的我記得四十五年了，還會記到「含笑離世」為止，遺憾的是找不到甘秉英連長在那裡！）

「好、好！你明天早上就坐採購車去，」連長拍拍我肩膀：「明天晚點名以前回營。」

夜怎麼這麼長？好不容易天快亮了。到台中市天才亮，一趕到貞家，急促敲門，嚇貞一跳，以為逃兵回來。

我抱過孩子，到廚房找岳母：「阿母！妳身體有好嘛？」

「你安怎能回來?」孩子很可愛，軟綿綿，「我連長放我回來的。」我拿連長的條子給貞看：「買油漆是假，放我出來看妻、子是真。」

「連長那麼好?買個禮物帶回去送連長。」貞很憔悴，看了實在不忍心，安慰貞不要過度操勞，孩子如果再一些日子看不好，昨天我收到媽的信，叫妳回台北市看醫生。

貞又戴上斗笠(台灣民俗：坐月子不能見天)，抱孩子找醫生，「早一點去才掛得到號，名醫啊，病患多，去晚了掛不到號。」貞所有姊妹送的「添妝」戒指、金鍊條都賣掉了。我把僅有的五十塊錢給貞，她一句不說就收了，使我好傷心，如果不是山窮水盡，貞是不會拿的，起碼不會拿得這麼快，連「假客套」話都不吭一聲。我這孩子生不逢時，挑我當兵時才「來」；來就來吧，又帶病來，急死人!突然想起難友「阿彌陀佛」說過：「…五蘊皆空，度一切苦厄…，」不執著空、不執著有，即無患得患失，遠離顛倒夢想，究竟自由自在。頓時清淨下來，緣起緣滅，隨緣罷。

## 藥醫有命人

團長最大了，營長以下官兵，見到他無不肅立敬禮，想不到少將師長蒞臨視察，一團官兵集合司令台前，團長在台下，高喊：「立正!」後轉身，跑步到司令台前，報告幾句，向後轉，跑步站立隊伍前聽訓；中將司令官蒞臨，師長照樣叫立正、跑步報告、再跑回隊伍聽訓。我之所以特別提出來說，因為我當兵最高最大的「心得」就是「要使後生小輩聽從你，你必先聽從你的長輩」，你對父母不尊不敬，你就別指望你的兒女會孝順你。一個不顧妻子家庭在外混五個女人的父親，老來還有臉當媒體面前怒罵兒子不孝、追打兒子，看了甚覺「不孝有理」。

貞帶兒子回台北市了，來信說兒子已癒，「藥醫有命人」，該活的就不會死，移走我心裡壓得我喘不過氣的石頭。

## 四個月軍訓終身獲益

星期日，雖然「休操」，但不放假，不必要的工作使你更累。有一條溝渠，截彎取直、毀直復彎，一而再再而三的改頭換面。有一大塊大草皮地的草，不見其增卻日有所長，浪費時間一而再的拔小草。台北市阿兵哥有錢，何厚登自告奮勇，對值星排長說：「報告排長！我們大家願意出錢，把草地鋪上水泥，就不會長草了…」

「你們都願意出錢嗎？」排長問大家，那不願意？這鬼地方鋪上水泥，草再也長不出來，省掉我們多少時間，相反的就多了不少休閒時間不是？大家高分貝回答：「願意！」

「這笑話不是？」排長說：「這個草專門為你們種的，讓你們玩！讓你們在這草地上消遣娛樂！消磨時間！」怎麼會這樣？我們不懂。

草拔光了，溝渠也修改好了，好不容易喘息暫歇一下，哨子又響了：「端盆子到營外搬石塊，修護溝道⋯」什麼？才改造三四天，又來了。

直到擦槍時候，大家明白了。兩三天擦一次槍，有時給半點鐘、有時給一兩個鐘頭，很多人十來分鐘把槍擦得乾乾淨淨，去排隊等待值星官驗槍，值星官眼睛對著槍口，另一手拿著白布在下面槍膛口，對著陽光照，「沒乾淨，槍膛裡還有灰塵。」凡擦槍時間未到，再怎麼乾淨，還是有「灰塵」。時間到了，不驗不碰你的槍，每一把槍都乾淨，集合令一下，有的人真的沒乾淨，還在擦拭，「都過來不要擦了！」我們才明白，不是乾不乾淨問題，是管理哲學問題，槍也罷、溝渠也罷、草也罷⋯兵不能閒，閒則亂，尤其新入伍的兵更不能讓你閒。剛離家人，多愁善感者，必愁腸寸斷，弄不好自尋「天國」去了；鐵石心腸者，賭博打鬧，結黨為非。所以有做不完的事讓你腦袋胡塗了，除了聽哨音動作，一片空白。身體疲累的只想躺下睡覺，下課十分鐘時間，就能夠睡足九分鐘。

「胡排長啊！」有的同排長很熟了，勾肩搭背，稱兄道弟起來。

「死老百姓啊！」胡排長申斥：「要說『報告排長』！更不可以搭肩揉腰！」

「好！」

「死老百姓不是？」怎麼啦？又錯啦？

「要說『是』！」

「是！」

我曾半開玩笑的對朋友說：「大家受苦值得，最起碼退伍後，工作不容易失掉…」此話怎講？我回答：「老闆叫我們，我們先『有！』一聲，接著跑步到老闆面前立正站挺：『報告老闆』，老闆說什麼都回答：『是！』…」

「再這樣訓練下去，老張頭殼會練壞掉！」

軍中之所以使你服從，除了軍法如山，就是上級以「身」作則故；之所以使你忘憂，以儒家哲理「勞其筋骨」和道家哲理「使由之，不可使知之」，操得你累死，那有多餘時間去憂傷？什麼事你都不必知道，聽哨子一個口令一個動作，跟著做，不思維也沒空思維。

十月初二結訓，一班一班列隊排好，把點交東西擺放地面，王旺祿問我班裡少了「點交東西」沒有，我說：「一個面盆、一把十字斧、兩個牙杯。」因為蔡弟兄用面盆搬石頭，爛盆底被石頭壓塌下來，剩下盆圈，把它丟掉。不知道只要有小一部份留著，就可以不用賠。十字斧在野外丟了，牙杯也是會漏水，兩位弟兄丟掉了。

「火燒島」（綠島）管訓過的王旺祿，在操場一班一班找，當著人家面拿走面盆、十字斧、牙杯，「這是我們丟失的！」他說我們的就是我們的，被拿的沒一個人敢吭聲，只好賠錢完成點交手續，我班弟兄準備賠錢的，卻賺了「不義」之財。

一團新兵結訓了，分發各部隊，去替補到期退下來的缺。交接好了，幾十輛十輪大軍車，載送斗六火車站，甘秉英連長眼眶紅紅的看火車緩緩開動，我由車窗伸出半身，向他敬最敬禮，揮著可能不再見的手，心裡告訴甘連長，你施給我的看起來是小恩惠，卻是我這輩子難忘的大恩惠，甘連長，我會學你一樣，對我周遭的人施我能力所及的恩惠。直到看不見了，回身坐地板，愣愣地想連長，想連長自然就想到貞和孩子、父母家境，四月不知愁滋味，這幾個鐘頭坐火車太閒了，不禁心酸不已。

這火車特別慢，一般慢車只等快車、平快車過去、過來。運兵車沒座位，平常只載貨物、載豬隻，它還要等慢車過去過來。有時候得靠站等三班火車：等快車、再等平快車、再再等慢車，等得好不耐煩，可那領隊老官兵卻自由自在，圍一堆打「百分點」，或躺臥養神，時間對這些「無役期老戰士」也沒意義，槍林彈雨活過來，走遍大江南北的老戰士，到什麼地方也都一樣，不急到也不急走，隨遇而安。

「報告士官長！」有人問老戰士：「我們要到那裡？」

不理我們，玩他們的。坐十幾個鐘頭到桃園火車站，轉軍車到龜山鄉草寮營房。

「演習到此結束！」值星士官說：「在這裡紮營十天，再繼續演習。你們可以寄信通知家人來會親！」所謂演習並不是真演習，只是你要去的地方不能說的，都叫演習。

我寫信很快，很多人要我代寫。中央日報的機器房技術人員李其殷弟兄，高中畢業，每次寫信，都先看「情書大全」，在書裡找適合字句拼湊成信，寫一封信都花好久時間，那時候一方面國文水準普遍低落，另方面大家喜歡以詞害意的成語或寫越艱澀，人家越看不大懂的，才算自己「才高八斗」。

李其殷看過我寫的信，請我代勞，一代就代四個月。我與他老婆互通款曲，一個禮拜最少一封信，李弟兄叫我寫得甜蜜一點、情話綿綿多一點。寫得新婚嬌妻陶醉得不得了，隱私的話越來越暴露，什麼初次擁抱、接吻的震撼，洞房夜以及蜜月旅行纏綿悱惻，兩人情近「限制級」話都「回」來了，我坦白告訴他，只能代寫，你老婆回信自己看。可李弟兄說：「你不看，就沒辦法針對我老婆意思回應，牛頭不對馬嘴，有情沒意，會壞了我倆感情。」

說得也蠻在情在理，他倆賢伉儷感情萬一出問題，搞不好還怪我「用情不專」，只好繼續與她老婆「談情說愛」。

## 吾妻吾兒

四天後早點名過，大夥兒趕去福利社會親。貞抱著滿月多十來天的嬰兒，正在東張西望地找我，地方不大，人又太多，好不容易擠入人潮，脫群而出，「素貞！在這裡！」

貞很驚訝的眼光看我，大概她發現我比入伍前強壯。「你看你孩子，會笑呢！」

女為母則強果然不錯，貞好像有子萬事足，蠻專心的逗孩子笑給我看，喃喃自語：「笑呀！笑個給爸爸看啊！」這寶貝孩子不給面子，睡熟了。

「爸爸抱抱！」貞說著就要把孩子遞給我：「眼睛、嘴唇、鼻子、都像你呀！」

「等一下抱！」把貞帶到小山坡上大福利社，找靠窗戶座位，叫飲料點心。告訴貞：「軍人不能抱孩子，被糾察隊看到要受罰的，不過為我們的孩子，受罰就受罰吧。」抱在手裡覺得軟綿綿地，端詳一會兒：「這小嘴倒像妳，黑黝黝頭髮這可是我們張家老牌號，好！」

貞說媽好想來看你這「可憐的孩子」，可是媽會暈車，爸爸沒空，方冬生偷跑回家，所以方伯伯家人就沒來。

「媽媽身體好嗎？我叫媽媽不要叫我『可憐的孩子』，人家會笑話地。」貞說家人都好，廷銘小學一年級了，廷光也六歲了，很健康活潑，你放心當兵，不掛慮我們。

貞告訴我，孩子的病回到台北市，媽帶到三重埔「先生嬤」（民俗治療婆婆）去看，在太陽穴放兩針血，指頭沾藥粉，伸入咽喉劃劃弄弄，挖出一泡黏痰液，說：「好了！」

「什麼時候再來？」

「不來也可以。」

就這樣好了，博士名醫醫不好，她老婆婆那麼自信說：「好了。」真的就好了，不可思議。

「張班長！張班長！」林葛手提半打汽水，氣急敗壞的找我：「你福州仔張發鴻在追打我，拜託你，這汽水給你，替我排解排解。」我想問清楚什麼事，他慌張跑掉了。把張發鴻找來。原來兩人小事口角，「說著說著突然一拳打過來。」老張眼睛被打了，以張發鴻的壯碩身體，林葛絕打不過他，林葛一定「打帶跑得逞」。

「好了，」我安慰他：「林葛送你這汽水，已賠了不是，冤家宜解不宜結。」

「難道就這樣便宜他？」

「不便宜，以道上弟兄立場，很丟面子了。」我看老張怒氣未消，「待會兒我叫他當面向你賠不是，先找醫官看看眼睛。」

貞看他走了，對我說：「小心一點，別惹流氓。」

「妳放心，我很有『人緣』。」

貞帶來半隻雞、滷蛋、豬腳。

「你怎麼啦?不好吃啊?」

「喔!沒有沒有!」原來我一直沉思、回憶過去西螺那段甜美日子。雞、蛋、豬腳，大口大口很快吃完了，吃得貞傷心起來，幾時看過我餓鬼似地狼吞虎嚥?「早知道你胃口變這麼好，帶一隻雞，多帶一些吃的來。」

雙十國慶只有四五天了，飛虎隊特技表演，不斷的在天空呼嘯而過，增添佳節氣氛。有幾個弟兄偷溜回家，幾個不怎麼合法的回家，如郭孔正，入伍前是裁縫師，長官把軍毯叫他回家改成風衣，土木師，叫他到長官家修修傢俱什麼的，「靠山吃山、靠海吃海、當官的吃一點『兵』，大家過日子嘛。」

「會到前線去嗎？」

「難說，」我安慰貞：「剩一年八個月，很快。」度月如年啊！難忍也得忍。有兩個弟兄就是忍不住，逃兵、坐牢、出獄再入伍再逃，結果七八年了還在當兵。

再抱一次寶貝兒子，端詳紅潤的臉龐，真的好可愛。摸摸小耳朵、臉頰、下巴，只睜一點眼縫，就讓貞高興得叫起來：「看爸爸啦！還對你笑呀！」孩子不給面子，「哇」一聲大哭起來，貞不好意思似的說：「大概肚子餓了！」當眾解胸衣掏乳房，自自然然地餵奶，很多人都這樣，乳房不過是嬰兒的「奶瓶」，吸奶瓶裡的奶水，天經地義。這「奶瓶」有什麼見不得人？四十多年後的今天，「乳房」羞怯怯的不見天日。孩子吃牛奶、穿牛仔褲，動不動就發牛脾氣？是耶？非耶？我「莫名其妙」耶！

偷溜的幾個弟兄，玩兩天，也關兩天。這裡沒「禁閉室」，關在廢置豬、兔、雞的牲畜草寮內，鄰居方冬生的媽媽懇求過我，她這孩子不識字，又憨呆，請我照顧他，下輩子作牛作馬報答我。裡面蚊子多，我摸黑送蚊帳給方冬生，被排長逮到：「同情壞人，就是壞人」，看他口氣不像要處罰我，敬禮後我就回床睡覺。

阿不吉說他們四個，包一輛計程車溜回家，車到台北大橋，看到幾個憲兵，四人伏下半身，怕被看到，叫司機開快一點。司機老兄卻故意靠近巡邏憲兵，慢慢的開，趁機敲竹槓：「再加二十塊錢！」

「二十塊就二十塊！開快一點！」

司機先生運氣不好，有眼無珠，載這四個都是「火燒島兄弟」，不但一塊錢沒拿到，到了目的地還挨了揍。

## 赴馬祖前線

國慶節剛過，十一日就到桃園火車站，往北開，聽說要到馬祖前線，大家急著寫信、寫字條，火車經過中華路時，從車窗往馬路丟，大聲拜託路人代寄回家。很多人去撿起來，還向我們揮手致意，表示會代寄。大家的心情都鬱悶，很少人說話，各想各的。

我擔心媽、貞和小孩，兩個弟弟，一家六口，沉重的擔子，爸一個人獨挑，想著想著，火車到基隆市，行軍到碼頭。晚上睡在碼頭貨倉等船。我患著媽遺傳給我的暈車、暈船症，在岸邊看到船就暈暈地，所以在等船的三天，我都不敢到碼頭岸邊看風景，只呆在貨倉裡。第四天早上，一艘一艘馬祖換防回來的軍艦，靠岸卸貨，一個個阿兵哥揹著比身體還大的貨物，像螞蟻又像兩條巨大索鍊，從軍艦尾巴門左側列隊揹貨下來；放下貨再從右側列隊進入，幾百人循環不斷的搬運，一兩個鐘頭，搬下來的貨物，堆放碼頭，好像一座小山，看到頂嚇人，但人多，一個人也只搬一兩件貨，而且是回台灣，再怎麼苦，心情也是愉快的，我們雖然行李少，心情卻沉重，大家愁眉苦臉的上軍艦，步履蹣跚，他們還嘲弄我們：「抬頭！挺胸！齊步走！」

我有大風大浪經驗，一上艦就去找艦艇中心位置，窩那裡不動，因為中心點搖晃起來不會像艦頭艦尾那麼厲害。小船大晃大搖倒不暈我，這種大軍艦輕輕似動非動地漂浮，我最怕。台灣兵很多沒坐過大船，都到艦艇頭上面，欣賞風景。艦艇一出基隆港口，一個個邊跑邊吐的奔命下來，郭孔正、張發鴻、黃瑞鳳⋯都在我周圍，照顧我，拿東西給我吃。我告訴他們，不能吃不能動，讓我半睡半昏沈，不要讓別人打擾我，有效，沒暈頭轉向，輕微不舒適。

第二天到馬祖北竿島，接兵官上艦艇點交，大家都起立等待點名，只有我還臥著不起來，曾章梨用腳踢踢我，叫我趕快起來，怕我被處罰。按照我平常的膽，早就立正待點名了，可是艦艇還在搖晃，我起立的話要趕快跑上岸，才不會暈眩。暈眩之痛苦，殺頭都不怕，還怕處罰？點交官不錯，「暈船呀？」就讓我躺著，等大家走一大半了，我很快速的奔跑上岸，很好，沒暈頭轉向，一點點浮浮的感覺。

軍艦停在北竿島，載運另一批部隊回台灣，我們又轉乘公共汽車大的開放性登陸艇，南竿島看過去近在眼前，卻在海上顛簸一兩個鐘頭，小艇拋上摔下晃動得不得了。幾個弟兄臉色蒼白，不斷嘔吐，到後來變乾吐，有一個弟兄邊吐邊說：「再坐一次的話，我寧可跳海自殺！」

他們的痛苦，我感同身受。我之所以沒暈眩，一它是無蓋，視野廣闊，空氣清涼；二是我採取「主動」，不讓小艇搖晃我，而是我搖晃小艇，跟著艇的方向推它，注意力集中在推來推去，終於很舒適的到南竿島。

我發現來馬祖的只有一兩百人，其他的幾百人在火車停站中，沿路下車到別地方去了。台北市的這一連，都到馬祖來。我們分配八十四師炮兵指揮部，簡稱「炮指部」，有三個營一個「本部連」，駐守南竿島最高處「圓台山」，馬祖防衛司令部司令官是華心權少將，第二大要數「炮指部」指揮官楊鑄九上校了。不過小官在前線可以「混水摸官」，少將、校官、尉官都不戴識別「星、梅花、條桿」，肩膀上有布條，是官，沒布條的是兵。長得人模人樣的小官，因外表像大官，在遊樂場所，比他大的官還得讓他些、客氣些，因為不知他的官有多大。

我與陳全育、陳奮勵、郭孔正，配到炮兵測量班，除了測量專業訓練，我們負責陸海空指揮中心守衛，在前線空軍、海軍只有連絡官，還向陸軍借傳令兵（即私用管家），三不五時還得送些小禮物。前線是陸軍天下，炮兵又是前線「主角」，幾乎都是炮兵在打戰，海軍空軍很少有「用武之地」。

馬祖人民都講福州話，我們在馬祖很吃香。陳奮勵是台北市南昌街「華陀中醫診所」陳老名醫師兒子，家境好有自用轎車可開，那時候轎車比現在擁有私人小飛機還拉風。楊指揮官知道他會開車，挑他當司機，其實指揮官用車的時間不多，南竿島地方小，走幾步就到了指揮部，所以吉普車我們幾個用得多，下山買菜，傳令什麼地。

## 營長向「狗」敬禮

三三四營營長帶官兵在築工事，我與陳奮勵駕車經過，營長一看指揮車，大聲叫：「立正！」全體官兵站好，營長雙手握拳，正經八百的向我們跑來，我與陳奮勵幾乎同時叫：「害呀！」車子也停下來，營長和他們的官兵也看到車裡是兵，不是指揮官，營長還是「禮不可失」，向我倆立正、敬禮、向後轉，跑步回隊，此時部份阿兵哥忍不住笑出聲來。

「笑什麼！」營長說：「我是向指揮官旗幟敬禮，車子裡就是坐一條狗，也要敬禮！」

「走吧！」我說：「下次記得要把『指揮旗』用布套蓋起來。」在馬祖只有兩部車，車右前方大燈處有「旗幟牌」，一部是司令官，一部是這輛炮指部指揮官。別的官或兵使用這輛車的話，都要以布套套起來，免得下屬敬錯禮。這次忙中有錯，忘了套上布套，挨罵免不了了。

## 雖無烽火「家書」仍值萬金

最盼望的是家書，值星士官手拿一堆信件，一個一個唱名，有信的拿了笑嘻嘻的去享受了，沒信的人有點沒面子，悶悶不樂。放心，「三年一閏好歹照輪」，下一次換人高興、換人悶悶不樂，所以不會

「龜笑鱉無尾」。

我在馬祖才知道，「信」對苦守孤島的人，有說不出的溫馨、甜蜜、魅力，信的內容怎麼寫不打緊，那怕幾個字也會改善你的心境，看了又看，摸摸貞摸過的紙張、信封，都有另一種快慰的觸感，都會沉思她此刻在做什麼，她是不是也在想我正在看她的信。接著又寫信回家，寄出去再等回信。

馬鴻乾向老爸要錢訣竅是，軍中小偷很多，你寄來的錢我捨不得用，卻被偷了。這招管用，不久後援又來了。為人胡里胡塗，信寫好了到處放，有一次被陳全育看到，對著我們大叫：「上次說我們偷錢，這次說我們偷手錶，下一次不知道說偷他什麼！」

有一天一次寫了好幾封信，他老爸的信放在朋友信封裡，朋友信放在他老爸的信封裡，而且向朋友炫耀，說自己如何從吝嗇的老爸那裡弄錢。朋友回信很幽默：「鴻乾吾兒：幾十年你都不認我這個老爸，這次你寫：『最敬愛的父親大人』，我好高興，馬上寄錢給你，小心一點，別再被偷了⋯⋯」陳全育高聲唸給大家聽，馬鴻乾不管，他大概在擔心他老爸看到寄給朋友的信以後，會不會斷了財源。

## 準備打戰

都在睡覺了，被緊急集合哨子吹起來，連長告訴我們，中東發生戰爭（以、埃六日戰爭？）對岸可能趁機打過來，大家提高警覺。班長們分給我們每人一小布袋子彈。子彈拿到手，大家心情突然沉悶得很，茫然若失，沒人說話，寂靜無聲的氣氛好可怕。我想就這樣死在孤島？就這樣見不到爸媽、貞、孩子？隊伍解散後，子彈上膛，上子彈的槍，拿在手裡有安全感，也踏實多了。幾個弟兄與我到小山坡，面向台灣抱槍坐著，曾有人坐這裡看到台灣島，我怎麼看都看不見，也許他眼花撩亂，把雲霧當是台灣島。沒看過這麼潔白亮麗「月娘」，她的光那麼柔情似水，大海正玩弄著以為「真」的月亮，隨著浪花閃閃發光，海好闊，天好高，島上大大小小黑黝黝山峰，像貓咪似地捲曲安眠，好安逸的海天一色，不打戰多好？

「台北！口令！口令！」不遠傳來急促聲音：「再走過來就開槍！」衛兵槍對著一個矮小人影，是聾子鄧榮華，我趕快追過去。

「高雄！」我大聲叫：「不要開槍！自己人！」今晚的口令是叫「台北」、回答「高雄」；叫「高雄」、回答「台北」。前線口令答不對，或不答，格殺勿論。

「你不要亂跑啊！」我對鄧榮華說：「會被打死！」

「你還沒睡啊？」他一點事都沒發生似地，聾人有聾福，「誰不胡塗誰痛苦」，自從第一次打靶開始，我們處處替他擔心，他倒諸法皆空，自由自在，做錯了、脫隊了，沒受過一次處罰，「天公疼憨子」，好像不假喔。

老班長他們有一次霧夜查我崗哨，我們新兵聽說對岸「水鬼」常常過來殺人、捉人，站崗時如驚弓之鳥，都是子彈上膛，偏班長們故意不回答口令，手電筒光束對你照。

「報告班長！」我對這新發給我們的半自動步槍沒用過，我端槍給他看：「槍的保險開關在那裡？」班長看到槍膛裡裝子彈，又不懂關保險，嚇了一跳，「你沒用過這半自動槍？」

「訓練時都是手動舊步槍。」

「我們在高山，」班長解釋：「水鬼不會爬這麼高上來，要開槍的話，第一槍要對空開，不要對人開，懂嗎？」從那以後，老班長們都不敢不回答我們的口令。

那時候體檢很馬虎，役男在偌大禮堂排隊，幾十張桌子，一張桌一張桌過，看你一眼，就蓋「正常」，有的更離譜，人到桌前，問都不問，就蓋「正常」。鄧容華不識字，老實的近乎傻子，到聽力桌時，有可能體檢員問他耳朵有沒有問題，他老兄搖搖頭，就正常過關了。我們幾個向上級報告，聾子鄧榮華在前線很危險，不是他打死人，就是他被打死。不久准予退役返台。

長官都知道我們膽小，會亂開槍，以後就不敢不回答我們「口令」了。

## 差點打下自家軍機

空襲警報催命似的響，我們不負責高射砲，逃命似的向防空壕跑，幾個老戰士悠哉悠哉的在山坡草地晒太陽，不理警報。

「不用跑！」我說：「跟老戰士做準沒錯。」原來只要對岸飛機沿海地區起飛，我們警報就響了，老戰士見怪不怪，不理。

上空沒看到飛機，卻看到九〇高砲、五〇機槍像放煙火一樣，由各山頭猛射，隆隆砲聲、山谷隆隆迴響聲，無數機槍的「噠噠」聲，天空砲彈爆開千百朵黑煙霧，天差一點沒被打黑，這種震撼心弦的景觀，如不是生死攸關的戰鬥，可百看不厭啊！

突然高空四架戰機伏衝下來，就在同時，砲聲、機槍聲停止了，四架飛機幾乎碰到海面，轉個彎直衝天空而去。

老戰士在嘀嘀咕咕：「又不聽話！差點打下來…」

「士官長！」我們很納悶：「為什麼不打飛機？」

「那是F86軍刀機！」老戰士說：「是我們自己戰機，它們是來巡邏的，我們警報響了，在警戒中，空軍連絡官就會通知他們不要飛進戒嚴空中，上一次就差一點打下來，這次又不聽話。」

「他們為什麼還衝下來？」

「衝下來讓我們看機身上國旗！才不會被亂砲打到。也挺冒險啊！」

四十五年前沒什麼精密「雷達」，憑目視，只要警戒中，高射砲就對天空目標亂打，這四架軍機找安全空間，衝給砲兵看，然後飛走了。

警報解除了，對老戰士來講，拉警報與解除警報沒有什麼不一樣。我這個砲兵只打海域艦艇。有一個老戰士告訴我，美國人笨，九〇高砲只能打上空飛機，我們改一改，也可以打海上的艦船，美軍顧問團顧問看了還直搖頭，說我們太奇怪了。是真是假，我不知道。

## 深夜「砲轟巨艦」

我輪守馬祖指揮作戰中心，山洞有故宮博物院大，陸、海、空三部門，砲指揮部最大。牆上掛大幅對岸沿海地區明細圖，作戰桌有乒乓球桌四五倍大，立體型的對岸山峰地型圖。我守右洞口，左洞口由海空兩單位共守。凌晨兩點多，雷達發現海上巨艦，擴音器連續呼叫：「巨大目標一個！」頓時洞內燈火通明，十分鐘左右作戰官陸陸續續趕到，很快東經北緯算準「目標」，迦儂巨砲、一〇五流彈砲，轟隆隆巨響，幾百門砲彈射出的閃光，照得黑夜都像白天，峰峰山巒看得清清楚楚，邊轟擊邊煮點心，站衛兵最無聊，但碰到有狀況，不但「有聊」而且有點心吃，時間還過得特別快。

一直轟擊到擴音器說話：「目標消失！目標消失！」為止。我交班了還捨不得離開，作戰官們很興奮，這麼大的巨艦打沉了，大功一件，巴不得天趕快亮，證實成果。

天一亮軍機在海域盤旋，找不到殘艦碎片，與我們目視一樣，只看到幾十個被砲彈打散，零零落落漂浮在海域的空汽油桶。猜想是「阿共」把幾百個空汽油桶綁連一起，像一艘大軍艦，前頭以小艇拖著走，等我軍先開試測砲時，小艇先溜了，試探我們的防務。

## 寡婦村

老兵喜歡前線，一連官兵會分散好幾個水泥屋住，不早、晚點名，只守崗位，沒人管，自由自在，還可以養豬、羊、雞、狗，我也挖個兩人可進入的大洞，養一隻母雞，下蛋時最高興了，蛋才從雞屁股滾出來，還溫溫地，在蛋殼上敲個小孔，生吸蛋白蛋黃，好吃得不得了。新兵喜歡駐防台灣，放假可以回家與親人團聚，軍中就是老戰士家，出生入死戰友就是親人，雖然無家卻處處家，駐防那裡都一樣。

津沙村有十八位寡婦，聽說幾年來都保持這個數目。這村子寡婦不能死，如果死一個寡婦，剩下十七位寡婦，馬上就會死一個「丈夫」，又是十八位寡婦。所以有丈夫的婦人，特別會自動地來照顧這些「寡婦」，因為死了「寡婦」，自己丈夫就有可能「走」了，自己就遞補上來當「新寡婦」。有一年死了兩位寡婦，每一位婦人都特別照顧自己丈夫，全村「丈夫」們享福了，不要下海捕撈、粗重工作免了、補品天天吃。有一位婦人想都快一年了沒事，叫她丈夫去捕撈，結果翻船死了。另一個聽說「補」過頭，中風而死，又是「十八寡」。

郭孔正、黃瑞鳳、曾章梨在馬祖島很吃香，洋裝旗袍都會，教馬祖姑娘怎麼裁剪、縫紉，我托他們的福，吃香喝辣，溫馨異鄉情，也難能可貴。退伍後寫一本小說「馬祖姑娘」，至親好友說如不是你自己戀愛史，怎能夠寫得這麼真實，害貞看了再看，想在雞蛋裡挑骨頭，我還沒看過貞這麼仔細看書過。

## 我與死刑犯下棋

我和曾廣慶班長、馬鴻乾、陳全育等共六個人住在指揮部對面水泥屋，這個月負責指揮部守衛。前幾天送來一個槍殺排長的死刑犯，關在十幾尺近的小防空洞裡，外面木柱一根一根釘的柴門，鐵鍊繞兩圈，用鎖匙鎖上，很像古裝戲的牢房，看得見他一舉一動，交我們看管，頭幾天我們怕得不得了，給飯吃都站得遠遠的，手伸長長的遞交給他，他都會說聲謝謝。五十來歲老戰士，雙眼佈滿紅血絲，沒幾天日子鬍子長了，頭髮散亂了，人也老很多了，沉思什麼不知道，面對即將的槍決，誰不怕？後悔？也有罷。

我看他幾天來都很規矩，有一天槍口對著他，「老士官！你面對著壁，我開鎖讓你出來晒晒太陽，如果你衝過來，我會開槍啊！」他果然舉手貼靠牆壁，打開鎖，退得遠遠地，「你可以出來了！」他緩緩走出來，關暗處幾天，突然出來明處，用手臂遮掩眼睛，怕陽光。

「你不要逃跑！」

「小兄弟！」他伸展筋骨，好長的一聲「嗯」，看樣子很舒暢，「你是好人，有好報啊！」他自言自語的到淺井舀水洗臉洗頭，晒不久就進入「牢洞」，自己把鐵鍊繞兩圈，鎖匙鎖上，在裡面對我說：

「好兄弟！謝謝啊！」。

我看看門，鎖好了。很好奇他為什麼殺死排長。

「逃不過劫數啊！一命還一命。」以下是他訴說殺排長經過：

排長人不錯，就是愛嘮叨，他喜歡吃辣，我怕辣，鬼迷了魂，芝麻小事，爭執不休，摔碗翻桌，我拿卡賓槍，只是想嚇唬嚇唬他，該死呀！

「你失手打死他？」我插嘴問他。

「一半是他害死自己！」他慢慢的坐地上說，我更想聽下去。

「我槍都拿在手裡啦，他還逼我開槍。」

「開槍啊！」排長一直逼我：「有膽就開！不開槍你還是死！我照樣報告你持槍脅迫！前線敢持槍犯上，你死定了。」我氣不過，對他身邊開了一槍，排長還嘲笑我，幾個充員戰士持槍包圍我，排長更大聲命令他們打死我。我對充員戰士說：「我單身一個，你們有家有眷，不要管，我不會打你們！」

排長威脅充員戰士說：「你們違抗命令，要受軍法審判！」我不能害你們年輕人，亂槍把排長打死了，叫充員戰士把我抓交軍法官，判死刑，到你這裡來了。

後悔的臉龐充滿了茫然若失。有一天他看我與陳全育在洞外下棋，我都快輸了，他叫我棄車保帥，我們棋藝不高的人，失「車」就會失去信心，「車」是不能死的。他看我猶豫不決，點點頭，示意一定贏。我就照他意思棄車，果然轉敗為勝。往後幾天我把槍膛子彈卸下來，到洞裡面和他下棋。有一天被曾班長看到，被關懷的罵一頓：「危險！怕萬一，知道嗎？」這位老戰士如果遇到你這樣好長官，就不至於丟了老命。在馬祖四面環海，怎麼逃？怕的是他搶槍濫殺，所以我卸下子彈，空槍桿我不怕，何況他蠻認命，果然如我所料，直到押去槍決，他還對我說：「謝謝你！報…應…」看著他戴上手銬，頹喪的被挾走，雙腳軟弱無力，腳趾踢到小石頭，也會差點摔倒，六個官兵，幾乎是半抬半拖著走。

「老士官！再見！」他回頭看我，搖搖頭，表示不見了。這幾天我把他當好朋友似的看待，給他好吃的，讓他出來活動，下棋，就這樣像捉豬一樣活活的拖走，我心情很悲傷很沉重，幾天幾夜都盼望他不要怕，也盼望他突然暴斃，不恐怖不痛苦的死了，就不要挨那麼一槍之驚嚇啊。埃！小不忍卻丟了老命，可惜呀。

## 勞軍擾軍心

勞軍團小姐們大部份都住在本部連的指揮官隔壁「賓館堡」，每次都把胸罩、內短褲晾曬在堡廊，阿兵哥正當年輕身壯，「豬哥性」正旺，看得大家心癢如麻，想入非非，給她們戴一頂「擾亂軍心」的帽不為過罷。

這一次在「小台北」砂隆村表演，相聲、魔術、特技，齣齣精彩，小姐們載歌載舞，長袖抖起來繞舞台碎步跑，飄飄欲仙，偶爾向台下拋個媚眼，都惹起幾百人狂熱掌聲、口哨聲、叫好聲，看得如癡如醉。最高潮是阿兵哥上台與小姐們共舞，我們連上有幾個會跳舞的阿兵哥，正等著上台一展身手。

「請阿兵哥上來，」一群人正蜂擁而上之際，同時也傳來擴音器呼叫：「砲指部官兵注意！有狀況！趕快回營！」好幾次都在興高彩烈之際，被叫回去轟擊海域船隻。歌舞團照演，我們打我們的，非砲兵無事似的戲照看、舞照跳。隆隆砲聲對常來勞軍的演藝人員，無動於衷。

一〇五榴彈砲早就測好幾個方向、距離，砲陣地點一根香，砲手瞄準「香火」，就可以調整方向、仰度、多少藥包，轟擊目標。在前線我這個「前進觀測兵」卻什麼事都做，跟馬祖老鄉語言相同，採購食物什麼，很多由我做。今晚臨時調回，連長叫我開彈藥庫，負責砲彈點交記帳。今晚沒打太多砲，沒人來領砲彈，偌大彈藥庫只我一人，看壁上掛很多滅火器，這玩意兒曾教過使用方法，但沒親手用過，看看使用說明，只要取下來，顛倒就會噴灑滅火霧氣。我就拿一筒顛倒過來，它噴射好遠，整個庫房白茫茫，我就再恢復倒正，它還在噴，一直噴完為止，以為顛倒會噴，不顛倒就停止，噴一點點試試看，不留痕跡，再掛回去，神不知鬼不覺，那知道噴得到處白花花，連自己衣服都沾滿泡沫。轟擊結束了，把火藥庫門鎖上，回警衛屋，經過禁閉洞，想起老士官，一陣心酸，你為什麼不忍一忍？人之有患，因其有身；及至無身，患之焉附？老士官你可脫離「有身之患」了嗎？

## 逛「樂園」記趣

砂隆村是馬祖南竿島的「小台北」，商家多，吃喝玩樂俱全。「軍中樂園」就在一座廟裡面，帶郭孔正、黃瑞鳳去參觀參觀，好看，一邊官排列，一邊兵排列。房壁上掛一尺見方大的小姐豔照，每一位小姐都有一個號碼，你挑選幾號小姐，到售票口買票，一次只限制十五分鐘「辦妥」，有的時間到了沒出來，有小朋友在門口邊猛吹哨子，邊急促敲門，邊大聲叫喊：「同志！時間到了！」一直吹哨子，一直喊到你出來為止。看了有點不好意思，這種「事」見不得人，俗說「雙賭『單嫖』」，只能偷偷「做」，那有大家好像看電影一樣排好長隊伍，光天化日之下，臉不改色，買票後還坐椅子等，又好像大醫院掛號後等看診的病患，「食色性也」，是此之意乎？

南竿島有常設「供應站」，北竿島、東犬島、西犬島都是半月一次，臨時送「貨」去，「銀貨」兩訖後，即回南竿島。聽那邊朋友說，只要船一到岸邊，大家手邊的工作都丟下，搶著去岸邊排隊，那種景觀一定很「養眼」。

規矩不可廢，當了「丈夫」的不准「偷腥」，望色興嘆也好，流「豬哥」口水也罷，軍法如山，絕不網開一面。

連上檢討會時，有一位老士官說話了：「冬天衣服穿得多、穿得厚、鞋襪什麼都脫好，時間差不多用完了，那有……。」

連長很體貼，老士官腳手慢，連上有「獎勵票」，送一張票給他，兩節三十分：「這樣夠吧？還有人不夠的嗎？」沒人敢要，畢竟這種「事」難以啟口，我不禁莞爾，有這種獎勵票，奇妙不是？

一位「丈夫」新兵，他買黃牛票進房，結果事情鬧大了，轟動一時。他老兄一進門就傳出爭吵聲，回他連部時報告連長。連長往上報，由司令部轉呈台灣有關單位，一兩家報紙媒體刊登出來：「…軍中樂園遇到妻子，前線戰士有後顧之憂…」後來查出真相，這位老兄娶妓館小姐為妻，家人不同意，他一入伍，妻子又幹本行，鬼使神差，到馬祖島卻遇著郎君，「無巧不成書」不是？

## 方冬生抓到「水鬼」

方冬生分配步兵連，駐守福澳村（小基隆）海岸邊上，人憨厚有餘，會抓到「水鬼」真是奇蹟。一天月夜，他站崗，突然腹痛如絞，跑到崗哨很遠的山坡地排瀉。等他回崗，遠遠看到崗亭外有兩個人影，一前一後，後面的人好像拿著槍對著前面的人，他叫了口令，因為逆風，又有海浪沖岸「嘩嘩」聲，走前面的人曾回頭回答，方冬生沒聽到，冬生憨厚歸憨厚，可是懂得保命，先對他們開了一槍：「丟槍！丟槍！」後面那人上前抓住前面的人，以手槍抵住頭，對冬生恐嚇：「你放下槍，不然我打死他！」冬生不理，砰砰又連開兩槍，差點打到人，嚇得後面那人手槍趕快丟掉，回頭看冬生。冬生叫：「不要回頭！」同時又開了一槍：「兩人都向前走！」冬生遠遠跟在後面，押回連部。連部戰士們聞到槍聲，個個荷槍實彈，槍都瞄準人影。

「不要開槍！」走在前面的人一邊說一邊反身抓住後面那人：「他是『水鬼』！」大家一擁而上：「蘇班長！你怎麼被抓啦？」蘇班長很生氣，回頭罵冬生：「你不守崗位！離開五十尺就會判死刑！…」連長一邊叫弟兄把水鬼捆綁在床柱，一邊往上級報告，同時拉蘇班長進入連長室：「方冬生有罪的話，你我都會受連帶處分，」連長說：「別聲張，這『水鬼』算你抓到的，…」

「方冬生！」班長另外私下問冬生：「你差點打死我知道嗎？」

「我不知道是班長，」冬生說：「如果知道是班長，我會聽『水鬼』的話，把槍丟掉！」班長聽了嚇了一跳，冬生丟掉槍，只有『水鬼』有兩把槍，他同冬生不是被抓對岸去，就是被打死，割頭回去報功。傻人有傻福啊，如不是肚子痛，他不會離開崗哨，什麼樣的結果可難講囉，還真是生死由命，富貴在天啊！

## 大演習天下奇觀

馬祖島是「見樹不見林」，地無三丈平，腳踩出去，不是上山就是下山，平坦廣場太少了，雖然駐著一師多軍隊，山區幾乎看不到軍人，槍炮陣地很隱密，加上人工偽裝，不容易看到。

今天演習好看，一早四架軍刀機突然「嘩！嘩…」掠過山頂，尾巴吐出四條白花花雲柱，在藍天畫著好長曲折繩索，久久不散，機蹤迅即不見之際，突然又由低空掠過，幾乎是垂直上衝，扭腰迴轉，一架跟著一架，很快向礁岩小島伏衝，同時發射火箭、投彈、機槍射擊，礁島冒煙，水柱上噴，煞是好看。

我這「前進觀測兵」，在馬祖島彈丸之地，無地可進，重砲也是固定在砲陣地，只是在山頭高處，觀看彈著點，也不用修改射程，因為平時都測好固定好，最要緊的福澳港口、津沙港口、鐵板村港口，只要下令這港口目標，所有的砲彈，排山倒海似的都會落在目標區港口，海水被砲彈爆炸激起的幾十尺水幕牆，像一座白雪山巒，水端花樹力盡，正往下墜，新水幕不斷上噴，築成厚厚水牆，本來看得見對岸山麓，也被遮住不見了。

白天演習暫告一段落。晚上九點接著演習。比白天更精彩好看，我第一次看到這種景觀，喜不自勝，深慶生為男子漢能當兵，能到前線來，共襄盛舉，何止三生有幸？

如慶典煙火，天空黑漆漆中爆出一團火樹銀花，接著滿坑滿谷四管五〇機關槍「萬彈齊發」，環山遍野「噠噠」槍聲鎮魂攝魄，白天看不見子彈在天空飛，晚間看得見，因為子彈配參著紅色、藍色洩光彈，飛得好慢，好像萬千隻螢火蟲隊伍在空中漂浮，不但飛慢，無數彩色洩光彈緩緩飄浮高起來，又慢慢降低飄飛，想像中，子彈是直射出去，但我看到的子彈忽高忽低的緩緩前進，是彈道本就如此，還是我錯覺關係？不知道。

## 把槍當「玩具」打！

我們新兵雖然才來三個多月，但整個駐防部隊快兩年了，要全體「換防」。在前線平常少打靶，子彈剩餘太多，移交時沒有彈殼，交不了差，連長交代每天都要打靶。以為像訓練中心一樣打靶，老戰士叫我們搬幾箱「衝鋒槍」子彈：「拿去打！」靶場在那裡呢？

「找個地方自己去打！」說著端起槍就對對面山坡地打，下面楊班長幾個還若無其事在菜圃拔草什麼的，子彈從他們頭上飛過去，理都不理我們。我們真開了眼界，在訓練中心打靶，多麼嚴謹警戒？後來想想也對，那時是學徒，沒看過槍，也沒摸過槍，特別謹慎小心，現在起碼是「半師」了，不可能打到人。就地幾個新兵各端一衝鋒槍，砰砰啪啪扣扳機，有時扣扳機手指慢一點放鬆，一下子打出十幾發子彈，蠻過癮的，一兩個鐘頭子彈打光了，把彈殼收入子彈木箱裡。

打左輪手槍時，我們還學美國西部「牛仔」，右腰掛槍套，面對假想敵蹲半步，拔槍對目標砰一聲射出去，射中對面山坡地早擺放的空罐子，蠻有成就感。M14半自動步槍，拿在手裡比較重，乾脆把槍托放地上，朝天扣扳機，目的只是把子彈打完，有彈殼交就可以，愛怎麼打就怎麼打。十年（六十歲）前到泰國玩，魚船開到海域「打靶」，大家忙著拿各種槍，我拿一支卡賓槍射海面浮酒瓶，貞拿著手槍對我腹部：「為什麼扣不動！」她的手還在扣扳機，嚇得泰國船老闆，飛奔去搶貞的手槍，嘴巴嘰嘰喳喳說什麼聽不懂，我還專心打靶。事過後我才嚇一大跳，貞的手槍還好保險開關沒開，不然我一定被貞打死，記性大不如前，剛好想起，趁未忘前即時「插花」補述。

## 返台前瑣言

四十六年四、五月間準備「換防」，心情是迫不及待的想返台，能見親人。月夜和郭孔正靜坐山坡地，面對遙遠的台灣方向，兩人默然不語，這半年左右，認識馬祖島不少鄉親，他們依依不捨的請我們吃「惜別酒」，把酒互道珍重，也沒有說請我們以後再來玩的客套話，因為那時候是不可能再來。也許返台心切，台灣的親人比他們「份量」重吧，我們雖然珍惜「萍水相逢」情誼，卻沒有他們那樣「千載難逢」難分難捨的感覺，實在太辜負鄉親們一片真情，尤其是福澳村「福記雜貨店」林老闆，頭一次採購，手裡提幾條白帶魚，到他店買貨，林老闆一看我買的魚不大鮮：

「依弟，你這魚那一家買的？」我帶他到買魚那家。

「老陳啊！」林老闆對賣魚的說：「這位依弟也是『齊齊講平話』，你怎麼賣他這種魚？」（「齊齊講平話」意思是同鄉）。

「對不住對不住！」陳老闆一邊叫人換魚，一邊對我說：「依弟國語說得那麼好，我聽不出來是鄉親，真對不住呀！」以後我採購時，只到林老闆家，他都會給我配菜，買好好的，我吃完他天天準備的燒餅、豆漿、油條後，搬菜上車。他老人家全家人視我如家人，附近幾家店鋪老闆，都對我好親切，在馬祖島，誠如林老闆所說：

「人不親土親嘛，有什麼事，找我！」

在馬祖島，我讀了不少書，一天背誦兩頁英文小說，每一天都認識好多生字而感覺「收穫」的快樂。老郭很聰明，也很想「識字」，我也教他平常實用的單字，然後叫他看淺易小說，因為我學英文的經驗告訴我，由小說學「識字」非常易記，而且記了就不會忘，他老弟更上一層樓，書裡、路邊招牌、……凡不識的字，都抄在手掌心，藉機問我，沒看到這麼認真好學的人。四十五年來，他不知道說過多少遍：「如果沒有老張，我到現在還是文盲！那能夠看報紙？」小小「人情」，老郭這人就忘不了，難得的好人啊！

夜深有點涼意，兩人回「土角屋」睡覺。

有一次曾廣慶班長與我們六人同住，班長總是班長，在一起總是不自由，一夜列隊小廣場聽訓，順便選下個月伙食委員，我連絡幾個新兵，舉手選班長當委員，他就要住別處去，我們就獨立自主了。

「張廷錦！」曾班長臨別告訴我：「我以前在大陸時，也曾找班長麻煩，結果槍林彈雨中，班長叫我去修電話線，差點被亂槍打死。」曾班長沒公報私仇，剩下一年多，他處處照顧我們，退伍四十五年後的今天，曾班長兒女嫁娶，我都一定共襄盛舉，那些老士官，有的都升上校了，見到我都還記得我名字，好親切。班長忠告，我畢生受益，為人是不能自私自利。

「小基隆」福澳碼頭貨物堆積如山，艦艇「屁股」開得大大的，我們人多，一人只搬一兩件就搬完了，從屁股走進去，回頭一看，馬頭沙灘上，站很多男女老少向我們揮手送別，我們也向他們揮手高喊：「再見啦！」想想這一別是「一別不再別」，根本沒機會再見，那會有再別？頓時心酸難過。

船輕微搖晃，本是我最害怕的，這會兒是回台灣，一點都沒有暈船感覺，如不是馬祖島鄉親濃情牽掛，我一定很「快樂出航」。

## 反美浪潮「禁閉一個月」

第三天到高屏「仁武營房」，正等待放假回家會親，卻發生全省反美大暴動，美國大使館、南海路美國新聞處被搗毀，軍中美國顧問官兵也不見了，槍彈、報紙都收起來，指導員看到三五個阿兵哥在一起聊天，就趕開：「不要說！不要說！」

美軍駐守台灣，有「治外法權」，凡美國軍人犯法，我們法院不能管，由他們自己處理，美軍作姦犯科的人，交給美方，判不判刑，就無下文。

使我生氣的是「娼妓」，仗美國大兵的勢欺辱國人。一次基隆市妓女伴美軍坐三輪車，因車資與車夫糾紛，並掌摑車夫耳光，車夫叫巡邏警察處理。

「妳不能打車夫啊！」警察對妓女話都還沒說完，想不到這個「崇洋媚外」妓女又摑警察一耳光：

「打你又怎麼樣？」警察生氣了，要抓她。這妓女還跟警察躲貓貓，躲在美軍大兵身後：「來呀！你敢抓來啊！」

警察去抓，被人高馬大的美軍推得幾乎跌倒，「招呼站」車夫們氣憤不平，幫嘴忙：「拔槍打死他們！」

警察忍氣吞聲，打美國軍人就是打「美國」，會禍延國家。車夫們揮拳高喊：「打死他們！打死他們！」當著這些車夫們的面，被保衛我們的「恩人」欺侮了，只好再忍受一次車夫們嘲笑，委曲求全的走了。

一次高雄美國水兵，醉醺醺到鞭炮店買爆竹，老闆拿一串鞭炮賣他，他打火機一點，把整個店裡鞭炮都爆了，警察來處理，人家丟幾張美鈔，就走了，還不是沒事。以上都是報紙登出來，不是我亂寫。

沒見報導的，是貞告訴我，台中市到清泉崗美國空軍基地這條路，她親眼看見美軍吉普車，把路上行走的姑娘抓上車，揚長而去。夜間很多姑娘不敢走這條路，或者看到美軍就遠遠躲開，因為我們的「保護者」就是這種德性，只好「自求多福」了。

這次全省大暴動，之所以扯出上面事件，是告訴大家「冰凍三尺、非一日之寒」，民怨累積太久太廣太深，這是遠因。近因是：

劉自然先生好像做「中古物」買賣，經常穿梭美軍軍區眷舍，與其熟悉的美國軍人，發生糾紛，被美國軍人，以其闖入禁區做藉口，掏槍殺死。美軍在台有「治外法權」，殺人的美軍軍人交美國法庭判決：「無罪」，當庭開釋。而且美國軍人、軍眷當庭雀躍歡呼、擁抱跳舞，惹得在庭記者們、我們的觀眾，氣憤不已，次日報紙大幅報導：「美軍殺人無罪？」其妻到美國大使館，高舉寫著：「還我丈夫！殺人償命！」白布條，群眾越集越多，怒氣沸騰，終於衝進大使館，搗毀文書、傢俱…接著搗毀美國新聞處。全省打路上美國人，推翻、燒毀美國車…蔣故總統怕兵變、民反，趕印文告，空運南部各地。

仁武營區，一師官兵集合操場聽文告：「…政府正循外交途徑，向美國交涉…全國軍民務必冷靜…」（大意如此），交涉結果「生氣」了，不是我們生氣，美國國會部份議員生氣了，結果如何大家都知道，台北市警察局局長下台，台灣省警務處處長下台，憲兵司令部司令下台，衛戍司令部司令下台…賠了夫人又折兵，人家說的也在情在理：「我們的子弟到台灣，拼死拼活保護台灣安全，打死一個小百姓，就這樣恩將仇報，…賠償我們損失…」（大意如此），賠了多少銀兩不知道。

日本就有「本錢」，強姦琉球姑娘的「美兵」，交日方法院審判，美方道歉還得賠償，「那會差這足？」（怎麼會差這麼多），誰叫我們「家」不和，請外人當保鏢？「人到無求品自高」，求人家就別奢求自高。前幾天中正機場，英國「壞小子」那麼囂張、又奔又跑、對媒體口出三字經、在國家大門，如此無禮，大概看我們警察，瘦小斯文，他們人高馬大，只到人家肩膀高，不自我「矮化」也得矮化。在美國的話，膽敢叫囂，海關眼睛一瞪：「不受歡迎」，你就得乖乖「打道回府」。尊嚴掃地以至於斯，夫復何言？

## 兒子不讓我睡「眠床」

風平浪靜後，放假回家。四十八歲的爸身體壯碩得不知道什麼叫做病。媽身體除了頭暈，倒也不錯。九歲的廷銘弟，七歲的廷光弟，一年不見都長大了。貞沒多大變化，倒是一歲大的兒子，與龜山鄉懇親會時大大不一樣，那時一個多月大的「紅嬰兒」，現在搖搖晃晃走路，蠻可愛的，貞一直哄他叫我爸爸，人家聰明，爸不可以隨便叫的，突然冒出來的生份男人，不叫就是不叫，玩他的。

貞很好玩，怕我生氣，還向我解釋：「孩子怕生份，待會兒就熟了，一定會叫的。」兒子是「文」字輩，叫文什麼或守什麼都可以，依弗哥（文宗恩師）給他起名守華，保衛中華的意思，華兒是我恩師的堂弟。

這兒子「乞丐趕廟公（主）」，不叫我爸爸也就罷了，還霸占我老婆、床舖，不讓我睡覺，嘴巴說話不清，但我聽得出來：「走！走！」

「我是爸爸！」我故意逗趣他：「這麼小就這麼不懂禮貌，不打不行！」我拔他褲子，舉手要打，貞真的很好玩，還當真呢，搶著先輕輕打一下屁股：「媽媽替爸爸打了，痛痛喔？」

我被趕下床來，坐椅子等他睡了，偷偷上床睡覺。俗話說「娶了媳婦失了兒子，生了兒子失了老婆」，還真的哦。

## 移防東岸

由仁武營房到屏東縣東岸，拖著重砲，經過好幾個村莊，沿途也曾在樹林內搭帳篷紮營，挖土坑造灶煮飯，蠻像童子軍露營。離開時都要把地面整頓好，恢復原狀。

有一天進入農村小路，鄉下人養豬、雞鴨都是到處放養，我們的軍車壓死一條小豬，政治部主任找我當翻譯，問了幾個村民，這豬是那一家養的，大家都說不知道，有的還偷偷摸摸咬耳朵，我帶主任去找村長。

「到底是誰的豬呀?」村長問大家：「部隊要經過，豬雞鴨要關好，到處放，妨害部隊前進。」村長還要求我們原諒村民，以後不會亂放養家畜了。

「村長你誤會啦！」我說：「我們壓死豬，是我們不對，要賠你們錢，問問看是誰的豬，多少錢，我們賠他豬錢！」

「他騙我們，不要說，免得人被抓去。」有人低聲說，我知道村民誤會太大，轉告主任。主任有一套，堆著笑臉，拿出鈔票，對村長說，這條豬大概值多少錢，你代收下轉交豬主人。我把大意翻譯給村長聽，村長說：「這那好意思?你不要抓豬主，我也不要拿錢，你們就走罷。」

主任聽我說完，說不可以，豬主人收了錢，開收據，還要村長蓋章做見證人，我們才能離開。忘記賠多少錢，一定比他們自己賣的錢還多，有一個村婦說：「那有這好康！」

收據拿了，車隊開動了，村長還追我們。

「什麼事啊？」我問村長，難道他們後悔了？

「豬…」

「什麼豬？」

「死豬還沒拿走啊！」

「喔！」我問主任後，回答村長：「送給你們啦！」

那時候大家窮苦，一聽說要送他們，幾個人跑著去搶死豬。

東岸營房好大，蓋鐵皮屋，又是夏天，在營房內像進「三溫暖」烤房，尤其睡上鋪，頭頂就是熱烘烘的鐵皮，中午都到營區樹蔭下休息。這地方的百姓更苦，很多村婦都揹著嬰兒，拉著小孩，手裡拿著破碗、鍋子、盆子等我們吃飯。飯快吃完未完之際，他們虎視眈眈，只要我們一桌人，最後一個人走開，他們就過來搶奪擺放在地面的剩菜、剩飯。有的空盤只剩肉汁，他們還拿起來以舌頭舔，而且舔得津津有味，看了實在難過。尤其我吃得慢，只我一人沒吃完，他們很規矩，只要你蹲著還在吃，就不會搶飯菜，好幾次我吃得好難過，因為我的身邊十幾條腿包圍著我，他們都站我身邊看我吃，只好少吃點飯菜，多留一點給他們。廚房餿水（剩飯剩菜）有人包了，以為剩飯剩菜拿回去餵豬，可不，拿回去自己吃，剩下的再便宜賣給街坊鄰居。

三餐都有穿得破破破爛爛，打赤腳老翁老婆婆、村婦、小孩散站各方，伺機搶殘食，搶到多一點的菜，就高興得不得了，搶到手就跑遠一點去吃，怕被人來分食。

## 猴因愛美而被捉

原住民擅長打獵，常常拿捉到的猴子來換一件破軍服，斷手斷腳的猴子，是被機關陷阱抓到，好手好腳的猴子，這大部份是因為猴子愛漂亮，才被抓的。他們馬上就證明給我們看，拔猴子鬍子，這也蠻痛的，但猴頭痛得搖一搖頭，又伸著下巴讓你再拔，決不會痛得跑掉了。

原住民蓋一間陷阱小屋，屋裡擺著鏡子、胭脂粉，獵人就在外面，當著樹林上一大堆猴子面，拿著鏡子照自己，用胭脂粉在臉頰塗抹，然後把粉、鏡丟進小屋內，猴子看了，等你離開，牠就進陷阱屋，正在塗脂抹粉，人在遠處拉一拉繩子，陷阱門就關死了，這樣抓的話，都是好手好腳的猴子。女子之愛美不輸猴子，有減肥減死的，有抽脂抽死的，有整形整死的，還有更好玩的，人都死了，最後還要化裝一次，請美容師化裝化裝，「死要臉」不是？

## 部隊成了「動物園」

在東岸等於休養，很多弟兄用破軍服換猴子、小狗、鳥兒⋯。有一次楊指揮官巡視營房，發現各連都有不少寵物，邊巡視還邊逗猴子玩：「這一隻誰的？」

「報告指揮官！」林士官長回答：「是我的。」

指揮官又到鸚鵡鳥逗鸚鵡玩：「牠會說話嗎？」

「報告指揮官！」謝士官回答：「正在教牠。」

次日早會，指揮官在司令台訓話：「你們很有愛心，養這麼多寵物，狗叫、雞啼、鳥鳴，這像不像動物園？」

「像！」回答的聲宏亮。

「三天之內，不管你放了，給人家了，還是宰殺吃了，」指揮官說：「不要再讓我看到一隻動物！這像部隊嗎？」

村民撈到意外財，通通送給他們。

## 劉連長一諾千金

馬祖島駐防兩年，是固定打打砲彈、機關槍，沒有地形變化演習，回台灣我們一時不熟悉移動形演習，剛好幾個月後有南台灣、北台灣對抗演習，指揮官以下，營長、連長、作戰官，都開始模擬演習。砲指部三營砲兵，預定一個月後，到雲林縣斗六鎮、石榴村附近的濁水溪打靶。先派本部連測量隊到石榴村探勘地形，測量砲陣地到濁水溪「落彈點」距離。

曾廣慶班長領隊，出發前，劉連長對我們精神鼓勵：「這次南北對抗，事關砲指部榮譽，你們先到石榴村一個月，要求兩點，一是認真測量、打樁、標準路線；二是不違規，一個月內如果沒有被憲兵抓到違規，回來時，連長請你們到屏東鎮看電影。」

兩輛中型吉普車，到石榴村，住宿荒廢小廟。頭幾天都是開車到處看地形，後來才照地圖標示線路找，沿線打樁作記號，規定離落彈目標區五公里不能進去。馬祖島回來比較吃虧，地形、地標、砲隊陣地，都比不上駐防台灣的部隊熟悉。趁晚間天黑，把車子號碼牌用泥巴土塗抹，摸黑進入禁區探勘地形，曠野遠處也有別的車輛，開小小暗燈，偷偷在禁區活動。有收穫，找到幾個石頭樁，在地圖上作記號。

星期日休息，開車到斗六鎮看電影。傅肇俊士官與我很談得來，返程時他叫我開車，我這個人好奇，反正四個輪子，只要抓穩方向盤，就不會像兩輪的腳踏車會倒下來。傅士官看我開很慢，後面很多阿兵哥又爭著爬上搭便車，他告訴他們：「我們在學習開車，你們小心。」我看到前面有一小橋，煞車煞得太快，震得他們在車上打滾，怕得紛紛跳車，不敢坐了。「還是你開！我不敢過橋！」

「怕什麼？」傅士官幫我抓方向盤，「踩油門，對，直開」我第一次開車，蠻好玩地。

不到一個月已經都弄得差不多了，回東岸，劉連長很滿意，兌現諾言，送勞軍戲票，叫我們開車去屏東鎮看電影。

曾班長說沒有汽油，等汽油來了再去。劉連長竟然去提一鐵桶「戰備油」給我們：「走吧！」

「幹什麼！幹什麼！」副指揮官看到了，遠遠在阻止。

我們很快都下車，連長竟然說：「你們走！走呀！」

我們不能給劉連長添麻煩，不想看電影。

「戰備油是戰爭時才能動用，怎麼隨便拿去用？」副指揮官罵連長。

「報告副指揮官！」劉連長說：「處分我好了！」又回頭叫我們：「你們去！」我們帶著尊敬與擔心連長受什麼樣的處分心情走了。劉連長這一諾千金，使我深刻活在腦海，帶兵帶心，誠信第一，做人做事還不是要如此嘛，一連的兵為什麼那麼聽從劉連長的話，因他感化我們的心，我受益良多。

新兵訓練團甘秉英連長找不到，這劉連長倒保持四十五年，迄今仍然連絡。

## 我差點死在靶場

南北對抗比賽，由屏東縣枋寮往北演習，有監察官隨我們打成績。老總統要親自到枋寮視察，我們一而再的忙著安全檢查，部隊一到台灣，子彈早都收回，但還是檢查好幾次槍械，南軍團幾萬兵，忙了檢查幾天，卻沒看到老總統，他老人家大概只巡視部份兵營就走了。

半個月沿路行軍演練，睡覺、作戰規劃、下指令，都在帳篷裡。我們砲兵都坐拖砲車，還好。步兵比較辛苦，走土路兩旁，車陣走路中，晴天車輪滾起來的「風飛砂」，弄得步兵「灰頭土臉」，雨天的話，車輪過水灘，又濺得步兵一身泥漿，日夜演練，雨淋日晒，卻比入伍前健壯，沒人生病，人這骨頭還真賤，不操它還不健朗。

過台南、嘉義，砲兵就由斗六進到石榴村，準備打靶演習。我是前進觀測士，要到濁水溪堤岸觀測彈著點、修正彈著點。寬闊溪谷一堆一堆石頭堆起來小石頭碉堡，是我們要打的目標，砲陣地在我後方幾公里，砲彈由我頭頂飛過去，落在溪谷上。

堤岸上人山人海，男女老、中、青都有，他們在等我們「收靶」令一下，都往溪底「衝鋒陷陣」似的奔跑，撿砲殼破片賣錢。有的早在「砲落點」附近，挖個一人多高的坑，知道要打靶，比我們還早就躲在坑洞，上面蓋巨石頭，我們邊打他們邊趁間隔暫停時，就爬出來撿破砲片，最主要是在撿「壞彈」（未爆彈），彈頭是銅板，值錢。聽他們說，很多人發財，有一家死了三兄弟，沒死的還「前仆後繼」，繼續賣命。

一早我就到堤岸，一個年輕人坐岸地上，向我點頭招呼，百公尺外小土堆在冒煙，他告訴我，土堆下面埋一枚壞砲彈，正在用柴火燒壞彈：「你看，冒白煙了，就快爆炸了。」話還沒說完，「轟」一聲炸開了，他拿一把類似鋤頭的「吸鐵器」，在土堆附近拉來拉去，吸引住一堆砲彈破片，又找到砲頭銅板，像我小時候撿到豬屎一樣高興。

「我這個吸鐵器很厲害喔！」他說：「不信，吸鐵器放你錶殼上面，你的手錶秒針就被吸住不動了，不能試，一吸錶就壞了。」

我用無線電報告後方指揮所，一切ＯＫ，警戒紅旗都插好了，溪谷面沒人，我後面的田園，有農民工作，三個營前進觀測站，都各就各位。

「張廷錦！」前進觀測官笑著對我鼓勵：「看了再多的游泳技術書，假如不親自下水，永遠都學不會游泳。」難怪他什麼都不管，原來是叫我「下水」，嗆鼻、掙扎活命。

他問我，目標距離我們站的位置有多遠。

「拐洞洞至腰三洞洞！」（七百至一千三百公尺）觀測官點點頭，叫我繼續下去，我是黃花閨女坐轎：「頭一回呀！」這可是真刀真槍，不能頭提在手裡玩啊！看他不管，只好「下水」，向指揮所報告：「目標！一千！」

才聽到頭頂嘩啦風聲，砲彈已在目標右方五百公尺，前方一千公尺處爆炸。老兵怕機槍，新兵怕大砲，聽到砲彈頭頂飛過聲音，砲彈早就到前面去了，你就不會被打中。聽到機槍聲音，不被打到便罷，一被打到，身上就是好幾個彈孔，命就難保了。

我回答觀測官：「我想向左五百、減少五百。」

「這樣修正太慢！」觀測官告訴我祕訣，彈著點超過目標三百，不要減三百，要減六百，第三砲要打在第一砲與第二砲中間，這樣容易中目標，左右方向也一樣。

「目標！」我又向指揮所報告：「向左一千、減少一千！」頭頂沒聽到砲彈飛過的風叫聲，卻聽到「轟」爆炸聲，觀測官把我仰頭想看什麼聲音的臉壓下抱住，聽到砲彈碎片掉落鋼盔聲，趕快叫：「不要發砲！」大概聽成發砲，又一枚砲彈掉在我後方田園，打死一條牛，農民四散奔逃。如果不是觀測官壓下我的頭臉，不重傷也變成「大花臉」，觀測官沒空理我感謝，以無線電與指揮所說：「查對砲身仰度、核對下令記錄⋯」

「報告觀測官！」我很擔心：「我會不會距離減太多？」

「不可能！」檢查結果，是砲手少放一包火藥，致使力道不足，砲彈提早落地。沒打死人夠幸運了，農民好講話，賠錢消災，死牛隻，農民抬回家賣錢，政治部官員照樣要農民打收據、見證人蓋指印。

觀測官怕我失去信心，繼續讓我觀測、修正。照他教的方法，也打中幾次目標區附近，觀測官說打到靶子周圍，就是打中目標。回頭一看，偌大田園沒有一個農民在工作，大概被我嚇跑了。三三四營、三三五營、三三六營都是觀測官自己觀測、修正，觀測士只是當助理。

幾公里長的堤岸，撿破砲彈片的人越來越多，戴斗笠、提布袋、拿竹籃、頭臉包布塊，一大群人知道我們快收靶了，等我們一拔起警戒紅旗，他們幾百人往溪底衝去。聽說這樣去撿，都是小碎砲片，值錢的「壞彈」，大塊砲片都被早躲在溪床那些人撿去了。後來當地民意代表批評打靶打死人，軍方就命令禁止撿破片，還是有人偷偷摸摸去撿，最後軍方以盜取軍物移送法辦，才沒人敢去撿破爛片了，也斷了大部份人的財路。

## 砲兵學校受訓

砲兵學校離台南市很近，假日都同郭孔正、黃瑞鳳到台南市玩。台北市太遠，那時交通不便，加上南軍北上不能超過台中市，除非有請假條，否則被憲兵逮到，要受重罰。

只要有空，他們兩個與我形影不離，因為把我當師、友看，我就以師自尊自重，教授些知識以外，兩年裡面沒出「男人軌」過，我樣樣以身作則，他倆蠻聽我的話。

台南市高級「風化區」名副其實的「風景文化區」，我帶他們去逛，先有共識，「動眼不動心」。門口街道乾乾淨淨，一間一間屋子都很清幽雅麗，進了古色古香的門，天井中心一座「假山」，鯉魚群悠閒的在假山周邊水池裡游盪，好清閒啊。東廂西廂各有兩房，掛彩色綢緞布簾，往客廳走，有茶几雅座，沒有拉客小姐，偶爾從後面走來一兩位穿著端莊秀麗的小姐，點點頭：「請喝茶」也就進房了。看了幾間，都差不多一樣。與馬祖島「軍中樂園」大異其趣。我喜歡寫寫東西，也喜歡看看社會各色各樣層層疊疊面。

有一次向朋友讚揚台南市高級風化區，誇其清雅高貴，潔身自愛，「妓亦有奇」。朋友說我眼拙，人家看你穿著「乞丐」似的軍服，窮酸相，花不起錢，才不拉你。

常去看勞軍電影，瞻仰歷史古蹟「赤崁樓」，逛夜市。以為聞名寶島的「棺材板」（豆製品）很好吃，吃了很後悔，因為它破壞我多年來對它的「好奇」。

四十五年前，女性真的很保守，砲校有一位上校女軍官，出入校門，衛兵都不向她敬禮，她也不好意思計較，我們大兵碰到她也視若無睹。如果看她一眼，她反而有點不好意思。

別的連，很多阿兵哥晚上都偷溜台南市玩，只有本部連阿兵哥很少敢偷溜去，因為連長說過：「我不禁止你們去台南市，但你們不能被憲兵逮到，有把握跑得比憲兵快，你們就去。憲兵戴著白鋼盔，那麼明顯，你都看不見，就別想去！」萬一跑不過憲兵，怎麼處罰沒說，大家就是不敢去。

砲校受訓半年後，部隊移到善化虎頭碑，此處是有名的風景區，尤其是「虎頭碑湖」，遠近知名，很多遊客到此觀賞。我們是近水樓台，常常在湖畔走走坐坐，三五兵友聊聊天，想想家人。

## 退伍囉

兩年都熬過來了，退伍前一個月可真難熬，時間突然過得特別慢，剩下三十個饅頭，一早吃一個，就少一天，恨不得一下子吃完了，饅頭何辜，恨它什麼呢？有理，尤其在我們歸心似箭的阿兵哥心裡，近乎情緒化心態，饅頭就是日子，不怪日子多，只怪饅頭多，不去記日子多少日，只記饅頭還有多少個，吃它一個就少一個，不管日子，反正饅頭吃完了，一定回家。

「又少一個囉！」早餐後總有幾人吃完饅頭，大小聲叫嚷。只剩七天時，我們忙著整理東西，其實那有什麼東西好整理，零零碎碎東西昨天放進行李包，今天又拿出來看看再放進包裡，一天會重複好幾次，做這無意識動作時，就有確實回家的感覺。

我們只顧著快退伍回家的興奮，我發現部份老戰士卻話少了，笑容少了，默不作聲的吃飯，靜坐樹蔭沉思的卻很多。難怪呀，一批批新人換新人，他們這批舊人離鄉背井，有家歸不得，十幾二十歲當兵，走遍了大江南北，槍林彈雨對陣中，眼看多少袍澤弟兄，血淋淋躺下來，雖然幸運留下命來，但歲月催人老，眼看新兵每一次退伍之歡樂氣氛，想想自己終老異鄉，情何以堪。我們幾個弟兄，訂製一面感謝老長官、老士官旗幟、一座銀牌，寫著大家都看得懂的感謝白話文：「最敬愛的連長、各位前輩士官們：這兩年來，你們教我們打揹包、危險的拆卸卡在砲管的砲彈，你們冒生死自己做，叫我們躲遠遠的，以免萬一爆炸，傷及我們，你們也曾處罰我們，但每一次處罰，我們都感覺得出來，你們都為我們好而處罰我們，很幸運的有你們愛心呵護，讓我們身體比入伍前強壯多了，退伍後面對坎坷、艱難困苦人生旅程，也因你們的教化，會像你們一樣的剛強向前大步的走！雖然離開你們，但會永遠在心裡感謝你們，懷念你們！第十八梯次充員戰士們敬禮」。

惜別歡送晚餐時，我代表即將退伍的弟兄，誠誠懇懇宣讀一次，並說：「連長之一諾千金、觀測官靶場保護我、曾班長不但不怪怨我，還處處關懷我，你們的恩惠一時也說不完…」說得老士官們感動萬分，好捨不得我們離開他們。人都是到離別才後悔，在一起時為什麼不多珍惜一點？

「張廷錦！」打過兩個連、排長，坐完幾次牢，一年多前分配本部連的鄧木山，天不怕地不怕，藏著兩顆子彈，「老子要死也要找一個人做墊背」常常掛在嘴巴，他說：「前幾梯次新兵最無情，回去連一封信都沒寄來過，你這幾個最好！報告連長！我有沒有說錯？」連長跟大夥兒鼓掌認同。

王排長有一次找我，給我一本書，叫我看完後，寫一份「心得報告」，要向上級交差的。後來幾個排長拿我「心得報告」稍為改一改，抄寫下來，也交了差。我之所以每次能「逢凶化吉」，大部份是靠粗糙文筆所賜。長官們知道我半杯醉，今晚要我「乾杯」，盛情難卻，我喝了幾杯，怎麼沒醉？後來才知道王排長怕我醉酒痛苦，那一瓶酒加了白開水，這樣體貼，真是難忘啊！

鄧木山端一杯酒對我說：「我乾了，你隨便罷！」

有一夜我和他同在營房內站衛兵，深夜無聊，就坐曾班長床頭下象棋，把曾班長吵醒，班長說不要下了，我就不敢下。

「不要理他！」鄧木山話一出口，班長翻身坐起，想不到鄧木山一拳向蚊帳打去，曾班長大聲叫起來：「你敢打我！」

全連的人幾乎被吵醒，連長由寢室衝出來：「怎麼啦？」一看是鄧木山，知道這個人不能刺激，只好說：「誰和他下棋？」

「我！」我趕快認了。連長看了一眼：「大家都睡覺啦！明天處理！」第二天曾班長不提，連長也不追究。鄧木山個性暴躁，直腸子，刺激他的話會不顧後果反彈，但人不錯，所以連長放他一馬，我嘛連長不忍心處罰，事情就這樣不了了之。

到退伍那一天，很早就有人起床，小心翼翼的怕吵醒老戰士，可是新兵們也許是早醒了，在等別人先起床，才起床，不然為什麼都偷偷摸摸地起來坐床？你看看我，我看看你，眼睛在打招呼，在等天亮。

幾天前和大家說過，收斂一點回家歡欣鼓舞的表情，才不會刺激老戰士們情緒。起床號響了，包包早打好了，如不是地處偏僻，交通不方便，不然早就自費回家了。吃完最後一個饅頭，軍卡車已經在營門口等我們了，與長官、老戰士話別，提著包包上車，彼此揮舞著手，互道珍重，車子向善化鎮開了，心情有一種說不上來的感觸，就像車子一樣，上下顛簸。

## 回家的感覺真好

回到家真好，什麼都沒想做，媽要我帶她去找啟官伯。他老人家看到我，瞪著大眼端視：「好！好！」老人家又拉我母子到大客廳，對媽說：「冠雄嫂啊！沒看錯妳喔，福氣福氣。」

「依伯你看起來更年輕啦！」媽看啟官伯身體健朗，很欣慰的稱讚老人家。

「老啦！」啟官伯說：「那些同船患難的朋友都走啦，大目夫婦就在內江街開肉包店，那個為廁所爭吵的依彪夫婦，自己有小木造違建房子了，現在一個廁所只他兩人用，不吵了。」我聽了又回憶那時候大家起哄情景，不禁莞爾。我到織布廠看看，兩年前患難朋友已「人去樓空」，睹物思人，深深感傷，「阿彌陀佛」所說甚是，緣起緣滅，緣聚緣散，人世無常啊。

問起瑯弟伯，啟官伯說：「有時間快去看看他，病得很重，病中還問起你們家境。」媽聽說瑯弟伯病重，打斷啟官伯的話：「依伯！以後再來看你！」拉著我就走，還聽啟官伯喃喃讚嘆：「真是知恩的善良人啊！」

「媽！走慢一點！」

「那裡有車坐啊？」媽拉著我急忙的走，很奇怪的是，媽會暈車，每次乘車必吃防暈車口服液，這次卻奇蹟似的，忘了吃也忘了暈車。

轉了三班車，又走一段路，瑯弟伯媳婦看到我們，趕緊出來迎接我們：「我老官一直要我找你們。」媽不理她，自己走前面：「帶我！住那一間房間？」媽啊，妳走在人家前面，人家怎麼帶妳？是妳在帶人家啊。

進房間，瑯弟伯瘦骨嶙峋，眼眶都陷下去，雙腳皮包骨，腳掌腫得像麵包，閉眼躺臥。媽看了快哭出聲來，我低聲嚇唬媽：「不能哭！重病的人，聽到哭聲，會認為自己病很重了，就這樣嚇死了。」這話有用，媽拭拭淚，坐床邊等瑯弟伯醒過來。

「依家！（爸爸）」他媳婦說整天都這樣昏迷不醒：「你看誰來啦？」

瑯弟伯睜眼看我們，兩眼垂淚，媽用手巾拭他淚水，自己已泣不成聲，淚都滴在床舖。瑯弟伯想說什麼，動動嘴唇，沒力氣說出來。他看我一眼，無力的手抬一下又放下去，我知道他想握我的手，趕快去握他的手，這那像手，幾根小骨幹，握得我好辛酸，想起在海峽破船、汕頭市、基隆市請我吃甜粥，彷彿在眼前，卻已是幾年前的事了，時光如果能倒轉，我寧可回到海峽破船上，與老人家共患難，也不願看老人家這樣病狀。本來想讓老人家休息，退出客廳前，媽輕輕拍拍他胸口：「依伯！你會好起來，好好養病…」想不到拍出老人家淚來，我們不不忍心走。回頭一看，我們背後站好多不相識的瑯弟伯兒孫們。

「依家就要『走』了！」老人家的兒子告訴我們：「依家常常唸你們，現在看到你們了，心願了了，依家…」哽咽而說不出話來。嗨！這麼慈善的人，真使我感傷！

## 「馬祖姑娘」

回到武學書局工作，下班就躲在房間寫「馬祖姑娘」，過半夜才睡覺，約一年寫完初稿。

高文整董事長富得不把錢當錢看待，這印刷廠好像不是他的，幾天回來一次，除了電話說完每次重重摔話筒，與總經理他們也沒說幾句，沒見過笑容，從不和我們打招呼什麼的。

有一天董事長臉不大臭，我「向天借膽」，拿著「馬祖姑娘」稿本，到上面董事長辦公室敲門進去，他連頭都沒抬一下，看他的文書，我還沒說完，就說：

「你放著吧！」

我好後悔自己太天真，太欠考慮，內疚難過地走出來。頭幾天還盼望他的回應，等一兩個月都沒消息，也就把他忘了。董事長為人如何不知道，因為少見面，每次見面除了看他坐馬廠長椅子大聲吵電話，還有摔話筒，只聽說他太太很漂亮，本來是他的會計小姐，後來結婚了，其他不知道。

有一天他的車夫給我幾本書，打開包裝，竟然是印好的「馬祖姑娘」，我高興的傻了，忘了謝謝車夫，竟然拿著「馬祖姑娘」愣愣看，封面有一位姑娘背影，兩條長辮子垂直到腰部，赤腳站在海灘，舉著左手，好像面對台灣海峽揮手送情郎，思情郎，遙遠有連綿島嶼，也許是姑娘思君情切，腦海裡幻顯台灣島罷。

翻開後頁，「出版及印行者：『北星出版社』，總經銷武學書局，分銷處：全國各大書局，定價陸元」，上半頁廣告：「本書作者其他著作『花自飄零』，故事曲折扣人心弦，一挨連載完畢，即可出版」記得我沒有寫這一段廣告，後來才知道是永安書社老闆，看中我還在連載的「花自飄零」，自己加上去的廣告。反正他們知道我這無名小卒，能替你出版，已是給足面子，料中你寫書之意不在錢，所以有人為你出版，你風光揚名，「錢途」是要看你的造化了。

我看董事長回來，趕緊謝謝他，他還問我謝什麼，貴人多忘事，突然他想起來了：「馬祖姑娘？聽說銷路不錯！打六折給永安書社經銷，以後賣的錢，他會直接給你。」

放在心裡感恩，反正你謝不謝都一樣，他就是沉默是金的人，趕快離開，別自討沒趣。

## 奪廠風雲

總經理、經理、廠長召集大家，要大家決定，要工作的支持他們，因為高董事長欠他們的債，即使把書局賣了，也不夠還他們的債，這工廠都是他們的資本，要收回來自己經營。怎麼會這樣？沒聽過董事長財務有問題啊。大家一來與董事長沒接觸，二來怕不支持總經理他們奪權，就會失業。幾乎全部支持，準備搬到長安東路營業，大卡車都早準備在廠外等著了，這簡直是帝制時代「宮變」、「篡位」嘛！

董事長匆匆忙忙趕回來，眼看搬運工人正在搬東西：「幹什麼！不要搬！」

「你們搬！」總經理對他們說：「你這幾年虧損累累，這工廠、台中市書局都抵押我們了，還不夠還債。」

「我什麼時候抵押給你們？」總經理他們拿出文書給董事長看：「這可都是你蓋過的印章！」「印章都交你們保管，你們……」董事長氣得說不出話來。我聽出來其中道理，董事長太信任他們了，又不管事，工人連替他說話都沒證據。董事長眼看車子快開了，站在車前頭阻止，使董事長最傷心的還不是「失去江山」，沒有一個「忠臣」仗義執言沒打緊，連自己的「近臣」三輪車伕，都作威作福的叫囂：「你不走開，撞死你！」說著就要上車，開車撞董事長樣子，我們知道他不會開車，但他那種動作，使董事長氣得臉頰慘白，幾乎昏厥。平時威嚴使人聞其車聲都害怕的董事長，今天「眾叛親離」，看在眼裡，為他難過，畢竟他幫助過我出小說。其他技術工人，他們與你毫無感情，在他們心目中，你只不過是一個可怕的人而已。

在長安東路不久，拉不到軍方生意，股東失和，改組後又搬到重慶南路一段。總經理、經理老本虧損累累，做不下去，拉李化同先生進來當總經理。

李總經理人很好，聽說是將官退役下來，單身漢，很體貼工人，很不幸他的退休金也虧空了，我們的薪水都發不出來，但李總經理說：「什麼都可以欠，薪水不能欠，賣一部份鉛字，發薪水。」工人把字架上的鉛字倒下來，其他股東叫罵：「你們造反啦？」

「我負責，」李總經理說：「你們倒罷！」

不久來了兩位警察，原來是其他股東報案：「工人毀損廠房」。

那時候戒嚴時期，政府特別重視工人鬧工潮，管得嚴。莊水龍師傅叫我不要管，怕我被當做匪諜，那是不得了大罪。

「不要緊！」大家怕警察，我有經驗，不怕：「警察先生！我們犯什麼罪？」

「搗毀工廠…」

「老闆叫我們把鉛字倒下來賣，發放薪水，」我理直氣壯說：「聽老闆的話，也犯法啊？」

「你們老闆報案，」警察說：「我…」

我打斷警察的話：「你們可以走了，報案的不是我們老闆，老闆是李化同先生。」

十幾個同事都為我助威：「李總經理是我們老闆，其他我們不認識！」

警察也蠻好：「我們只是來維持治安，只要你們不打架，我們不會管你們的事。」

後來李總經理說，這工廠遲早要關掉，你們外面找得到工作的，我發遣散費給你們，找不到的暫時在這裡工作。我那時候替「永安出版社」寫武俠小說，一集三百元，晚上在「仁德藥校」（台北市分校）讀書，所以就拿了三千多元遣散費，那是半年薪水啊。大家看我要離開，幾乎都願意離開。莊水龍師傅告訴我：「馬廠長他們要繼續經營，叫我留下來幫助他們，我反正也找不到工作，暫時留下來。」

沒幾個月，工廠倒閉了，莊師傅白做了工，也沒拿到遣散費，後悔沒跟我一起走。

不到一年，我路過和平東路，看到高文整董事長，騎著破爛腳踏車，載著一堆衣服，人顯得好蒼老，頭髮白了一大半，倒像董事長父親，怎麼短短一年不到，變化這麼多?想向他打招呼，最後不敢打招呼，不是我無情無義，不是我怕他餘威，是怕他見到我，會不好意思。高董事長之有今天，我看他摔電話筒、獨來獨往個性，潛意識裡早就替他擔心。

聽鄭玉璋告訴我，董事長以前是在衡陽路擺書攤發財，現在他到成衣廠拿衣服，交太太縫紐扣，賺些小錢過日子。如果玉璋的話沒錯，董事長你好可惜啊!你這一跤的確摔得「重」，重得使你心碎，不只「前財盡丟」，而是你不幸遇到人心險惡啊!不過這些人，「僥倖錢失德了（虧）」，因果啊。

## 我「武」出小康來

我比較愛好文學，馬祖姑娘、花自飄零、情人怨、不孝有理、天下有不是父母（星光出版社改書名「子不語新編」）。會墮落去寫「武俠小說」，連我自己都不滿意自己，那完全看在「錢爺」面子，話又說回來，如不是「錢爺」幫忙，那能仁德藥校、中醫學院，這都不稀罕，我最幸運的是蒙中醫學院何甫全教授，私下傾囊把幾十年醫術功力為我「灌頂」加持，使我終身受益。

所以在寫「化解心中壓力」書裡有很真切的描述何教授：「我最敬佩中醫學院『歲老心不老』何甫

全教授，醫術、學問高不可測，但不講究穿著，人又隨和客氣，有些狗眼看人低的商場服務人員，還以為他是撿破爛的糟老頭。我白吃過他幾頓飯，蓋他每次聲明在先，不由他請客就各自回家，每次見面頭一句話就是『有沒有新書？』有一次我請何教授、李明宗等一起吃飯，我很擔心這幾位酒友冒犯他，出乎意料的，他與後生小輩談笑風生，玩得大家也忘了他是長輩，彼此樂得『忘我』而歸…」。

## 梁醫師送我上壘

我這輩子感謝的是「上天」賜我好多恩人，在人生旅途上一直引導我走入佳境或「逢凶化吉」。國防醫學院健康中心梁主任旭輝醫師，幫我開「達安診所」，我說自己學的是中醫，雖然也讀西醫方面書，畢竟不專。他說診所開了，以你的學習精神，容易學會，我教你好了。漳州街三巷四弄住家後面，有一塊空地，是蔡萬春先生的（即國泰保險公司蔡萬才、萬霖的大哥，一九六七年古亭女中擴建，被政府徵收，才搬到萬大路現址），向他買了，又蓋一間二十坪大的木造屋，診所就設在這一間。

那時候中醫師都是一代一代傳下來，皇宮大內的御醫，那個有醫照？沒有什麼執照問題，有能力你就開業，政府也不管。

有一次我在後面吃飯，看到梁醫師與其病患家屬扶著快昏倒的病患到臥室，我趕快跑到前面，給病患打一針零點五西西的「腎上腺素」，好一回兒，病患醒了，慢慢回去，梁醫師說：「私人診所真的不一樣，我們醫學院打葡萄糖打昏了，還輕鬆的叫大家：『你們去看看，連打葡萄糖也會昏倒』，沒當一會事，剛才明明知道沒事，倒也當心萬一，事關己則亂，你處理很好啊！」

好笑的是，第二天那位患者來復診，大牌的教授級醫師他不找，當著梁醫師面要我看診，用閩南語，說前天我打針都好好的，昨天他一定打錯藥。還好梁醫師閩南語不大懂，而且又屬「望徒成龍」型的長輩，不但不生氣，看我用藥、肌肉注射、靜脈注射、吊點滴，都合乎他的要求，反而高興，退在第二線「察我顏、觀我行」。那時候大家窮，孩子發燒先吃寄存家裡「藥包袋」的藥（那時候藥商都把退燒藥、消炎藥、萬金油、止痛丹、紅藥水⋯把這些藥裝在藥包袋裡，幾乎每家寄放一袋，掛在壁板上，一兩個月來查藥包袋，吃多少藥包，收多少錢），都拖延到半夜，燒退不了，才來敲門看診，我的生意特別好，原因是我窮苦過，特別同情窮人，別家看一次病要十五到二十五元，我只收六元；其次不管三更半夜，直到天亮，我都「有求必診」，幾乎二十四小時看診，梁醫師被調往澎湖縣軍醫院服務，我一人天天要面對排長龍病患，累得自己骨瘦如柴，貞有一天很慎重其事對我說：「你能不能少看一些病人，這樣賺再多錢，萬一身體弄壞了，有什麼用？不如專醫痔瘡一科，比較輕鬆一點，不然以價制量，算貴一點，病患就會少下來。」

「貴的話窮人看不起，妳、我也窮苦過，患病沒錢看病，那種煎熬、痛苦，我們感同身受啊。兼看痔瘡可以，不顧那麼多病患不可以！」

不過我還是提高了診療費，第一次提高原因是：漳州街有一家窮同鄉，三代人都是我診治的，三十來歲女兒智障，兩老又那麼老，幾乎隨他便，給多少醫藥費都不打緊，有一次小孫女診治兩天還高燒不退，我叫他到台大醫院看。凌晨老人家猛敲我的門，說孫女病情嚴重，怪我下錯藥，要我到台大醫院告訴大夫，到底給什麼藥？我趕到台大，告訴大夫我下什麼藥。

「是腸傷寒傳染病，」大夫說：「馬上要送『隔離病房』，與你無關。」我生氣他無情，幫他家那麼久，一點都不念情，當然我不至於氣到：「救虫不可救人」程度，但把醫藥費提高到十元。

第二次提高醫藥費原因，是個單身老人，他從醫院拿回來的治糖尿病胰島素藥水，由我替他每天注射一次，算五毛錢。都幾天給我一次錢，後來好幾天沒拿藥水來注射，叫貞去他家看看老人家怎麼啦。果然他病得不輕，家裡又沒有開水，貞還燒開水給他，弄食物給他吃，我到他家看診，送藥，一毛錢都沒拿他。他的病好了，又找我注射胰島素。他給我一張五元，以前欠四塊注射費，我正忙看診，忘了找他五角，請他先回去，他竟然說一句差點氣死我的話：「你還沒找我五毛錢！」前幾天特別到你家看診送藥，貞送開水、食物，都沒說一句錢，你都認為我欠你啊！就為著五毛錢，等我找錢？

氣得第二天關門不營業，帶媽、貞去玩。回來鄰居告訴我，好多人來看病，「你到那裡去呀？」禍延無辜，心有戚戚焉。

## 劉警員建議我當「司法黃牛」

泉州街派出所兩位警察，到林婦產科要六千元，不給的話，為人墮胎就移送法辦（那時墮胎是違法的），林醫師向警察局自首，並把警察貪瀆要脅供出，經督察室移送地檢處，由王振興檢察官偵辦。被告的劉警員託好多關係，每一個人都告訴他，你運氣實在太背，這位王檢察官不打麻將、不交際應酬、剛直無比，沒辦法「勾通」。

我的管區警員傅春生告訴他，去找張大夫看看，他也許能替你說說情。劉警員把家境告訴我，請王檢察官法外開恩。

我到王先生家，他抱著孩子，請我坐。把來意說了：「有六個兒女，家庭負擔重，這個案能不能有個警戒性的懲罰……」

「他膽子太大！」王先生說：「到診所去拿錢，因為是警察局督察室移送過來，證據確鑿，……」他翻六法全書給我看，並且解釋給我聽，「刑責很重，我能幫忙的有兩方面，一是調查庭完了，不收押，也不要法警帶他去找保證人。因為有的法警會要茶水錢，這個嘛就省些錢，二是我一定要起訴，假如他被判無罪，我就不再上訴。」

劉警員第二次找我時，帶一大堆禮物，我告訴他，王檢察官不會收的，要送你自己去送。貪婪的人，相信別人與他一樣貪婪，不會不收。結果王檢察官斥責他：「你這樣的話，我就當庭收押你，拿回去罷！」

他把禮物轉送我，我叫他帶回去，他幾乎要向我跪下，哭喪著臉說：「你如果不收下，我寧可去坐牢！」大概看我惻隱之心溢於臉上，放著就溜了。

後來不知道他怎麼「活動」，被判無罪，另一位則判三年。我看了他的判決書，無罪的原因是因為他沒有到醫院裡面去，不知道同事向醫師要錢的事，我告訴王先生：「他沒進醫院，不知道同事向醫師要錢的事。」王先生笑笑說：「法官筆下超生，他神通廣大啊！」

他被懲罰性的調到花蓮縣那一邊服務前，來謝我：「張大夫，你有這麼好的機會，應當利用這層關係，那可比你當大夫好幾十倍！」他唆使我當「司法黃牛」。他逃過一次牢獄之災，盼他以後自求多福，不過臨別他還要我當司法黃牛看來，我還真為他六個兒女擔心啊。

## 訪阿嬸娘家

山口五十西西機車，在民國五十年（一九六一）左右，還算很稀罕，我常常趁假期，載媽到內江街大目哥店玩，瑯弟伯、啟官伯都往生好幾年了，看看他們後代，都很美滿，好人有好報，感恩他們先人，也替他們高興。媽會暈車，機車她倒不暈，找空載媽要去的地方玩，媽是很知足的人，人家誇讚她「妳真是好命人啊，孩子當醫生，賺大錢啦，孫子好可愛喔！」媽都「嘴笑目笑」高興得不得了。

「媽呀！」我對媽說：「怎麼抽屜的錢，都沒少啊，那是給妳用的，買好吃的吃，買漂亮衣服穿，妳用多少，我就會再放多少，用不完的，妳盡量用。」

「有錢要想沒錢時啊，不要亂花錢。」

有一天媽竟然帶著長孫守華，坐三輪車會去西寧北路，中央市場依嬸娘家。依嬸大哥向來不理人，爸爸以前帶我去過一次，他不理我們，我為爸抱屈，何必來此受人輕視？後來我就沒去過，因為我天生見富貴人家，就會自卑得不得了，坐也不是，站也不是，說也不是，不說也不是，真難受啊。我和我喜歡的人玩，多自由自在，何苦看人家臉色？

依嬸的大嫂，人蠻隨和，同依嬸感情好，知道自己丈夫脾氣，都會告訴人家：「你們就當沒看見他」。話雖說得沒錯，明明在妳面前，怎麼當沒有這個人存在？媽去很久沒回來，我不放心，騎機車去找媽。一樓是水果行，我從樓梯上去，依嬸的大哥從上面下來，我就當沒看見，不理他，他看都不看我擦身而過。到二樓佣人告訴我，人都在三樓，又從樓梯上去，守華爸呀爸的跑向我，媽、依嬸、大嫂在聊天。

「舅媽！」我這一次叫得很順口，可能不像以前太窮，怕人家誤會我攀親借款，才尷尷尬尬的不自在，今天我踏實多了，這一叫，舅媽好高興，叫佣人上水果，拉我坐沙發。

「阿嬸！妳好嗎？」

「還好，」依嬸溫溫婉婉地回答我：「你要多吃一點，太瘦一點。」

「他不是吃少，」媽說：「忙呀！睡不夠。」

聊一會兒，我要帶媽回家，佣人說「老頭家」（主人）他已在菜館叫了菜，待會兒他也會回來吃飯。不久舅父回來了，沒理我們，到房間去，聽他講電話：「怎麼菜還沒送來？快一點！」

吃飯中，他給我斟一杯酒，我就端著說：「阿舅！舅媽！阿嬸！我敬你們！」舅父一口喝乾了，吃他的，不講什麼話。我當他不在，就和舅媽、依嬸、媽媽，大家邊吃邊聊，倒蠻愉快。

我以福州話問媽意思，我客套話請依嬸回家，妳會怪我嗎？媽倒蠻懂道理，說都這麼久了，依嬸也照顧你「依家」（阿爸）那麼多年，請依嬸回家住，大家擠一點就是了。

我就對依嬸說：「媽媽要妳回家住。」

「那不可以！」舅媽大聲叫起來：「我沒人作伴怎麼可以？」

「等以後你大賺錢，」依嬸說：「買了大房子，再回去好了。」

我們告辭回家，走到一樓，佣人把包裝好了一大盒水果交給我，說：「老頭家交代，送你們！」我本想上樓去謝謝他，舅媽說話了：「他這個人呀你們不要理他，以後常一點來，就當沒看到，改不過來，臭脾氣，不理他。」

## 我對房子情有獨鍾

我喜歡買房子，民國五十年至六十多年，買了就賺錢。我先買漳州街一〇四巷二號、四號兩間木造屋，共八千多元，次男志強（守明）、三男守安在這裡出生。又買漳州街廿四號，么女淑芳在這裡生的。

民國五十六年古亭女中擴建，被政府徵收，把配到的南機場公寓，賣六萬元，加上被徵收土地補償費兩萬元，貸款七萬元，買萬大路現址三樓，爸、媽、三弟、四弟先搬過來住。

建築商陳健治先生要我連二樓也買了，我說沒那麼多現金，他對我特別寬容，自備款九萬五，可以慢慢付，不限時間。我登報出租，四萬押金，一年免房租費。劉先生租滿一年，我把漳州街24號賣了，西螺詹合姊大女兒高淑芬來台北市玩，知道還少三萬元自備款，她說：

「姨丈免煩惱，我回西螺告訴阿母，馬上寄來！」真的三四天錢就寄來，在西螺讀書時，合姊很看重我，那時大家族，輪不到合姊當家作主，都是趁下田工作，偷偷回娘家，給岳母些許錢、青菜水果什麼的，就騎腳踏車回去了。

二樓的房子可以說「恩情」買的。五十七年我搬遷過來，就不看內科了，衛生局辦理遷移時，在表格專長欄填寫「痔瘡」，以後就專治痔瘡，因為交通方便，自己也蠻用心治療，營業蒸蒸日上，養家活口不成問題。

我又買新莊市中港路一層房子、中和市圓山路一層房子、康定路電影街附近一間套房、中華路衡陽路一個商業攤位（雖是攤位，卻花八十幾萬買的）、長泰街一層房子。我之所以愛房子，實在住怕幾戶人擠在一起，借住三重埔閣樓上，頭會碰到屋頂瓦片，西園路那小屋子，要低頭才不會碰到矮屋簷，人家知道國祥叔轉讓給我們住，還不肯呢。這都使我偏愛買房子的主因。另一個想法是，台灣人口一年一年會增加，但土地就這麼小，不會多出來，房子一定會「水漲船高」跟著貴。人算不如天算，土地雖然不增多，房屋卻向天空「高」上去，二三十樓一個社區，卻住了一兩千戶人，更意外的是，年輕一代連孩子都懶得生，致使房屋「供過於求」，年屆古稀，回憶過去，很多事情都看走眼了，「錯誤」也是人生一部份，不是嗎？

特別慎重告訴貞：「我們窮苦過，現在很多親友被我們趕上，不如我們的親友，來我們家時，要特別對他們有禮貌，才不會讓人家難堪⋯」

「知道啦！」貞變得很有自信：「有沒有人說我對來客不好？」

「沒有！我以前到有錢親友家，都很不自在，是我怕妳不小心傷了人家心，知道妳不會那樣，只是提醒一下。」

去年（二〇〇〇）雅容外甥女從福州來訪，她說：「表哥表弟住的房子，都比舅舅大，漂亮，車子也大⋯」

「妳大表哥守華是中醫師，大表嫂也在上班，只有兩個女兒，花不了多少錢，高收入高享受。二表哥守明台大研究所畢業，與二表嫂林秀珍都在ｘｘ科學院任職，也算是高收入。三表弟守安長庚醫院骨科外科醫師，三表弟婦是眼科主任級醫師。小表妹美國紐約大學碩士，現在Nuskin夏威夷級藍鑽主任，表妹夫大學教書，他們房子、車子比舅舅好，但他們不如妳舅舅有錢…」

「舅舅比他們有錢啊？」

「當然舅舅比他們有錢，」我對雅容外生女說：「他們賺得多，繳貸款錢也多，花費也多。賺二十萬，花二十萬，和賺三萬，花一萬多，那一個有錢?舅舅沒有貸款了，不欠人家錢，所以舅舅賺得少，花得更少，所以舅舅比他們有錢嘛！」

「喔?」雅容似懂非懂。

「舅舅告訴妳，」我逗雅容：「四個表哥表弟、妹啊，欠一個人好多好多債，還不完的！」

「那個債主要討債的話，那怎麼辦?」

「債主上輩子欠他們的，不會討債！」雅容聽得愣頭愣腦的，問我債主是不是舅舅的朋友?我告訴她：「債主就在妳面前啊！」

「舅舅最愛說笑話！」雅容說：「爸爸交代我，舅舅老了，賺錢不容易，去台灣別讓舅舅多花錢。」

「舅舅七十歲了，這幾年景氣不好，病患都有健保，到大醫院去開刀免費，收入少很多，所以沒辦法幫妳們忙。」

「舅舅不要這樣講，我們沒給舅舅錢，都不好意思了，舅舅以前給那麼多錢。一二十年前你寄給爸爸一萬塊人民幣，我分到兩千元，我一輩子都沒摸過兩千元，高興傻了。舅舅幫我們太多了，只要舅舅，舅媽身體健康，我們就高興了。」

## 飛車「非美人」

我四十來歲常常騎一百五十CC偉士牌機車載貞回西螺探親，由台北到西螺，要花六個多鐘頭，縱貫公路車少，偉士牌車好是好，但燈頭不大亮，晚上如果遇到一輛汽車，好高興跟在車後面，借它的光緊跟著，不多久又被跑掉了，只好慢下速度，開快的話，燈暗加山路彎來彎去，不慢很可能掉山坡下，不多久又會碰到車輛，再借光跟著跑，一路忽暗忽亮，忽快忽慢，一趟路總要借好幾輛車光，好幾次繞山、彎路、與貞獨行黑暗山路，樂此不疲。

我大舅子發成兄，臺電技術人員，常常輪調各地服務所，母子住一起，也跟著到處住，如苗栗市、通宵鎮、苑裡、銅鑼鄉、新屋鄉。我倆一年一定會去好幾次，探望岳母她老人家，由結婚起，除了每月初一日固定寄錢孝敬岳母，由五十元寄起，到幾千元，探望送禮送錢就更當然了。窮困那時候，貞說：

「慢幾天寄錢，家裡錢不多。」我說先寄去，自己省點用，幾十年，沒有過「初一」才寄錢的。岳母老年多病，寄藥寄錢寄得她老人家感慨地對鄰居說：「我如果沒有台北子婿常常寄錢來，早就死了。」此話傳到媳婦耳朵，得罪了媳婦。

有一次我在岳母臥房，告訴岳母：「阿母，你不可以這樣講，我、素貞再好，幾個月才來看妳一次，阿嫂天天煮三頓飯給妳吃，不能這樣說。」

「她煮那個什麼菜！能吃啊，不是太鹹就是太淡。」

「阿母！」我的話岳母會聽從：「妳要對阿嫂說：『妳煮的菜真好吃』，她歡喜了，就會煮好吃的給妳吃啊！」

「真的不好吃，怎麼說好吃？」民間說「老人孩子性」，老岳母真可愛。我說：「阿母，妳聽我的話，勉強誇讚三四次看看，阿嫂如果還弄不好吃的給妳吃，」我哄她：「我叫八個女婿回來罵阿嫂！」老人家笑得好開心：「你一個給她講就夠了，她還幾分怕你。」阿嫂之所以尊重我，因為我最關心他們家啊。

我倆由西螺回家，又到通宵鎮找岳母，看岳母難得高興的臉，我說：「阿母，這兩天的菜好吃嘛？」

「有啦！我說謊，不好吃也說好吃，她傻傻啊，還以為真的好吃，現在才真的好吃啦！」每次我倆要回家，每次都看老人家淚水送別，每次心裡難過。每次都小心翼翼地對阿嫂說：

「阿嫂，阿母多病，還好阿嫂照顧得好，只是阿嫂甘苦了！」

「這是應該啦，」阿嫂說：「姑丈、姑啊你們有空再來玩。」

我的大舅子憨厚得不得了，很少對岳母說說好聽話，看到我們去，第一句話就是：「你怎麼有空來？家裡叫誰顧啊？」天生老實人，貞好幾次都想說說他，不該不管老婆，對阿母要好一點，都被我阻下來：「妳別害妳哥哥，他的個性妳不是不知道，弄得兩夫婦傷感情，妳當小姑的，不要管啦！」我這輩子最喜歡自己的是，我讓父親、媽、岳母，晚年都不缺錢，都得到我真心「反哺」照顧，沒有辜負三老養育、疼愛之恩。

## 金龜車是「整我車」

四十三歲買一輛中古金龜車，六萬元。看了廣告，找到雙園街機車行，老闆說車子雖然十一年了，但性能很好，我是急性子的人，外表蠻新，買了，自己開回來，這是我第二次開車，四個輪子，不會翻覆，路大又沒什麼車，慢慢開到家，好高興，叫貞、守華、守明上車「嚐鮮」，逛沒多久，車子不動了，記得當兵時，看過阿兵哥推車子，就叫貞他們下去推車，一定推得很累很累，要不然不會二十多年後的現在，孩子們還記得：「頭一次坐爸爸車子，就推車！喘死了！」

老闆說車沒壞，他開回去，半天後又開來了。我又叫小孩坐車，沒人敢坐，大概怕又要推車。三天後又不動了。老闆還是說車沒壞，開回去，第二天開來，說保養保養就好了。保養回來幾天又要保養，一位我的病患幫我看一看，說這車的電池只有六伏特，應該要用十二伏特電池。老闆說再補貼一點錢，換一個新電池。

一個多月後，我開熟了，請媽上車去兜風，媽上車坐都沒坐好，也還沒開車，媽就暈車了。我不讓媽下車：「媽不要怕，放輕鬆，雙手不要抓那麼緊！」媽臉色白白的，趕快扶她下車。

載貞、孩子們去基隆市玩，這車子開起來，它「渾身」像交響樂團一樣，有各種不同的聲音，就是喇叭常常按不響，在碼頭邊看到兩個警察，它卻響個不停，我是無照駕駛，怕被開罰單，急得趕快停車，伏身車底，把喇叭線拉斷，警察遠遠看我一眼，心裡就嚇一跳，看兩三次，就被嚇兩三跳。

有一次要去通宵鎮，貞很擔心的說：「那麼遠，沒問題嗎？」

結果到竹北車子不動了，路邊剛好有一家汽車修理廠，修車師傅車蓋才掀起來，叫得好大聲：「你這車子沒有引擎嘛！」我也很納悶，看過老戰士修理車過，車頭蓋掀開，一大堆機器，我這車怎麼沒有機器？休息後，沒修理，發動發動，車子卻動了。

到通霄鎮，岳母鄰居以「看得起」眼光看我，羨慕岳母有「有車」階級的女婿，賓主皆風光啊那時候。

岳母常常臥床，不是中風，是人胖體重，膝蓋承受不了，我到房間找她，看到我就流淚，「阿母！妳那裡不舒服，我帶妳去看。」

「醫生也中風了，他說：『阿婆！沒辦法替你看病了。』醫生也會病，奇怪。」

「沒要緊，換一家看。」

鄰居有一個從台北回來的汽車修理師傅，我請他看看車子，他卻去開後面行李箱，我正想問他看車屁股幹什麼，突然看到引擎，原來引擎放在後面。他說要換一個零件，但這種車少人用，都是醫生、律師用，零件不容易買，要到原廠買，他幫我弄弄，囑咐回台北趕快修理。

沒時間去駕訓班學習，有空就到駕訓班練習，一小時一百元。有一天萬大路西藏路口，遇到三位交警，一位騎機車追我，我不停車，開到家門前等他，之所以沒停車，台川公司董事長陳嘉南老弟曾說：「碰到警察，行照裡放一百元，他們錢收了，行照還你，不會開紅單。」我想有三個警察不好講話，所以先到家再說。

「你怎麼開那麼快？」警察說：「我都追不到！」

「我沒駕照！」

「沒駕照可以講啊！」看過我的身分證學歷欄寫中醫學院畢業：「喔你還高學歷！」（那時候身分證都記載學、經歷）。

我說：「你們三個人，不好講。」

「三個人也可以講啊！」他很客氣對我說：「行照我拿了，今天晚上到中山北路交通隊，找廿一號『許』就可以。」

陳老弟告訴我，給五百元就沒事。我到交通隊二樓，正在找那位警察，結果他先認出我，請我坐、上飲料：「我去拿行照還給你，你等一等。」

這錢怎麼給呢?桌面放一包香煙，我把鈔票捲一捲，塞入煙包裡，許警員拿行照給我：「不好意思……」

「小小抽煙錢，」我低聲說：「放在煙包裡面。」

「有人看到嗎?」

「沒有。」

許警員手搭我肩膀，情同老友，下樓後，他叫一輛計程車，同時車資也給司機了，再囑咐我：「台北市南區都是我們管的，以後如果被警察臨檢到，你就說廿一號『許』是我朋友，叫他把行照交給我，就不用花錢了。」

一個禮拜後，在東園街，車後兩位騎機車的警察追我，我停路旁：「我沒駕照，這行照你交給廿一號許先生。」

「他是你的朋友嗎？」

「不是。」

又到交通隊，許警員看到我，第一句就是：「張大夫，為什麼不說我是你朋友？」

「我想經過一禮拜，你忘記啦，我說是你朋友，你說不是你朋友，那多難為情？」

「我不會忘記你的啦！這樣罷，他兩個人，給他們三百塊好了。」代收了錢，準備叫計程車。

「不用啦！」我說：「我開車來的。」許警員笑送我開車走了，南區既然是你管區，以後我就在南區開車玩。

## 華兒（守謙）中醫特考「名列前茅」

守華由營橋國小、萬中、附中、中原理工學院機械系畢業。服完預官役後，我建議他讀中醫，繼承我衣缽。寶貝兒子口才一流，他對我說起道理來了：「爸你是白手起家的，現在功成名就，多有成就感。我如果當中醫師，基礎都是爸你替我打好的，我再怎麼成就，人家都會說我是靠爸背景，不會覺得有成就感…」

考進「中頂工程公司」，後到金山核能發電廠工作。待遇還不錯，聽媳婦說，整個辦公處那麼多人，一人一張辦公桌，沒人說話，靜得連一根針掉在地上，都會聽得到聲音，守華坐在大冷氣機前，凍得常常生小病。一年左右，想法不一樣了，發現早去晚歸，上班一個月的收入，還沒老爸治療兩三位痔瘡患者多，冷氣冷得他實在受不了，告訴我，他要讀中醫，長這麼大了，不能再靠老爸，找到一個高中，當兼任教師。

我說：「這樣不容易考上，辭職，專心讀。」

「這樣我家庭生活費⋯」

「大概多少？」

「房租不算，一萬八。」

這孩子聰慧，日夜苦讀，讀得瘦瘦弱弱的，我三弟婦叫嚷：「哥哥啊！守華身體讀壞啦，不能勉強他啊！」天地良心，這次可是他自己選擇的，我可沒逼迫他。

檢定考很快過關了。接著準備特考。

特考前幾天，貞去找「後門」，我不反對，只要兒子能拿到中醫師執照，花一點「後門」錢也是應該的。

考試前一天，我問貞，妳都打點好啦？到過那裡叫「鬼推磨」？到底管不管用？

「放心！我是先打通關節，說好了，也答應我了，」成功的男人，背後都有一位賢內助，貞真是當之無愧，「龍山寺的觀世音菩薩、文昌帝君、民權東路的恩主公、迪化街城隍爺、⋯都請祂們保佑，考上了再來謝！擲茭都是『應茭』（答應了）。」（註：我前面所說的「後門」，是指向各廟寺神明燒香許願，非指向考官行賄，請勿誤會）台灣連當神明都沒得閒，賭鬼、色情業、簽六合彩、各種學校考試、連考中醫都找來了。有的輸得傾家蕩產，連神像的手腳都被砍斷，真是「神不了生」啊！

一早就開車送到木柵考場，守華進場後，該我忙了。人參湯、腸胃藥（中途不能腹痛瀉肚子）、薄荷油、針筒、點滴輸送管、綜合維他命B群注射液，一一點一遍，擺好，什麼狀況用什麼藥，看他瘦弱不堪，真擔心昏倒考場。上午兩堂考完，車內開冷氣，午餐後，躺著休息，順便吊一瓶五百C.C.葡萄糖加五C.C.B群維他命。兩天考完了，問一下考情。他說：「爸，都有寫，對不對就難講了。」想想你才讀一年多，考不上也不能怪你，有的人考七八次才考上，更有一輩子都沒考上的呢。

放榜日，一早就載貞、華兒、珠瑛，去看榜。一大堆人擠著看，我料定他考不上，從低分的榜尾逆向看，人家眼睛尖，「爸！有啦！」什麼有啦，我沒看到就不算「有」。

怕沒考中的人傷心，他低聲告訴我：「第四名！」我還是擠近一點看，嘿！果然有せ。我這次之高興，可與日本投降時之高興媲美。開起車來，飄飄欲仙，貞坐後座，低聲對華兒說：「幫阿爸看馬路！」

「我有照駕駛！怕什麼？」

「不是啦！」貞說：「不是講你不會開啦，怕行人亂亂闖啦！」

貞護夫始終如一，我對了當然對，我錯了，還是對，有妻如貞，「夫」復何求？一到家，長串鞭炮點了，這是我家第二次放鞭炮。第一次放鞭炮，是我考三次才考到駕照，孩子們高興能環島去玩，為我放的，想起來那次鞭炮放得實在不光彩。這次一、二、三名都在南台灣，北台灣華兒等於第一名，憑「名份」，就在他家客廳開中醫檢、特考補習班，兩三期賺了百萬元，做開診所本錢，華兒沒有誤人子弟，好幾個學生，陸陸續續考上中醫師執照。

## 爸「偷渡」福州探親

民國六十九年（一九八〇），大陸已經開放探親，台灣還沒開放出國觀光旅遊，唐老鄉「出入境管理處」有親友，花台幣一千五百元，唐老鄉替我找香港假親戚，包辦赴港再轉往家鄉探親。我特別多給唐老鄉五百元，請他交代香港那邊的親人，一定要到站接送照顧，七十一歲的爸，身體雖然硬朗，畢竟初次出遠門，我不放心。爸由香港乘火車，卅二小時後到達福州，又興奮又害怕。在台有親屬的，都被歸入「黑五類」，聽說有一位台灣情報單位退下來的老先生，探完親坐上回家的飛機上了，在跑道準備起飛，心想安全了，卻不料被查出身份，擴音器叫他下飛機，嚇得兩腳都走不動，臉色慘白，空服員叫車子趕快來，把他抬上車，鳴笛急駛到航空站，航醫邊診察，有人同時查他身份：「你是台灣回來的？」

「是啊！」老先生驚嚇的脫口說：「我沒做對不起國家的事，我會不會死？」

「不會死啦，但你是台胞身份，所以⋯」

「怎麼樣？」老先生嚇得尿都快失禁了。

「你可以買半票，我們要退一半錢給你。」

老先生回台後，說那半價機票差一點買了他的老命。

老爸探親回台，半個月後下巴之僵硬、酸痛才好了。爸福州回台談「福州」：

老爸才出福州火車站，就被一大堆親戚熱情簇擁，沒有一個熟面孔，有南通鄉「潘厝邊」上來的表弟家人、「東厝街」廷原堂哥的家人，神魂未定，被他們接到鄉下，住潘增德表弟家，舅父舅媽、還有幾個表弟的堂叔、伯們，都是舊識但不「認職」他們，因為幾十年沒見過面，一二十歲離開他們來台，除了民國三十五年（一九四六），匆促回家一次，又過三十六年再回來，現在大家都七老八老，說出名字當然認識，就連想到那時候種種往事。不過他們認識老爸，因為在台灣的只有一個親戚，所以一說台灣回來的，不用說不用猜，鐵定是老爸。

舅父他們族人，及「盧下鄉」姑媽家，那時候都比我家富裕好多好多，改朝換代以後，田園家當都收歸國有，大家生活「平均」了，舅父一月領政府五元人民幣零用錢，有一位親族由「單位」退休，月領八十元人民幣。增德表弟帶爸去看，為爸準備的房間，爸感動得幾乎淚灑當場，房間裡供著爸、媽放大的相片，相框繞著紅彩飾，表示供「活人」。還有這幾年寄回去的信都與水果，擺在案桌上。

晚餐吃得很熱鬧，認識的、不認識的、非親非故的，圍著看爸喝老酒、吃飯，這些人都在等爸，探聽在台灣的親人。大家七嘴八舌的問，有幾個在台北市，爸告訴他們情況，晚了，爸也累了，增德表弟請他們回去，讓爸睡覺。

爸第二天很早醒來，想趁早回廷宅村自己家看看，門打開，門外排好長一條長龍陣，有遠從他鄉外里，半夜提燈籠來的，手裡拿著信，託老爸轉交台灣親人的，有的只有姓名地址年齡，幾年去台灣的紙條。爸也帶一堆台灣親友的信件回去，有的當場就交給他們，同時還要親口報告在台情況給他們聽。幾天下來，老爸腦袋也胡塗了，那一張信是那一個的，那一個人交代什麼話，都搞混了。嘴巴也酸了，人也累了。

胞兄、嫂（冠儒伯父、母）皆逝世很久，廷興堂弟落戶江西，冠時伯家、廷常堂哥家、廷自堂哥家、廷鑾堂哥家…凡爸認識的都「過去」了，景物依舊，相識全為鬼，悲喜交集。

福州市爸的舅母仍健在，六個表弟（我的表叔們），記得小時候片斷記憶。我的胞妹此時還沒找到。

爸有一天到福州市中亭街吃早點，那豆漿簡直是混水，吃得不禁說：「老闆啊，你這豆漿有沒有濃一點的？」

「老兄啊！」老闆說：「以前那有這樣豆漿喝？現在才准我們賣，夠好了。」老爸告訴我們，燒餅硬得像石頭，油條像棍棒，不知道回鍋幾次了，但人家滿意得很，說比人民公社「吃大鍋飯」好多了。

有一封信，還有錢，是朋友託爸親手交其家人，他老婆一聽說是台灣回來的，嚇得說：「你不要走過來！」她因為丈夫在台灣，被當黑五類，給紅衛兵鬥怕了，腦袋裡「餘悸猶存」。鄰居好說歹說，現在開放了，「妳已經變紅五類啦！」才拿了信、錢。

爸回台灣，很少說話，因為下巴還僵化酸痛，一直在弄帶回來那堆紙條，是誰的紙條，一想起來，趕快在紙上做記錄。

有一個「講評話」（類似說故事藝人）的老鄉告訴我：「火車上你老爸如果沒碰到我，會餓死！光吃白飯澆醬油！我去弄菜給他…」老爸胃口好，只要一杯茶水，一碗白飯，他就吃得津津有味，只是他一生為人，不願意麻煩人家，尤其是七十歲開始「吃素」，不像有人要專碗、專筷、專鍋專用。有次我、貞陪爸遊錦秀河山三十五天，與大家一塊吃飯，挑肉邊菜吃，絕不麻煩人弄一份素食，一團遊客都不知道老爸素食。

帶回鄉的衣服，戒指等東西，本想分給那一家都記得好好的，結果誰瓜分了也不知道，伯父獨子廷興堂弟夫婦，幾天後才由江西回來，沒東西可給，給現金。「台胞」即「富貴」；「富貴」即「台胞」，有「富貴」的親叔叔，別人可以少給，我是你哥哥的兒子，一定要多給。帶老爸去逛街，老爸思念哥哥，更珍惜這個惟一的侄子，難得他帶去逛街，這份孝心，越想越感動。

「依叔！」廷興說：「到那一家布店看看！」

「布店有什麼好看的？」爸與我一樣不喜歡逛百貨店。

「剪幾塊布料給萍萍做衣服！」老爸想想也應該，叫他們自己去挑選。這那是買布做衣服？整匹整匹拿，簡直拿回去開布店。店老闆高興得不得了，老爸以台灣「價值」評估，怕要一兩萬元，結果只有七百多元人民幣（以那時候月薪五十元至一百元，差不多一年薪水），看侄子他倆那麼高興，自己也蠻舒坦。

又帶皮革店買鞋子，爸打趣的說：「你拿這麼多不會太重啊？」

要這個要那個，這都不打緊，最後一句話惹爸生氣了，罵他：「叔叔這手戴的錶，你也想要，這是你廷銘弟給我的，有紀念性的，叔叔這麼老了，見面到現在，也沒問過叔叔身體好不好，只顧著要東西⋯」罵歸罵，自己的侄兒，教他做人道理，罵裡有親情溫馨。

「叔叔再多些錢給你，」爸對四十幾歲的廷興堂弟說：「叔叔老了，這都是你哥哥弟弟給叔叔用的，家鄉東西便宜，夠你吃用一兩年，不要賭博！」

聽爸說廷興這段經過，不甚唏噓，回憶我七、八歲至十六歲離家前，廷興堂弟在伯父母呵護下，過著多麼愜意的童年，想不到會到江西「勞改」、落戶？未「蓋棺」還真的不能論定呢。

我們的政府蠻關心由大陸探親回台的人，情治單位派員來訪問，管區警員定時慰問，最後怕老人家身體不堪旅途奔勞，請爸在寶島內「休養三年」，休養期間，務必「道人之短」，勿長他人威風，損自己志氣。

## 西遊記

三年「養精蓄銳」過了，爸七十四歲時（一九八三），我、貞、貞的朋友陳太太，和爸參加旅行團，赴美觀光。坐華航班機飛日本，再轉機直飛美國西雅圖，初次到達「番邦地界」，蠻稀奇的。印象中，凡美國人即富貴人，在台美國阿兵哥，那把錢當錢用？中山北路吧女，專供美兵左擁右抱，不但貴得花不起，就是有錢，矮人一等國民，吧女還瞧不起你呢，陪你玩，多失身份。這富貴的美國人，怎麼有流浪漢，在垃圾桶裡撿罐頭喝起來？更使我納悶的是，還有「美人」拉觀光三輪車，五十一歲的我很好奇、挑皮，非坐它十分鐘不可，還拍張相留念。

四人在舊金山逛夜景，躺臥街地三個黑巨人，其中一個突然翻身起來追我們，我緩慢步伐，讓爸他們先走，老爸護子心切，叫貞、陳太太先走，她兩個走一步回頭看一下，那黑人肩膀比我頭還高，手長腳長，渾身黑漆漆，一口牙齒特別白，我下了對策：「打不還手」，採取「挨打帶跑」戰略，以免激怒其他兩人起來，好漢不吃眼前虧，對爸低聲說（低聲幹什麼，黑人又不懂國語，一定嚇慌了）：「爸！

你走前兩步！我來挨一挨，前面那邊就有很多人…」忽聽黑人步子聲近身，一手搥我右肩膀，國術陳開珊師父說過，四兩撥千斤，以軟接硬。說時遲那時快，肩膀一受搥碰，上半身放鬆、軟綿綿肩膀向前一撇，閃掉，大概黑人用力太猛，打空了，步伐不穩，差點摔倒，此時我如果趁其不穩，一招「順風推牆」，他必四腳朝天，這會惹禍，不可造次。黑人又伸手抓我右手，一招「泥鰍轉身」摔開。

四十八歲的貞回頭一看，「我安（夫）你也敢打！」返身「拔刀相助」，老爸一聲吼叫：「妳還不跑！」爸怕貞受累挨揍。

「你這麼老，我跑了，你們兩個我放心啊！」比爸的聲音更大，兇爸。爸嚴歸嚴，畢竟是講理的人，聽貞兇中帶著關懷，也很窩心。

黑人傻愣愣的站住，不知是被我「功夫」嚇住，還是被貞「河東獅吼」嚇住。黑人傻愣愣站住，「大小聲」叫（罵？）什麼，聽不懂。記得小時候媽告訴我，面對兇狗，不要跑，所以我拉著爸慢慢走，表示我們四人都有中國功夫，不怕他，就這樣輕鬆的「逢凶化吉」了。如果在台灣的話，我與「大鼻子」（不知道那一國人）有「過招」經驗。四十幾歲時，在台北市植物園「博愛亭」早操場，有兩個人高馬大的白人，看我與朋友練武，他老外還會說幾句國語，說是向我請教，其實是向我挑戰，我右手屈伸，叫他也用右手扳我右手，他看我只有他胸部高，瘦瘦的，瞧不起我，還很好心叫我站穩，怕我摔跤，他用小力扳我手，扳不動，慢慢力道越來越大，還是扳不過去，他的臉色由紅轉白，我就讓他扳到右邊，叫他用雙手壓制，等他整個身體力量都投入，我馬步一蹲一挺，整個人把他轉一圈，他重心失衡，人幾乎跌倒，突然我身後一陣掌聲、叫好聲：「呵！和史豔文一樣！」（那時轟動台灣的布袋戲男主角）我回頭一看，什麼時候背後圍二三十人觀眾，另一個搖搖頭，似乎讚賞似乎不信，笑著伸手過來，我馬步站穩，叫他雙手貼我胸部，用力推倒我，他真的好心，怕我被推倒，用很輕的力量推，推不動，加到最大力量，仍然推不動。又是一陣掌聲想起。

我叫他像我一樣站穩，換我推他。他很有自信，我一招「隔山打虎」，氣沉單田，前馬進後馬跟，瞬間震勁推去！看他後仰快倒下去，順手拉一把，自身閃躲，他已到我身後，我又帶一下，讓他站穩。看得大家稱讚不已。不過第二天被師父罵：「師兄弟不在，以後不要隨便同陌生人玩，碰到輸不起的人，會吃虧的。」

今晚天時、地利、人和皆不宜，有三個黑人，七十四歲老爸，還有兩位婦女，「打不還手」是對的。事後回想起來，蠻可怕的。

領隊看我們回飯店，「你們真好膽！晚上是黑人天下，白人都不敢出門，你們⋯⋯」你不早講？美國白天白人天下，黑夜黑人天下，我們怎麼知道？

爸和我睡一房，睡前貞和陳太太到臥房找爸，向爸賠不是。

爸說：「妳傻膽，去睡吧。」

內華達州的拉斯維加斯「賭城」，我在從「吃角子」投幣口丟進一枚錢幣，拉一下把手，叮叮噹噹瀉一大堆白花花銀幣出來，貞、陳太太、同伴遊友，大家抓一把去賭，一眨眼都被機器吃光了，應了一句俗話，來得快去得也快，爸喜歡看景觀，跑來跑去，我扛在肩膀的大錄影機，老找不到他，錄影帶爸的「鏡頭」不多。

迪士耐樂園內環園觀光火車，會經過好幾個電影上常見的場景，如突然山洪暴發，樹倒屋翻，煞是嚇人。車駛進隧道，你會覺得火車與人在旋乾轉坤，我從錄影機視窗看，看到隧道在旋轉，確實美觀。火車沿湖濱走，湖中突然破水昇空，一條巨大白鯊魚頭，還張著大嘴巴，嚇得靠近的觀光客大呼小叫，有的女人嚇得向旁座男人抱住又哭又叫，緊張一過，靜下來時自覺失態難堪，偷偷看我們有沒有看到其窘態。

面對前方大湖，我正在納悶，這火車怎麼從湖面開過去，突然水迅速消沈不見，水底浮出無蓋的「棺木橋」，火車從橋空心開過去，我們的眼睛與湖面平高，甚感稀奇。好像曾看過這一段電影，大海海水兩旁分開，摩西（？）與信徒一過去，水又合攏，擋住追兵。

看到前面又舊又破爛的危橋，無數樹幹撐住木橋，前面一輛火車慢慢，小心翼翼，如履薄冰、深淵的走，橋樑零零落落的斷開，撐著的樹幹也斷落，下面又是四五樓深的河流，看它過去了，卻輪到自己火車上橋，吱吱喳喳還加晃動，的確嚇人，過了橋，大家彼此對看，有膽小女客，拍拍胸脯，有「大難不死」慶幸。

狄斯耐樂園有幾個館屬青少年玩的，不敢進去。電影院要說一說，幾分鐘一齣，看著看著，整個幾十排坐椅，移轉隔壁電影館，這突如其來的移動，我靠吃暈車藥遊覽的人，心裡真有點怕藥效失靈，第二次看完，不是橫移，是向前移，也不過如此，不怕啦，轉了好幾館。

飯店半夜失火，警鈴大響，爸有救火經驗，由窗戶看下面，知道不是這邊，開門連一點煙霧都沒有，也沒聞到煙燻味，認為不必亂跑，看到幾個美國人空手，穿短褲奔逃。許多台灣人卻在走廊拖著笨重行李箱，拖一下走一步，有的肩膀掛兩三個小皮包，掉落又撿起來，另外一包又掉了，再撿起來，看他們很匆忙逃生，卻只在原地打轉。

爸很冷靜的說：「西方人一無牽掛的逃生。東方人視財如命。真的火災，像這樣逃法，人都逃不掉，財物有什麼用。」

爸說的對，當人財不能兩全時，逃生第一。後來導遊說，有一間房間裡的人，抽煙抽睡了，被單燒焦，煙霧薰觸火警警報器，自動滅火器噴水滅了火，整個房間都是水，不能睡了，再租一間給他睡。

內華達州的大峽谷真是奇觀，小飛機不快，看得很清楚，山岩有的像「千層糕」皺紋層層，黃褐分明，山谷縱橫彎曲，飛機偶爾飛入谷底，沿谷道「飛簷走壁」似的探尋，不見飛機前進，只見谷壁很快後退，慢慢吞吞地飛高，能夠鳥瞰偌大千萬年歷史寶典，也是奇緣。

甘迺迪太空發射中心，幾層樓高的太空船，矗立發射場，煞是壯觀，在幾處廢船旁邊，拍了幾張紀念照，以誌到此一遊。想當兵時，連「三八步槍」都當「極機密」不准拍照，台灣島沿岸海邊，處處禁止拍照，看看「美人」連太空中心都任你觀賞、拍照，實在太「作繭自縛」。很多老人玩到後來，景點不下車，導遊對車上招引：「下來參觀參觀，你們一天花五千塊，坐車啊！」

這一趟十八天九萬元，對上了年紀的老人，折騰十來天，人都累壞了，看什麼都「視之無味」，寧可在車上躺著休息。爸倒意有未盡的玩樂。

甘迺迪墓園，石板平鋪，乾乾淨淨，一洞不息的火苗，幾個洋人低頭默禱，四周清幽，一代偉人，安息地下，笑看未脫「無身」累贅之遊客，諒必慶幸自己「一彈驚人」英名遠播之「永恆」吧！

轉往為國捐軀的什麼（忘了）公墓，偌大一片綠茸茸墓園，整齊的豎立著千百個白色十字架，每一個十字架都是一位活生生的人，灑血疆場的「告示板」。古往今來的掌權者，不斷的製造「告示板」，人們無助的被迫「早年英逝」，得到無言「告示板」：「我曾經和你們一樣的活蹦亂跳，也和你們一樣有家有親人，你們看出什麼？你們『感同身受』嗎？」

導遊告訴我們，每一夜都有號兵為這些亡魂，吹安息號，其細水長流般音韻，欲斷還牽，綿綿哀戚，無不使聞者悲傷淒涼，感嘆造化弄人，人世之無常呀。

到奧良多養老勝地，換一個五十六歲陳導遊，車上告訴我們：「我真羨慕你們，美國啊，人老了就被看不起，我們中國人，老美看不準，我都只說五十歲，知道你快六十歲，瞧不起，孩子活他們的，不管我們…」陳導遊北方人，談吐文雅，他的話隱隱約約透露「禪機」，難得的業餘導遊。

洛磯山那位帶我們兩天的女導遊，由台灣移民美國七年，白天當導遊，晚上揹著大包小包，到我們房間賣化妝品，第三天換另外導遊，她到我們吃飯的餐廳，我們叫她一起吃，她不敢，低聲告訴我們：「要徵求領隊同意。」領隊答應了，她與我同桌，吃完了，把三四碗剩魚殘肉，很得意的邊打包邊呢喃自語：「我最起碼三天不用買菜了。」聽了好辛酸。在台灣這些剩菜，誰要啊，妳又何必遠渡「番邦地界」過苦日子呢？

紐約帝國大廈一百一十層高，導遊告訴我們，在最高處「尿」完了，乘電梯到一層，用杯子還可以接得到你自己的尿液，高是高，會接到尿液，那是導遊誆我們，逗趣的。樓頂鳥瞰紐約市，的確別有一番風味，有時薄霧從低層飛過，好像高樓在飛，我怕暈眩，趕緊視線移開遠看，拍照錄影，買紀念品，由專梯下樓。

爸對參觀聯合國大樓興致勃勃，他久聞這「世界國會」，電視上也常常看它，今天有幸「親臨目睹」，「萬國旗」中有一面代表我國的國旗在高空飄揚，對爸來講，那代表「勝利、和平」的中國人「出頭天啊」！那看看，這瞧瞧，買個紀念品，拍照錄影，難以形容爸之喜悅。我沿途常常看爸的臉色，爸玩得喜悅，我才能喜悅，因為我就是喜歡要討爸喜悅。

夏威夷群島參觀日本偷襲「珍珠港」歷史遺跡，這是美國有史以來第二大災難，死了二千多人。沉沒海底的軍艦，還「細油長流」在冒油，有人丟花朵憑弔、有人默禱。「美人」生氣了，「以牙還牙」，最後向日本「廣島、長崎」丟了兩彈，死了好幾萬人。不久「美人與日本人」前嫌盡棄，又把酒言歡，稱兄道弟，「美男」很夠義氣，還替日本人生下幾萬「混血兒」，聊當添補「彈下亡魂」世上人口「空缺」。

凡因「二戰」死的只怪自己「生不逢時」，含恨九泉，還替後人賺許多觀光錢。（中國千萬怨魂，「天上有知」，眼看日本官、民，每年祭拜「靖國神社」內少數「甲級戰犯」，豈甘心饒此「死灰復燃」之餘孽？）

夜宿二十幾樓高大飯店，爸和我住十七樓，貞和陳太太住另外一間，她們幾個去逛夜市，我和爸不想去，打開鋁玻璃門，到走廊各坐一張休閒太師椅，面對浩瀚大洋，涼風輕撫，甚是安靜，閒情逸緻，與爸遠眺街景，閒聊往事，爸屈指一算：「只剩三夜了。」我正想問，爸又心平氣和說：「你到台灣，三十幾年來，與我同房睡覺，算這次最久。」珍惜嗎？不錯！爸變得太多，媽和我剛到台灣（爸三十八歲）時，我怕爸怕得要死，最希望他早出晚歸，一聽說爸要「出張」（到中南部去蓋房子），高興得不得了。他在客廳，我就到屋後，不見面就好。什麼時候爸像春草「不見其長卻日有所增」的變化，不覺得。兩父子聊不完，夜深了，海風有點冷，我起身去開鋁玻璃門，卻開不開，因為鋁玻璃門左高右低，到走廊前不知道先要把裡面「勾鎖」固定，所以出去時，門自然向右滑動，並且自動鎖死。身上十幾枚銀幣，從身上小簿本一頁一頁撕下來，年輕時讀過英文，但「字到用時方恨少」，不管文句對不對，第一頁寫「S.O.S. 17F 22Room」（呼救，十七樓廿二房間），銀幣包藏紙中，向巷子過路的人丟下，有一白人撿起來看一下，不管我們揮手，竟然走了。第二頁寫「Help me ! We are the doorlocked out ! 17F 22Room!」（幫忙我，我們是被關在門外，十七樓廿二號房）這兩人更離譜，看不懂，還是認為我在玩弄他們，撿起來向我揮揮手，向上丟，又走了。第三張寫「Please you pick up to hotel boy 17F 22Room」（請你撿起來給飯店服務生，十七樓廿二號），有一個撿起來，也看了，走進飯店，好久好久都沒人來開門。年過半百的我，離開學校根本就沒機會寫英文、說英語，而且我在馬祖島背誦英文時，就以中文意思來背，如What can I do for you，我就照英文字，中文意來背，很容易記得：「什麼能夠我做，為你」（紐約市餐廳門口服務生，就是這樣笑嘻嘻，說這句英語，歡迎我們進去，意思是「歡迎光臨」？）

銀幣也丟光了，好高興看到貞與陳太太由外面回來，十七樓高，又有風吹，我大聲對樓下叫，她們沒聽到，這個時候爸叫我不要叫了，她兩個一定會來看我們。可是等好久，沒消息，我看爸冷得很，我告訴爸，打破玻璃門進去，爸看看偌大玻璃門，賠起來不少錢，他四片門都拉拉，很牢固。

「爸！」我指爸看地面，鑲嵌鋁玻璃門的大冷氣機，一半在走廊外，一半在屋內，「把冷氣機拖出來！」爸去拖一拖，拖不動，我躺臥地面，頭頂著圍牆牆壁，用腳去推冷氣機，推動了，再用腳力推動，半個冷氣機被我推歪進屋內，我就從灰塵小洞爬進屋內，打開勾鎖，爸也進來了，已經是午夜快十二點鐘了，本想去罵罵貞，想她們也睡了就沒去。

第二早貞告訴我，回來時來敲門過，看我們沒反應，認為我們睡了，不敢繼續敲門。她敲門我們在走廊外，根本聽不到。即使聽到也沒輒，我沒辦法進屋裡開門啊，白歡喜乾著急而已。早餐時聽到幾個人也被關在走廊，但他們運氣好，左鄰右舍房間都有住客，從走廊隔牆伸頭呼叫，隔壁間房客去叫服務生上來開門，我左右沒住人，旅途中額外多留一段蠻「痛」「快」回憶，也不錯呀。

## 假觀光真探親

民七十七年（一九八八）五月時，台灣開放觀光旅遊，各旅行社都藉觀光折轉大陸，政府睜一眼閉一眼，大家相安無事，在合法與不合法地區「遊來遊去」。我、貞，陪七十九歲的爸由香港轉機直飛杭州，由機場到飯店的車上，大陸全陪張先生問我們：「你們帶那麼多衛生紙做什麼?」

「聽說你們飯店廁所，都用黃粗很薄的紙，一擦就破。」這位高高白白的全陪笑而不答。我們聽幾年前偷跑探親的人說，親戚很窮，所以帶了大包小包舊衣服回家。一到飯店我們都很驚訝，飯店衛生紙白雪雪，白毛巾、牙刷、牙膏、香皂、香水、只用一次即丟棄的拖鞋、房間寬敞，藝術燈光，床鋪乾淨又大，我們不是說他們吃香蕉皮嗎?到西湖途中，路又直又乾淨，騎腳踏車很多，沒看到我離開（一九四七）家鄉時的破破爛爛衣服。

在西湖有一個團友吐痰，被留短髮的七八十歲老婆婆逮到，好笑的是問罰多少錢，知道只罰五角錢，他老兄財大氣粗的說：「這麼便宜啊?這十元不要找了!」我們來玩是客，全陪不表示意見，到是自己遊客有人說話了：「這不是多少錢的問題，人家會看不起我們。」老婆婆找還九元五角，又逮到一個丟煙蒂的，沒話說，五角。聽地陪林小姐說，別小看婆婆們，她們有的是「打天下」的「巾幗英雌」，愛國心特別強烈。

遊覽車遊蘇州、無錫，換遊覽車赴南京，我相機忘了拿下來，全陪張先生打電話到無錫，相機在那邊，「他們會派人送南京飯店。」我不相信會失而復得，又買一部相機，錦秀河山不留下紀念照，實在可惜。南京中山陵，雄偉壯觀，一代偉人，兩岸共崇，何等殊榮?

要離開南京飯店，很多人都把帶去的舊衣服，棄置在飯店，到機場時，飯店車子趕到，弄好幾包衣服還我們：「你們忘了帶，我們替你門送來!」感激的是，在台灣那有這樣服務周到的飯店?劉再發領隊說，以後不要的東西，寫張字條放包裏上，省得人家追我們。

北京的故宮實在大，地陪告訴我們，故宮有九千九百九十九間半大小房間，由出生開始睡，一間睡一夜，要睡到二十七歲才能睡完房間，為什麼不湊足一萬間?地陪說「天上玉皇」是一萬間，尊崇玉皇，所以少半間。從前門到後花園，花幾個鐘頭，夠累的。爸不累，他不只看，而是在欣賞，讚嘆，思古。

地陪指著一棵樹告訴我們：「這是明朝末代，崇禎皇帝上吊的樹。」（三百五十七年前、一六四四）榮華富貴過眼雲煙，想當時他驚慌失措之時，舉劍刺殺親身骨肉：「妳何其不幸生在帝王之家⋯。」其痛徹心肝，豈是局外人所能「感同身受」？匆忙帶著一條白綾，奔逃後院，急忙上樹，白綾饒頸，了結「有身之患」，何其悽涼？

萬里長城我和貞幾個只爬西邊城牆，爸腳力健，卻從頂端下來，說：「午飯不要等，你們先吃，我還要去東方城牆。」七十九歲的爸，老當益壯，老玩童一個。

我們到八達嶺餐廳，剛拿起筷子，爸也到了，博得大家讚揚：「歐吉桑（日語，對老者尊稱）你好厲害喔！」爸吃「肉邊菜」，不麻煩人家。

臥房裡爸感性的說：「做夢也不會夢到萬里長城來！」爸說得沒錯，南方人只知道「孟姜女哭倒萬里長城」傳說，那能跋山涉水到此「目睹腳踏」長城？怪不得爸心滿意足，登長城如步平地。

看西安（長安）兵馬俑、其他古蹟，一兩千年前的幾代王朝古都，燈紅酒綠，多麼繁榮，如今卻看不出那種景觀。不過那夜演的「唐舞」，確實是「登峰造極」之藝術，我以為唐朝舞蹈雜耍，那知道第一個出來的武將，走路步伐、姿態、眼珠子神韻、那種舉手投足之魅力，使全場觀眾鴉雀無聲，接下去一段比一段精彩，整齣演劇，怎麼那樣的不同凡響？一個多小時我們幾乎被「凍住」，意有未盡時，很完美的結束了，一個多小時怎麼會過得那麼快？夜晚仍在回憶中品味讚賞，除了「蜻蜓點水」唐樂外，幾乎是一齣啞劇，我沒看過如此「藝術盲」的我們，竟然一夕與「伯樂」媲美，甚為不解。

乘「西陵號」遊艇，長江兩岸奇形怪狀山巒，才知祖國錦秀河山之雄偉，六天五夜，與爸共住一房，沿江景觀古蹟，都上岸觀賞，黃鶴樓、赤壁，爸懂得很多歷史典故，由爸嘴裡說出來，像他參與其事般精彩逼真。月夜的長江，如詩如畫，天空黑漆漆，襯托得顆顆星星更閃亮，杜甫平地曠野看夜空，故有「星垂平野闊，月湧大江流」，我在風平浪靜的夜長江，星星又大又近，好想摘它幾顆把玩，無雲的天空月亮特別亮麗，江水底的月亮在平靜無波的水中，別具一格風韻，「月娘」藉著微波還向我們輕飄撒嬌呢，「千江有水千江月」，江山不迷人自迷，樂啊。

「月落烏啼霜滿天，江楓漁火對愁眠。姑蘇城外寒山寺，夜半鐘聲到客船。」詩人張繼寫前兩句，我們體味不出來，因為我們是夏季遊客，不是霜滿天時詩人，也不是討生活的漁民，而是遊興正隆，睡眠也甜的「過客」。我們半夜近一個景觀點，等天亮上岸，隱隱約約聽到晨鐘，一時想起此詩，別有一番詩情畫意。

五六層高的遊艇，與爸住的剛好和江水平面那一層，從玻璃窗看出去，錦秀河山在緩緩旋轉，有時候看到朝陽紅腫腫的比平常大的臉龐，從山嶺樹葉慢慢的昇起來，剎那間趕走黑暗，藍藍的天空，綠意盎然的山巒，「萬里無雲萬里天」，太美了，我無能力把整個景象就這樣停住，但可以在記憶裡留下「剎那即永恆」的回味，（起碼是我有生之年的永恆）。

「山不在高有仙則名，水不在深有龍則靈」。「赤壁」之有名，有諸葛亮借東風，助周瑜火燒曹操連環船而有名，杜牧詩：「東風不與周郎便，銅雀春深鎖二喬」，就是說，那時如果沒有諸葛亮借來東風，孫策、周郎必敗，那麼天香國色的大喬孫夫人，其妹二喬周夫人，都將鎖在銅雀台內，一丈五尺的銅雀台，就充滿了春色濃濃了。在赤壁一面觀賞，一面思古，當時被說：「你是治世能臣，亂世奸雄」而哈哈大笑的曹操，站在戰船前端，劍出半鞘，雄心勃勃，不可一世，誰知道會中周瑜打爛黃蓋「屁股」之計，火燒連環船，八十萬大軍被燒得潰不成軍，逃命途中還諷笑諸葛亮不夠聰明，不懂在此險境伏兵，哈哈大笑，「笑出」張飛來。好不容易再逃到另一險境，又哈哈大笑，「笑出」趙子龍來。嚇得又逃到一處狹窄山谷，不聽部將：「請勿再笑」的勸告，「此乃一夫當關萬軍莫敵的死地，該笑一笑！諸葛亮啊諸葛亮！」忽聽一聲：「關某在此」，嚇得驚慌失措，聽從部將建議，去討個人情：「當時『上馬金下馬銀，三日一小宴，五日一大宴，過五關斬六將』！」果然有效，義薄雲天的關爺，青龍刀一撇，臉一側：「罷了！」此地此時，沉思故事裡情節，不禁莞爾。

黃鶴樓，此樓已非故樓，地陪指著「南京大橋」說：「原址在那大橋的第二橋墩處。」不管，此黃鶴樓就當它是故樓，別弄亂尋幽探勝的氣氛。此樓在湖北武昌縣西漢陽門內黃鶴山上，孫吳始建，高據山巔，俯瞰大江，以前費文韋登仙，常常乘黃鶴到此樓休憩，現在反正「昔人已乘黃鶴去，此地空餘黃鶴樓」，想想古人古事，也是一大樂趣。還有李白：「故人西辭黃鶴樓，煙花三月下揚州；孤帆遠影碧山盡，惟見長江天際流。」想想李白曾在此樓與知友默默無言舉杯飲別情景，遠看知友所乘的帆船，直到遙遠碧山盡頭消失了，別情離意心猶在，輕舟已過萬重山，看那長江的水，彷彿向著天上流去似的。我特意看看酒仙會坐那個方向，才能看得到江水上帆舟，腳踩樓梯、地板，總會踩到詩仙的足跡吧？地陪說此樓非古樓，真掃興。

遊到重慶市上岸，逛一兩天街，遊太多天了，印象不深。再飛廣西，到山水甲天下的桂林，那奇形怪狀的山峰，確實奇妙。乘舢舨遊漓江，又到蘆笛鐘乳石洞穴參觀，這種自然奇觀，巧奪天工啊！

飛到廣州，參拜革命七十二烈士，不禁想起老鄉賢林覺民烈士寫給愛妻的「絕筆書」，一字一血淚，讀之無不辛酸欲泣，其「視死如歸」又何其悲壯！

在廣州車站，有大陸王小姐拿著擴音器叫我名字：「張廷錦先生！你的照相機，我們送來了。」

「在這裡！」全陪張先生在人潮中高舉隊旗：「在這裡！」

王小姐說她追到南京，探聽不到我們，問了很多台灣旅行團，有的說到北京去了。

「我們住南京大飯店，五樓…」張全陪說。

「唉呀！」王小姐說：「我那夜就住四樓。後來『中旅』說你們到西安，今天會到廣州，我很早就在這裡等你們。」

我的照相機在蘇州、無錫遺失車上，「它」流浪了千百里路，二十來天後，重投我的懷抱，在台灣、或現在的大陸，這是不太可能的事。我拿一百塊人民幣謝王小姐，人家說這是她們份內事，不收就是不收。

遊覽團遊完二十五天，爸、我、貞與他們互道珍重：「台灣見啊！」轉飛福州機場。住華僑大廈。

我十六歲離開家鄉來台灣，五十六歲第一次回鄉。親戚簇擁回南通「潘厝邊」舅媽家，四十一年前的舅媽才二十幾歲，現在滿臉皺紋，乾乾瘦瘦，如不是到舅媽家，路上相遇絕不認得。六年前爸回鄉時舅父尚未逝世，潘增德表弟、表弟婦我們都不認得，老長輩們說我小時候怎麼玩怎麼乖巧，我聽得蠻有意思。至於舅媽拒絕收留我，也只是腦袋閃一下而已，不但不記恨，反而同情舅媽家窮苦，三個孫子都小，想當年田園、果園多，過得多好，唉！世事無常啊。

晚餐菜餚擺一桌滿滿的，溫熱過的福州「青紅酒」，爸斟一杯給貞：「妳喝喝看，香醇得很。」「沒有爸釀造的酒好喝！」還好貞說的是閩南話，爸翻譯得好：「我媳婦說好酒。」貞比我酒量好，都是因為爸晚年不喝酒，卻喜歡自己釀造「老酒」，幾乎每個晚餐，都弄溫溫得叫貞喝，貞說爸的酒好，是真話卻是「失言」話，還好親戚聽不懂閩南話。親人對這台灣「表嫂」（家鄉習俗，長輩也跟其小輩叫）之熱情款待，倒使貞有一點不好意思。爸最樂了，他這老「姑爺」衣錦還鄉，其實不是我們衣錦，而是以他們月入幾十塊錢來比，我們在他們親戚眼中，簡直是「富不可攀」，爸樂是因為他認識的幾個老人還能同桌共餐，把酒言歡。廁所都設在大屋外，要走幾分鐘，夜間很少人到外面廁所，大都在古式床頭擺一個尿桶，掛一個布簾遮掩，女人就在裡面方便，貞以前西螺也是這樣，臀部輕靠桶沿方便，這難不倒她。不像馬桶，有可坐下來的護蓋，舒服舒服地坐著。男人就簡單多了，床前頭擺個尿壺，提上來「方便」。寫到尿壺，卻回憶十來歲時，在福州織布廠，手指被電燈座電麻了，生氣了，把燈座泡在尿壺裡，想溺死它，四十幾年前的往事，既幼稚又可愛。

第二天東厝街廷原堂哥帶我們回廷宅村老家，走二十分左右就到了，經「公婆倉」（現在是老人活動中心），他們放鞭炮歡迎我們，請我們到裡面喝茶，好多人聞風都來看我們，真是血濃於水，媽如果健在，回到她受苦受難的家鄉，看看有這麼多親族歡迎，何等高興啊？

我到處尋找，幼童時來公婆倉吃「施粥」時痕跡，可笑的是我還探詢教我舀粥方法，從窗戶倒一碗粥給我帶回去媽喝，那位叫我叔公的老公公侄子下落，不知名字，算起來該百多歲了，誰會知道？

走過石板橋，看到小時候與媽炸蚵餅破木房屋簷廊下，母子在此曾經短暫因生意好而高興過，也因被人搶走生意而難過，我不自禁的停住，愣愣的回憶，彷彿看到媽在那忙著炸蚵餅。

爸知道我看得入神，一定有值得看的景物，陪我看。

「爸！」我指著那屋簷下走廊：「媽…」我哽咽說不出話來。爸拉我一下，左轉走幾分鐘路程，到了老家。一九四六年三十七歲的爸由台灣返鄉，我由渡頭，經公婆倉，就邊跑邊高喊：「爸回來囉！台灣的爸回來了！」那時候我充滿了「不再挨餓」希望，現在景物猶在，人事已非，往事只能回味。七十九歲的爸回來了，七十九歲的媽卻「客死異鄉」，十六歲離開家鄉的我，現都五十六歲了，光陰之無情，造化之弄人，徒呼奈何？

親人幾乎「全為鬼」，眼前的都不認識，他們倒「認識」爸、我，因為「大宅院」裡十七八戶族人，只有我家到台灣最早，二戰結束後去台灣的廷勳哥、其長子文增侄、向我買豬屎的廷常哥的女兒品蓮侄女。說起台灣就連想到爸、我；爸、我就是「台灣」代名詞，所以大家說「認識」我們，同祖先同血統，臉龐輪廓，像不像三分樣嘛不是？

我們家鄉裝了電燈、自來水，是我們旅台鄉親十幾年前共捐裝設的，修繕大宅院，則是我一人應二十幾位族親，連署寄來台灣，懇求我幫助修繕祖屋：「祖厝搖搖欲墜，除廷錦叔您，沒人有能力修建。」，我寄四萬多元人民幣回去，修繕整個大宅院時，院裡也裝了水電。那時候守基侄告訴我，說族人長輩，希望我放大兩張爸、媽的相片，掛在大廳左右壁上，供族人瞻仰、膜拜。

「別害我爸媽被罵，」我告訴守基侄：「四萬多元人民幣，在月入百元的現在，等於一人要賺四十幾年的收入，當然是很多，自然會感恩得不得了，過幾年經濟發展了，國家進步了，月入一兩千元，只不過一兩年時間，就賺這麼多了，甚至經商的人，一下子就賺好幾萬元，那時候人家看到你叔公叔婆相片，罵句『有什麼了不起』，還算好，把相片丟在廁所邊，罵得更難聽的話，我花錢讓人家罵我父母，作賤啊！」那時候流行一句：「要成萬元戶，趕快去盜墓」，盜富豪貴族的墓，才有金銀珠寶。現在大陸有錢人多了，千元聽一場歌劇毫不手軟，我那時還好有「先見之明」，不聽守基侄兒的話，「凡所有相皆是虛妄」，無相布施，不求回報，心安即可。

我告訴貞，十五六歲以前，我是孤單一個小孩子，就睡這樓上，怕鬼怕得不得了，黃昏就睡覺，天一亮就起床。太陽西下前，又趕快回家睡覺，怕鬼「天暗」出來，先上床把棉被蓋裹身體，提心吊膽等天亮。

「可憐的孩子！」貞怕我罵，趕快補充一句：「媽說的！」

爸在「睹屋思親」，默不作聲，看看摸摸，小孩、少年人、中年人，一兩個老人，團團圍住，跟著走，跟著聽，我們沒有這麼被「看重」過，不習慣。我請爸乘坐機器三輪車，先到「瓜山村」表舅媽家，那「蕃薯恩」我終身難忘，坎坷黃土田路，顛簸半個多小時才到，三人一元五角，車伕先生願意等我們，再賺一元五角，不過我們給他五元，換算台幣不過二十幾元，便宜得我們不好意思，可表舅媽的長子陳松森表弟說太貴了。六七十歲的表舅媽很健朗，記性好，頭腦清晰，告訴我們很多我小時候的事，知道媽已逝世，眼淚奪眶而出：「這麼好的人，受那麼多苦，你媽真的沒福氣啊！」

「表舅媽，」我安慰她：「到台灣不久，媽就很享福了，你不要為媽傷心，媽臨終時一再的交代，以後有機會返鄉探親，一定要到瓜山拜謝妳的照顧！」我送表舅媽一千元人民幣，推來推去才收下。

「冠雄哥啊！」表舅媽問爸：「你幾歲啦？」

「七十九囉！」我們聊幼時往事，爸插不上話，更不知道這外公義結金蘭的表舅媽，比誰都照顧媽、我。

「挨呀，看不出來啊，」表舅媽看爸身體健壯：「這麼年輕，你們父子，看起來像兄弟！」說的是真話，爸年輕，我「臭老」（超老），很多人這樣說。現在七十歲的我，卻很多人都對我說：「張大夫，十幾年了，你都沒變啊！」我對貞說，近年來常聽這類話，表示我真的老了。

「可是很多人都不認為你老啊，我也不覺你老啊！」

「人家說我年輕，就表示我老了，有沒有人說我們的孩子很年輕？沒有。為什麼沒有，因為孩子本來就年輕。妳不覺我老，因為我們天天在一起啊！」

回到東厝街廷通、廷齊、廷原堂哥家，伯父冠時、伯母都已逝世，他們戰前開雜貨店，全家人都和和氣氣，到東厝街買菜什麼，都會到伯父家，他們也會留我們吃粥。爸認為族親就是族親，不必客氣，一定要住廷原哥家。我看他們聽說今晚住下來，高興得整理房間，作晚餐。房間好幾間，可是四兄弟又是三代同堂，很擠，爸倒像住在兒子家那麼自在。我最關心的是廁所，怕貞不便不適應，堂嫂弄一個小桶放房間，以備急用。幾十個人紅包不好每個給，給四個堂哥，廷原哥私下告訴我：「依弟啊！我少拿一點，廷齊哥患食道癌，多給二百元。」

次早向廷原哥借兩輛腳踏車，留爸在堂哥家話舊，和貞各騎一輛，到「墓後村」我賣蚵餅那幾個宅院，看看狗會不會還是那麼兇，能不能遇到那位買我蚵餅嫂子。卻遇到一位瘦弱老婦人，她問我是不是台灣回來的廷錦表弟。因為松森弟告訴她我到過瓜山，她正想到「新厝」（我上代由舊厝分出來，鄉人都叫我住的是「新厝」）找我。

「你是大表姊啊！」我小時候上瓜山她家，最喜歡同十五六歲大、小表姊玩踢毽子、打竹飛鏢，常常向貞說大、小表姊甜甜的紅潤臉龐，白皙皮膚，長得好漂亮。貞這個人很好玩，看她那麼愉悅的和大表姊聊天，一定想：「看不到的都漂亮，現在死心了吧！」大表姊夫亡故了，小表姊嫁瓜山娘家附近，給了紅包，到仁沛先生家看看以前私塾，家人告訴我老先生已故多年，互不相識，客套幾句就想回堂哥家休息。

「到瓜山看小表姊！」貞說：「你到大表姊家，不到小表姊家，人家會怪你看她不起。」去就去吧，又到表舅媽家，表弟帶我們去小表姊家。土牆邊一個胖老婦人，抱著小孩子，松森表弟介紹見面，她就是我記憶中最活潑漂亮的小表姊？聊聊天，給個紅包，騎車回堂哥家，很失望，幾十年，死的死老的老，景物猶在，只是紅顏改。貞「嘴笑目笑」樂什麼？婚後曾開貞玩笑：「小時候媽替我訂一門親，那小妹妹很可愛喔。」她信以為真，媽回答貞：「廷錦騙妳啊，都差點餓死了，還會訂什麼親？」

辭別鄉親上福州市，住華僑飯店，爸去表叔們家，我與貞坐三輪車去找我十三歲學木工的老闆娘，連街路都不見了，問了好幾個老鄉親，有一條挑水的斜坡道在那裡？有一位老婆婆告訴我：「你到那邊看看。」這斜坡道很小，沿斜坡向閩江走下去，問漁民這裡還有挑水斜坡道沒？江邊鋪石板塊供婦女洗衣服。漁民說：「只有這一條斜坡道，現在有自來水，不用挑水，沒人到江邊洗衣服。」

我告訴貞，四十幾年了，似曾相識，如果是這裡，這地方就是我差一點溺死的地方，老闆娘在的話，也八九十歲了，很疼我的人，都被無情光陰溶化不見了。

到福州大橋，告訴貞，媽就在這橋上護我過橋，被衝散了。逃難人潮像「土石流」一樣衝擊，老弱婦孺跌倒被踩傷的，哭爹叫娘的，有人全家由橋上跳水自殺的……

貞大概看我越說越傷心，握我的手捏兩下掌肉，她的眼睛又在說：「可憐的孩子」。

「日本投降日，」我邊走邊告訴貞：「這條中亭街啊，人山人海，人們奔啊跳啊！鞭炮瘋狂的丟來丟去，那時候我最高興，太平了，就能到台灣找爸，有飯吃啊！」說到爸，告訴貞：「我們回表叔家，看爸！」我墜入時空隧道，好珍惜爸。爸由台灣回來，到我學木工店找我，知道嗎，那種安全感、希望的感覺，真的難以形容啊。

「那麼快就回來？」大表叔說：「西禪寺去過沒有？」

「他說著說著，想起爸爸，就急著回來看爸！」貞呀貞，我都五十幾歲了，想爸「可想」不能說啊，人家會笑話啊。

「表哥！」大表叔對爸說：「有廷錦大表侄，你福氣啊！」

「嗯！他呀！呵呵！」爸笑瞇瞇，知足表情盡在不言中。

次日卲武市妹夫歐重興、雅英、雅容、雅華、德平等外甥、外甥女、外甥女婿陳雨平一早就到飯店住房找我們，惟一缺憾的是兩歲送給人的胞妹珠英，早已「往生」，否則父女、兄妹四十年後相見，抱頭痛哭流涕，悲喜交集。

## 媽、嬸嬸離世

嬸嬸的大哥生意失敗，房子也賣了，不久「往生」，大嫂搬家，爸把嬸嬸接回來，住後面武成街兩三年，平常沒病，想不到一病不起，五十幾歲無痛「往生」於「省立台北醫院」。

媽晚年常去住家附近寶興街，一貫道總壇「先天道院」聽道禮佛、當義工，過著非常安逸的日子，六十五年冬，媽有一天很安祥的就在客廳，要我坐她身邊，很平和的說：「母子的緣，要盡了。」

「媽！」我被嚇著：「妳說什麼？妳有病嗎？」

「有不正常出血」媽說：「道院內有一位道親也這樣，現在已『歸空』了。」

「媽！」我很擔心媽，平常好好的，又怕媽心生「恐怖」，安慰媽：「媽，沒事的，我帶妳去台大醫院檢查。」

「不用檢查，」媽很安祥說著，好像告訴我別人生病一樣輕鬆：「時間很快啊，來台灣，你才十六歲，我也只三十八歲，現在六十七歲了，你都四十四歲了，兩個弟弟也二十六歲，二十八歲了，我心無掛礙，福也享盡了，不要強求。」

由貞先帶台大醫院婦科門診。接著做幾次「鈷六〇電療」，身體快速衰弱，媽要求不去醫院，在家由我照顧治療。

「廷錦啊！」媽臨終前三天告訴我：「媽『歸空』時，家人不要哭，你們一哭，媽捨不得走，會跟不上來接迎媽的佛菩薩，要記住！臨別時要請先天道院張『老前人』來，換上白衣，腳尾放七盞燈火，摸媽額頭，說：『媽！妳今天起，無病無痛，無煩無惱，永住天家，安享極樂。』」媽看我一直流淚，又說一句：「你不要傷心。」，昏睡三天，農曆十二月初一日「歸空」。尊媽遺言，全家不哭，我們恭恭敬敬送媽回天家。

媽離開娑婆世界時，么女叔芳十歲，她二十五年來，不論大考小考，任何困難，常告訴家人：「我每一次求阿嬤（祖母），阿嬤都會庇佑我！」

「以後不要麻煩阿嬤啦！」哥哥們調侃她：「連在美國讀研究所，都叫阿嬤去『作弊』，阿嬤會暈機知道嗎…」

「那有？」

「沒有阿嬤去幫忙考試，妳那麼笨會畢業啊？」

媽在芳兒心中，是無所不能的「神仙」似地「有求必應」。她嘴巴常掛著一句：「只要求阿嬤，阿嬤都會庇佑我！」誠所謂「信則靈」乎？

**爸對我說：「你為人父、為人子都夠了」**

次子守明（志強）台大「應力所」畢業，即被分配龍潭中科院任職。幾年後因肝臟發炎，住龍潭石園醫院治療，出院前一天，正準備去接他出院，他卻打電話回來，說肝臟有一個「肝臟檢驗數值一百七十」，這個項目的指數都是「一」點幾，一百七十數值表示有患肝癌危險。我聽了，眼看天花板的燈光漸漸暗下來，心臟發慌，電話筒溜掉了，天旋地轉，心跳急促無力，貞問我怎麼啦，我抱住貞，哽咽不清楚的告訴貞：「守明…守…」

「明天不是要回來嗎？」

「回不來了！」我說：「守明肝病很重！」

開車趕到石園醫院，醫生正在抽血再檢驗。怕守明緊張害怕，他這孩子大概也怕我害怕，反而安慰我：「爸，不用擔心。」

不用擔心？你是我的兒子啊，如果能夠交換，我寧可替你病！替你死啊！把你的驚懼弄給我來擔當，我年屆半百，換你才二十幾歲的命，值得啊。

檢驗要一個禮拜才知道，一天、二天、三天，我和貞真正才知道什麼叫做度日如年呀，吃不下，睡不著。看不出來爸的表情，默默不語。

「可惜！太可惜！」我在客廳唉聲嘆氣：「這麼年輕，又讀那麼久書，又有很好的前途…」

「什麼可惜啊？還不知道結果…」爸罵我：「你為人父！為人子都夠了！」這句話當時聽了不怎麼樣，因為我只想守明的「再檢報告」，希望有奇蹟出現，但自己也行醫，知道這種奇蹟根本不可能出現，我即將面對「失子」撕裂心肝的痛苦，人整個老了好幾歲，疲憊不堪。第四天早上六點多，接到守明電話，聽了幾句，我流著淚罵他：「你三點就知道檢驗報告單弄錯了，為什麼三點時不打電話回來？」

「怕爸在睡覺！不敢打！」

「我這幾天能睡嗎？」我對愣愣的貞說：「守明沒事了，肝病好了！檢驗錯了，今天去接他回來！」我緊緊的抱貞，高興的眼淚滴滴落。

「趕快告訴爸，」我打電話給爸。爸哽咽回答：「沒事就好…」鐵漢的爸也會為孫子流高興淚珠？我打一次電話，都哽咽一次，親友因我悲而悲，因我喜而喜。

守明告訴我：

第四天凌晨三點多，他睡不著，逛到護理站，一位值班護士問他你怎麼還沒出院？

「我檢驗報告還沒出來。」

「我替你找找看！」護士小姐在抽屜裡找到報告單：「一點七零，正常啊！」

「本來是一百七十，所以再驗血。」

「是一點七零！」（1.70）護士小姐說：「小數點、點錯啦！」

一點七零，報告寫一百七十，復檢既然一兩天就知道報告寫錯了，為什麼要一個禮拜才告訴病人？醫生對他人事關生死大事，如此漠視，為什麼要病家親人多擔心幾天？如不是那位護士小姐先找出報告單，我們還要擔心三天，那不是普通的三天啊！那是面臨「刑場」的三天啊！那種煎熬、絕望、食不知味、睡不安寧，腦袋昏昏鈍鈍，痛不欲生啊三天！

事後想爸的話：「你為人父，為人子都夠了」，爸說話不多，但意義深奧，爸肯定我做他的兒子，也肯定我做四兒女的父親，都盡了心力，就不必去擔心那無能為力的「無常」了。

四個兒女，只有守明這孩子敢與我爭辯是非，有一次，道理說不過他，搬出傳統倫理來壓他：「我是你老爸呢！書讀到那裡去了？」

吃過晚飯先到後面長泰街房子休息，他問貞：「爸呢？」

「你爸生氣啦！」貞說：「到新厝去了！」

「爸！」他打電話給我：「你生氣啦?嘿嘿…」每一次都把我先弄氣了，再來「嘿嘿」幾聲笑聲「致歉」，事情就不了了之。下一次還是一樣「舊疾復發」。記得老爸以前傳統「棒下出孝子」，有一次正想「傳統」一下，他卻先叫起來：「爸!現在不流行打兒子!嘿嘿…」

都快三十歲了，還沒成家，誘他去相親，雙方親人都滿意，第一次約會，請小姐吃自助餐，當然「吹」了。我罵他怎麼可以請小姐吃自助餐呢?

「只有台大對面的自助餐我熟悉，別的那裡吃，我不知道。」

最後他的「緣份」就在同單位。二媳婦林秀珍很好，有鄉村的純樸，相夫教子，知書達禮，兩口子和諧無間。

## 返鄉奔父「假病」

爸八十一歲時（一九九一），我、三弟廷銘本來是一起返鄉探親，護照、台胞證都辦好了，我因幾位嚴重患者才治療一兩天，不放心走。請爸與廷銘弟先返鄉，這是爸第三次返鄉，又有四十歲的廷銘弟陪伴，我放心。

爸這次由福州市乘八小時火車到邵武市，專程只到其女婿歐重興家，三位外甥女，外甥女婿，一位外甥，還有外曾孫男女們，挺熱鬧。

重興妹婿說話很幽默，尤其是喝點酒，更風趣，上次我探親時就很喜歡聽他說我亡妹故事，悲歡離合，說到傷心處含著淚水繼續說，話到他嘴裡說出來，就特別有「戲劇性」，百聽不厭。這次老丈人與女婿，必然是越談越有趣。

我差不多每天都打電話去問安，也同幾位外甥女們聊聊天。每次大家都七嘴八舌的叫：「舅舅回來嘛！我們都在等你呀！」

五六天後，有一次電話中告訴我：「舅舅！外公身體有點不舒服，你回來看看⋯」

我叫他們請外公聽電話，我問爸那裡不舒服，爸說：「沒什麼病啦。」爸說沒病，不一定沒病，因為爸身體硬朗，又耐病痛，如果爸說有病，那就是重病。我不放心，放下話筒，告訴貞爸不舒服，我現在趕回去看看。我證件齊全，飛到香港已經傍晚，沒有直飛福州班機，改飛夏門機場，也沒有飛福州的班機。心急見爸爸，想包計程車直到福州市，司機要七百元人民幣，還要向我買「五大件」，後來司機要求我讓他半途順便「叫客」，我嘗過這種虧，就先到公車站方便，一位先生告訴我，搭乘客運到福州，只要二十五元，一樣快，我改搭乘公車。

夏門到福州坐了六七個鐘頭，天還沒亮就到福州，打電話通知邵武妹夫，我搭乘早班火車。午後就到邵武市。車站有十來個人迎接我，還包括老臉歡悅的「抱病」老爸。

「舅舅！」外甥、外甥女擁上來攙扶我，親情真的好溫馨，但五十八歲的我，把我當老公一般攙扶，讓我想起小時候，四五十歲的人看起來都很老了，好命人都由兒孫扶著走路，五十歲「上壽」了，可以「做大壽」（辦壽誕），大請親友，家境富裕的，買「壽棺」豎靠大客廳板壁，棺材頭結一朵紅彩飾，老人家常常到大廳，站立棺材前，雙手交叉放背後，得意揚揚欣賞自己死後放置用的「壽棺」。

我那時候很不瞭解，為什麼很多老人，省吃儉用，為的就是要留下「棺材本」，買棺材用，那有什麼重要？活生生的人看著將來密封在裡面的棺材，有什麼好高興呢？真的好納悶，人都還沒死，為什麼要先買著？我家十七八戶，人多，每年都死好幾個，小時候看「落棺」（入殮），屍體兩旁各站三四個青、中年人，一大塊白布裹屍體，兩旁人執著布條互相勒緊，然後在亡者家屬呼天搶地哭叫中，把屍體放進棺材，「蓋棺」後我就替棺材裡的「人」難過，勒裹那麼緊，蓋了厚板，還加釘死，裡面沒空氣，憋著不難過死了？

「舅舅！」

「喔！」忘我的回憶一會兒，趕緊問爸那裡不舒服？爸笑而不答，乘車回妹夫家。

原來是這樣：

外甥、女們吵著要外公叫我去，爸高興幾天了，老人家也希望我回去團圓，所以對外甥女說：「要舅舅回來嗎？」

「舅舅說這幾天忙，走不開。」外甥女們說。

「告訴舅舅，說外公病了，舅舅一定回來！」爸唆使外甥女們。

「說外公『病』了不好！」外甥女們忌諱：「說外公小感冒，舅舅會不會回來？」

「會回來的！」

我前後不到一天趕到邵武市，快得使外甥、女們說溜了嘴：「外公說的還真準呢。」

外甥德平是天生老實人，他說：「外公是說，沒什麼病啦，不是裝病要舅舅回來。」

妹夫說，珠瑛沒福氣，三十歲左右就死了，如果在的話，看到爸爸、大哥、三弟，一定高興得不得了。臨終還說爸、媽為什麼把她送人，「我要問明白」，含恨歸西。她死時三女一男都還小，我一個男人，工作還兼母職，弄得家不像家。親友勸續弦，窮苦不得了，誰要到我家當窮奴僕？隔壁村一位寡婦，去相親了，本人答應，她婆婆要一百五十元，我那有那麼多錢，後來跟侄子歐潭生（還在北大讀書，放假回家），半夜偷偷去她家，連人、衣物，就這樣「取」回來，難得她把這四個兒女拉拔成人，現在連孫女們都由她帶養。

我也感謝她，代我亡妹扶養兒女，因為她大我一兩歲，我都叫她姊姊，每次到他們家，只見她沒閒過，忙廚房、洗衣服、料理孫女們，妹夫還好有她持家，特別囑咐外甥、女們，要當親母親照顧她，不要忘了「依嬸」（阿嬸）養育之情。

## 守安「東山再起」

守華、守明（志強），都是萬中、附中、中原大學、大同工學院、台大研究所，我都認為「理該如此」，結果仨兒守安考到復興高中，放棄報到，考上私立「辭修高中」，管教嚴格，半夜都不敢起來上廁所，怕犯規挨罰，我去過幾次，有一點軍事化管教，而且規定每一年每一班，必須淘汰百分之幾，孩子膽小，擔心害怕讀完一年，要參加台北區轉學考試，我去辦退學時，導師說：「你這孩子很好啊，不會被淘汰！」

民國七十年，那一年轉學只錄取六十幾名，很多成績不錯的學生沒被錄取。私立學校只剩「東山高中」還在招生。我載他去應考，訓導主任一看「辭修高中」學生，二話沒說，被錄取了。有人告訴我東山高中注重品性，辭修高中尤其重視人品，除非被開除，自己退學的，東山高中必收。

以往東山高中學生能考上大學的，每年屈指可數，沒幾個。台北區每年轉考，大約錄取二百多人，這次只錄取六十多人，沒考上的還有一大部分資優生，東山高中由轉考進來的新生中，特別再挑選三十八個，成立「精英班」，挑選精英教師「灌頂」，果然開花結果，三年後全班都考上大學，守安考上中原大學電子系。東山高中「一鳴驚人」，往後要想進東山高中，就要憑「真才實學」，不容易進了。

大學畢業，服完兩年兵役，告訴我要再考醫學院。在林口長庚醫學院畢業，又當了五年住院醫師（骨科），與同學林雅雯醫師（眼科）投緣，結為「連理枝」，「比翼鳥」。「東山再起」於學校、於守安都是「奇蹟」，人只要「活著」，就有「東山再起」機會不是？

他倆生一個張家唯一的男孫（姜葳），已六歲了。我倒不希望他長大讀醫學院。雅雯媳婦挺著大大的肚子當住院醫師，被主任醫師罵：「這麼早懷孕，生產怎麼辦？」我問媳婦：「生產不是有『產假』嗎？」媳婦說：「醫生沒有『勞基法待遇』，也沒有退休金，一年一聘，沒拿到聘書，自己離開。生產有四十天的休息，不過我的工作都由我同單位住院醫師先『負擔』，以後慢慢加班還他們。」以為有兒、媳當西醫，將來生病什麼，方便多了，後來他們自己生病都沒空去找專科醫師治療，自己買藥吃吃，還抱病診療病患。公家醫院，住院醫師夜間值班，大部份都在休息，除非急重病非開刀不可，一般晚間沒事。長庚醫院「企業化經營」，開刀房、醫療儀器、醫生、…不能空著「浪費」，要二十四小時利用，所以晚間開刀的很多，不是你病重，而是既有設備不能「暴殄天物」，要善加利用。例如今天早上七點上班，晚間值班（開刀、看診），第二天接著上班，有時候第二天晚間再值班，第三天接著上班，午餐、晚餐誤時誤點，匆匆忙忙吃飯盒，開刀房一站，有時幾個鐘頭，難怪二十幾年前就統計，醫生平均壽命比一般人少十歲，上個月林口長庚醫院有一位醫師開完刀，已很累了，但開刀後「報告」不能不填寫，結果「寫死」當場，他本人死了「解脫」是解脫了，但其父母妻子情何以堪？我一再囑咐兒媳，再怎麼忙都要「偷時間」吃、喝、拉啊！沒用，前輩老師告訴他們：「我也這樣熬過來啊！」這一行「行規」，可改不掉，多年媳婦熬成婆，「婆」還是忘不了當媳婦之苦，奇怪不是？中醫之所以平均壽命長，蓋看的都是慢性病，切切脈，沒有「半死不活」、動刀動剪在鬼門關與「閻爺」搶人的驚險「鏡頭」，還擔心病患家屬「抬棺」示威，只好「活得長不如活得好」自我安慰。

## 芳兒：「萬里我獨行」、全家送

么女淑芳讀書時，被鋼琴浪費很多時間，彈得一手好琴，娛人娛己，卻「彈上」致理五專。十六七歲的么女很傳統的認份，生為女兒命，不能與三位哥哥比，畢業就去英語補習班上班，我這個老爸啊，向來不強逼兒女讀書，怕逼出「仇」來。二十年前芳兒對貞聊天聊起「女」不比男來，說什麼爸再多的財產，也是三位哥哥的，所以她自己要靠自己「打拼」。

「什麼話！」我對貞說：「我一向男女平等，她怎麼有這種想法？」

有一天聽她與人以英語講電話，講得蠻順口。

「寶貝女兒啊！」我說：「妳和同學都講英語啊？」

「不是啦，和補習班外國老師講話，」芳兒說：「補習班裡有幾個外國老師，我安排他們教課的時間。」

「哦！」我逗她：「妳嘰嘰喳喳，外國人聽得懂啊？」

芳兒告訴我，她對英語很興趣，這半年「會話」方面進步很多，老闆叫她負責安排外國老師課程，所以更有機會講英語。

「妳敢不敢去美國留學？」

「哥哥他們都沒去，我？」

我知道她「女人將來嫁人，是別人的」認份命又作祟，「不要管哥哥他們，爸給妳講哦，將來爸死了，妳和哥哥他們平均分遺產，少不了妳一份，妳如果敢去留學，努力準備考托福吧。」

芳兒果然有英語天份，半年多時間考上。誰都沒料到我家會是女兒出國留學。和貞同芳兒到美國駐台協會辦好手續，我才感到悶悶不樂，二十來歲沒出過遠門，以為說說罷了，這一下子卻「『美』夢成真」，倒有點擔心她到「番邦地界」，「孤鳥插鶴群」如何適應？

全家總動員，浩浩蕩蕩送到中正機場，千交代萬交代，「路長在嘴裡」，不懂要多問，她頭一次坐飛機、出遠門，緊張，眼含淚水，對我們的臨場「指教」，除了點頭，哽咽得說不出話來。看她一個人揹負背包，進關驗護照，走離我們視線，突然又在遠處，隔著偌大隔音玻璃窗，彼此嘴巴都在動，只是聽不到聲音。一會兒不見了，我有點後悔，不放心，悶悶不樂的回家。

長泰街住宅只有一門電話機，裝在客廳，交代芳兒到美國機場，馬上打電話回來，大概半夜會到，我在客廳地板上鋪一草蓆，睡在電話邊等芳兒電話。睡不著，一直想芳兒此時在機上會害怕嗎？到機場會不會知道轉機？最後一站，答應到機場接機的女同事，會不會失約？迷迷糊糊似睡非睡中，電話響起來，我翻身接電話，潛意識覺得芳兒在萬里外，所以要大聲說，她才會聽到，結果適得其反，芳兒一直說：「爸！你聽到嗎?我還要轉機。」

「妳，」線路聲音不清，我還想說，卻聽她說：「我要上飛機了。」話斷了，雖然不清楚，聽到聲音也蠻安心，看看壁鐘，凌晨一點半了。

芳兒先到猶他州，半年後林貴英女士返台，告訴我：「把你女兒轉到紐約大學，我好照顧她，家裡也可以住。」林女士父親疾病是我治癒，老先生看重我，為人又熱情，女婿龍先生是華航駐紐約代表。芳兒很順利轉到紐約大學。面談教授看芳兒應對得體，破例收了五專生，不過要把大學學分修滿，再修研究所，所以她讀得時間比人家多一年。

一年多她趁放假返台探親，芳兒整個人變了，很會講話，她告訴我，男留學生很現實，一聽說又來一個台灣女學生：「漂亮不漂亮？」聽說漂亮，大家搶著要駕車去機場接機。有一次五六個男生去接女學生，看人家不怎麼漂亮，載回到學校，車子一停，不幫忙，幾個大男生袖手旁觀，看瘦弱女學生吃力的搬行李，太過份。

「我女兒的行李有人搬罷？」

「何只搬行李，」芳兒說：「還給東西吃呢。」有幾個同學很討好芳兒，只有一個男同學不理她。這個不理我女兒的楊煥文同學，畢業後又考上更難考的學校研究所，後來才知道他為了等我女兒畢業，而且很有自信的求婚、結婚。人家說「丈母娘看女婿，越看越有趣」，老丈人看女婿：「你別假老實，跟你丈人我一樣。」蓋女人家主內，社會上男人花天酒地一概不知，將心比心，女婿當然有趣。老丈人即使自己潔身自愛，不拈花惹草，但親眼目睹部份男人不但採「路邊野花」，也是「花街柳巷」常客，丈母娘和丈人對女婿的看法，「一丈差八尺」，自有不同評價。不過我這個女婿，五年來，「聽其言觀其行」，一表人才不說，實在「得人疼」，我女兒留學得什麼不稀罕，意外拐個關懷我的「東床快婿」，這留學的代價值得。

二○○二年一月五日，小倆口榮升Nuskin最高階的「夏威夷藍鑽石級主任」，芳兒在講台上，面對幾百人，滔滔不絕講了半個多小時，如果不是遠渡重洋「美化」過，仍是「阿斗」一個，絕講不出入耳道理來。

七十歲的我在場拍照，守明兒錄影。那一天最高興的是，聽女婿煥文演講，當著偌大的場面，一共誇讚二三十次「妻子同學」如何如何精明、幹練、富衝刺爆發力、助人韌性特別強，他誇自己的妻子，就是給我這個老丈人「臉上貼金」啊，話裡透著小倆口恩恩愛愛的訊息，我最擔心小倆口「腳來手去」演「鐵公雞」，聽女婿這麼讚賞芳兒，這「定心丸」說有多甜就多甜不是？

小倆口在Nuskin賺多少錢、有多高位階，不是我最羨慕，我發現這家美國公司，重視人生的積極面，上線、下線、同仁之間，彼此鼓勵、讚美、說好話，關懷的人際關係，甚至延伸至親友家人來，小倆口那麼勤快的幫助人，這才是我最最讚佩不已的。

一月十二日「如新」在林口體育館，舉行在台成立十周年大慶晚會，美國總公司董事長以下幹部，都到場祝賀、鼓勵「十歲生日」，女婿、女兒在台上面對萬人大會，講話、受「獎」，台上三面大銀幕放映他倆心得報告，歌舞、彩虹燈光、台下親屬觀眾，整齊的搖晃手持燈光，加以雷射束閃爍，台上不時冒出團團火花，煞是壯觀。守安說：「妹妹好厲害，這麼多人，她能爬上頂端，不簡單。」因為「高處不勝寒」，壓力大，怕他倆被壓扁了，所以我平常都對煥文、芳兒說，拼固然要拼，也要重視人生過程的「品質」，放鬆自己一下，寵愛自己一下，夫婦該玩的也要去玩玩。煥文說：「爸你免煩惱，你沒看到我和淑芳都做得很快樂麼？」這倒也是實話，快樂就好，讓他倆走自己的「路」，觀棋的別伸手「操棋」，兒孫自有兒孫福不是？

## 貞「病」得莫名其妙

八十八年（一九九九）七月十三日，是我規劃老年生活「美夢破碎」的災難日，也是我永遠心痛的最意外的難忘的日子。親友都問一樣的話：「她活蹦亂跳地，怎麼會得這種病？」是啊！我也一樣的問蒼天：「為什麼會得這種病？」四十五歲到六十五歲這二十年中間，她多麼的活躍，早晨到台北市植物園跳土風舞，我嘛打太極拳、白鶴拳，周日假期，和貞到青年公園打網球，天天早晨夫唱婦隨，羨煞多少晨操朋友：「沒看過你們這麼好的夫妻。」

「那好？」我都笑笑的說：「我們在家都把門關好了，趁孩子不在家，才打架。」逗趣他們。也常常湊團國內外遊覽，貞後來當跳舞老師，還代表台北市紅十字會分會，帶團去日本「交流」訪問，也參加全省救援團隊，於高雄市活動時，與陳長文會長同席餐會，春風得意，不知今日何日，生活多彩多姿。

她教的「舞生」，大部分是小學、中學、大學等女教師、退休女公務員、阿嬤們，三十來個，每早在植物園載歌載舞，聊天，彼此生日聚聚餐，唱唱歌，跳跳舞，經常到港式餐廳「飲茶」，逢年過節「學生」們送紅包、朱媽媽（王漢英老師）送戒指玉飾、建中教師董媽媽（葉德秀老師）親自畫的國畫、黃太太每年親自包粽子送到家，其他送紅包水果，貞對「舞生」一定很熱心教，不然怎麼海洋大學的楊鴻秋教授、建中的董媽媽、龍山國中的陳老師…早上看到素貞都先擁抱，先跳一兩步舞再抱抱互相拍拍背，嘻嘻哈哈的笑什麼，不知道，就是那麼快樂。

其他「舞生」們，「老師長老師短」地叫，貞被叫慣了也不覺怎麼樣，倒是有幾個叫我「師公」、「師丈」聽了有「無功受祿」的「不好意思」。

七月十三日早上，貞很關心的問我：「如果我不在，你一個人能生活嗎？」

我看貞的口氣不像開玩笑，「妳說什麼？」

貞告訴我，每天晚上，都有很多菩薩，八音鼓號樂隊，叫她起床上轎，迎接她去「西方極樂世界」。

「妳為什麼不早告訴我？」我真的被嚇壞：「妳不要亂想呀！」

貞告訴我現在家裡到處都是菩薩，你看到不要害怕，今天是最後一天，她要準備跟祂們走了，她以後無法照顧我，叫我自己保重。

「你媽瘋了⋯⋯」我對著電話哽咽說不出話。

「爸！爸！」芳兒還在話筒裡叫喊：「爸！你說話啊！」

芳兒通知哥哥們，德昌街的守華、珠英、兩個孫女；龍潭的守明、秀珍、兩個孫女；林口的守安、雅雯、男孫麦葳；芳兒、女婿煥文，陸陸續續趕回來。

「媽媽！」芳兒半蹲下來，摸撫貞的腿，滿臉淚水：「媽！妳是好人，妳不要亂想。」

貞坐沙發，兒子媳婦們圍著她，關懷的安撫她。

「玻璃窗那邊，天花板，地板，躲好多怪人頭，在偷笑！」貞指這指那的說：「走！走開！」貞生氣了，在罵祂們。

守明弄一碗硃砂泥，給貞一枝毛筆，叫貞看到妖魔鬼怪，用硃砂筆點祂。貞突然站起來，揮著硃砂筆亂畫玻璃窗，對天板點一下，腳就踢一次，「走！走！」我們都傻了，含著淚珠傷心。

守安、雅雯夫婦是西醫，雅雯告訴我：「爸，我先給媽做個腦部斷層掃瞄檢查看看。」檢查結果，腦部沒長瘤，不是腦部引起的病。決定找長庚精神科楊庸一主任治療。

「她有幻聽幻覺，」楊主任說：「憂鬱病，先拿一禮拜的藥，吃吃看。」憂鬱？有沒搞錯？活蹦活跳的人，家裡兒女都稍有成就，無憂無慮，會患憂鬱症？

吃藥期間，不發脾氣，有時無緣無故開一下門又關了，有一次下樓去攔計程車，把車門開一下又關了，還叫計程車司機開走，我問貞妳不坐車，為什麼攔車？

「菩薩跌倒，」貞說：「骨折了，叫司機送醫院治療。」貞啊貞！好好的妳為什麼變這樣？

「臭頭多藥」，親戚朋友介紹名醫、修驚、求神問卜，為順人家好意，到萬華祖師廟、民權東路恩主公許願作法，這是做給親友看的。

「你們五月份去泰國玩，很多人玩回來生病！」老朋友的太太許春子說：「你不要鐵齒，去嬤嬤宮修修就好了。」「修」回家，貞在飯廳慎重其事的叫我跪下「聽封」，我不是貪圖封什麼官才跪下，只為著順貞的意才跪下。貞唸唸有詞，叫我起來。

「那一尊神明降臨啊？」我問貞：「封我什麼官？」

「玉皇大帝封你做大官！」唉！又傷心又好笑，妳會好的話，我做狗都願意啊。

女婿透過教授同事，約日期拜訪北投農禪寺（貞本來就是皈依弟子）住持聖嚴法師。

聖嚴法師很慈悲，叫貞說話：「我常常聽菩薩叫我去西方。」
「妳所聽到的都是虛幻的，」法師說：「不要理它，不要聽從它。」
「我這裡有天眼！」貞指著印堂說：「你看到沒有？」
法師摸摸貞的印堂：「這不是天眼，是妳的皺紋！」
「她也收了四個信徒，」我說：「都賜封法號。」
「妳在家修的居士，」法師對貞說：「不可以收信徒，出家師父才可以收徒弟。」
「她打坐時，」我說：「自己覺得到處盤飛。」
「那就不要打坐了！」
藥吃了兩三個月，貞變得遲鈍，一天到晚沉思不說話。慈濟功德會曾淑真師姊來收「功德費」，知道貞病情，很熱心為我想辦法拜訪花蓮慈濟功德會證嚴上人。
曾師姊一知道上人到台北市忠孝東路分處，趕緊通知我們。曾師姊帶我、素貞去，信眾好多，上人在樓上，坐道場中央，大家分兩排坐地板等，我沒聽清楚叫我們，有信眾催促：「叫你們啦！趕快去聽上人開示。」
貞有病，我小心扶持她站起來，再慢慢走過去，幾個人低聲催逼我們：「快一點呀！上人很忙啊！」這樣一再逼人，使我們更緊張，又有人說：「趕快說話啊！」貞有病，又不是好好的人，我只好把病情扼要說說。上人溫文儒雅，拍拍貞肩膀：「沒要緊，藥要吃，不久就會好了。」就這樣被信眾暗示「好了，不要再問啦！」而離開。

我平常很愛聽上人「說法」，慢慢的，柔柔的，智慧具足，「教富濟貧」，帶動幾百萬信徒，那裡有災難那裡就有慈濟人穿梭其間，信眾捐款，涓滴歸公，自己吃用，靠做手工賺錢，絕不花用公款。上人瞭解貞這病不是普通心理病，是屬精神層次的病，講了也是白講，所以交代藥要吃，不迷信。

服藥一年後（二〇〇〇），一天貞突然「清醒」過來，與一年前一樣健康、說話清楚、打電話找朋友準備重整旗鼓，教「晨舞」。兒女們興奮不已，我電話中與好友開玩笑：「素貞好像『迴光返照』，怎麼頓時痊癒…」還被好友罵：「不能亂講！」藥量減服一半，我才高興免當「男管家」兩天，貞又被其「學生」護送回家，仍然默默不語，這種傷心無助，只有來台時，在驚濤駭浪破船上，做夢在家與童伴玩，醒來仍在破船晃漂一樣失望、灰心。

貞照舊服藥。我嘛精疲力竭，恍恍惚惚，檢驗結果是血色素只有一二點五、血小板只有十四萬（正常人是十五萬至四十萬），到長庚醫院血液科施醫師麗雲教授看，「半年後再作一次檢驗。」不敢多問，怕人家回一句：「你這麼大歲數還怕死啊？」自討沒趣，算了。

好友發現我體力大不如前，關切的問：「素貞三餐都會煮吧！多吃一點。」

「煮是會煮，」我說：「不是太淡，就是太鹹，早餐吃粥，醬瓜、豆腐乳，一年吃下來，對吃飯我幾乎不想吃，一聽素貞叫吃飯，我就怕，心想怎麼又要吃飯啦？有口難言，不但不忍心說她，還怕她不高興，只得強顏歡笑誇她：『好吃！』看她吃藥後的副作用，唇抖，手腳抖，難過啊！我怎麼吃得下？」

守安勸我帶貞到其前輩楊幹雄心理醫師看看，一個半小時談話費四千元。我、貞、淑芳三人去看楊醫師，乾淨安詳的談話室，像彌勒佛的楊醫師安坐搖晃沙發椅，我們三個坐他的面前，把一年來的情況告訴他。

「妳有那裡不舒服？」楊醫師胖胖的臉，沒什麼事可笑也是一副笑容，幹這一行的「職業笑」？靠「賣笑」治病？「笑開天下古今愁」？

「沒有。」

「有什麼人對妳不好嗎？」

芳兒搶著說：「我媽曾經告訴我說，爸爸對她笑臉很少，對朋友就嘻嘻哈哈的……」

貞不等芳兒說完，插話說：「妳不要這樣說爸爸，現在爸爸都有笑臉。」貞欲蓋彌彰，恰好證明病前，我惜笑如金，捨不得笑。現在之所以常常對妳笑，本來是「人工笑」，裝笑讓妳高興，只是裝笑裝久了，也成習慣笑了。

我從小「悲」到大，接下來「人生旅途」跌跌撞撞，皇天有眼，讓我「歪打正著」，總算肩膀沒有被最後一根稻草壓垮，笑？那個醫生充滿笑臉？我要說清楚講明白：「楊醫師！結婚四十五年，而且每天共處一屋，我也沒看過這麼久的夫妻，一天到晚喜形於色。朋友那麼久見一次面，或與朋友電話聊天，當然嘻皮笑臉。」我也告訴楊醫師，貞聽障（還領有殘障手冊），要大聲說話，大聲說話「笑臉」就變「臭臉」，所以我一年來要對貞說話前，先把臉皮弄笑，才開始說話，即使她聽不懂，也認為我「笑臉」可愛。

「楊醫師！」我想追究貞的病因：「難道我太太的病，是因我而起嗎？」

「呵呵，」楊醫師很喜歡笑：「從你太太一個多鐘頭談話裡面，百分之九十九，都說菩薩來接迎西方、菩薩骨折就醫、耳朵幻聽的也是唸經，她信什麼教？」

「佛教，皈依北投農禪寺聖嚴法師。」

「信佛教有多久？」

「病前兩三年，有空就會去，」我說：「聖嚴法師口腔重，她又重聽，聽不懂。後來偶爾去一次，拿很多經書，晨操一回來，就在書室聽錄音帶跟著背誦：佛說阿彌陀經、金剛波羅密經、大悲咒、觀世音菩薩普門品、楞嚴經…可能沒有師父講解，一知半解，只想成仙成佛，滿腦袋都是西方極樂世界，有沒有『走火入魔』可能？」楊醫師笑而不答。

談話已近尾聲，楊醫師結論：「你們三人，」楊醫師晃一晃椅子，笑呵呵的說：「你們三人，兩人有病！」一個鐵定是貞，另外一個病嘛，芳兒好好地，一定是說我了。

楊醫師手指著我和芳兒：「你們兩個有病！」有沒搞錯？

「沒有錯！」楊醫師看出我的懷疑，說：「張太太很快樂，她沉思時候就是活在另外一個世界裡，沒有煩惱，不管人家怎麼想法，說法，她活得諸法皆空自由自在，只是你們兩個妄想她很痛苦，替她擔心、害怕，你們活得比她更煩惱更痛苦，所以我說你們有病。」

四千元很值得，全家人心態都變了，藥照吃，不急著期待貞趕快痊癒。我也變了，買烤麵包機，負責早餐，煎荷包蛋、烤土司、火腿、各飲一大杯鮮牛奶、一小杯純果汁。午餐晚餐幫忙煮，飯後用果汁機打兩個蘋果或芭樂成汁來喝，身體總算吃健康了。

貞沉思什麼的時候，我就拉拉她耳朵：「妳又想什麼？」

「沒有！」笑盈盈的「標準答案」，要到兒子家玩好嗎？「好！」有時候問她要到那裡玩？「那裡都可以！」一個人可以靜靜的坐一兩個鐘頭，可愛的是，不會要求什麼，不會麻煩人，家裡大小「麻煩事」也不影響她，我打電腦，還會拿薄衣衫披我後背，怕我受冷。偶爾忘記吃藥，其他只是低頭想什麼不知道。手力差，門的喇叭鎖無力轉，飲料瓶蓋也旋不開，聽不到電話聲，好睡。

晚上六七點由診所「牽手」走七八分鐘，到長泰街住宅過夜，早餐後再「牽手」過來上班，沿路羨煞路人：「毆吉桑！這樣才對！」還有老婆婆竊竊私語：「這對老夫妻真好。」

「毆吉桑、毆巴桑」的我們「不好」，必須相扶在一起，怕貞被路車撞傷，而且貞吃藥，手腳都比較遲鈍，走路常常腳底擦踢路面，不扶住會跌倒。

兩年半了（二〇〇二），貞沒有異常動作，到底是貞比較好了，還是我已經適應了，我們覺得日子過得蠻好的。一個月都由芳兒帶貞去長庚醫院看一次病，或者去拿一次藥，這女兒認定了要照顧父母，連兒女都不想生。三個男孩子，工作忙，孫兒女們還小，感冒什麼都夠他們半夜三更跑醫院，已疲憊不堪，那忍心讓他們「雪上加霜」？難得回家一次已經是「稀客光臨」，喜上眉梢了。這種工商社會，大家競爭，生活緊張，上不能奉養父母，下不能照顧兒女（或把嬰兒交母親、或寄養褓姆家），我都勸老朋友「自求多福」，大環境如此，怨不得兒女不盡孝道。（一九九八年至二〇〇二年三月九日）

國家圖書館出版品預行編目

戲說人生 / 張廷錦著, -- 一版
臺北市：秀威資訊科技, 2003[民 92]
面； 公分. -- 參考書目：面
ISBN 978-986-7614-01-8(平裝)
1.張廷錦 - 傳記

782.886 92014489

史地傳記類 PC0001

# 戲說人生

作　　者 / 張廷錦
發 行 人 / 宋政坤
執行編輯 / 李坤城
圖文排版 / 張慧雯
封面設計 / 黃偉志
數位轉譯 / 徐真玉　沈裕閔
圖書銷售 / 林怡君
網路服務 / 徐國晉
出版印製 / 秀威資訊科技股份有限公司
台北市內湖區瑞光路 583 巷 25 號 1 樓
電話：02-2657-9211　　傳真：02-2657-9106
E-mail：service@showwe.com.tw
經 銷 商 / 紅螞蟻圖書有限公司
台北市內湖區舊宗路二段 121 巷 28、32 號 4 樓
電話：02-2795-3656　　傳真：02-2795-4100
http://www.e-redant.com

2006 年 7 月 BOD 再刷
定價：360 元

# 讀　者　回　函　卡

感謝您購買本書，為提升服務品質，煩請填寫以下問卷，收到您的寶貴意見後，我們會仔細收藏記錄並回贈紀念品，謝謝！

1.您購買的書名：____________________

2.您從何得知本書的消息？

□網路書店　□部落格　□資料庫搜尋　□書訊　□電子報　□書店

□平面媒體　□　朋友推薦　□網站推薦　□其他__________

3.您對本書的評價：(請填代號　1.非常滿意 2.滿意 3.尚可 4.再改進)

封面設計____　版面編排____　內容____　文/譯筆____　價格____

4.讀完書後您覺得：

□很有收穫　□有收穫　□收穫不多　□沒收穫

5.您會推薦本書給朋友嗎？

□會　□不會，為什麼？____________________

6.其他寶貴的意見：____________________

____________________

____________________

____________________

## 讀者基本資料

姓名：____________________　年齡：______　性別：□女　□男

聯絡電話：________________　E-mail：____________________

地址：____________________

學歷：□高中(含)以下　□高中　□專科學校　□大學

□研究所(含)以上　□其他______________

職業：□製造業　□金融業　□資訊業　□軍警　□傳播業　□自由業

□服務業　□公務員　□教職　□學生　□其他__________

請貼
郵票

To：114

台北市內湖區瑞光路 583 巷 25 號 1 樓

秀威資訊科技股份有限公司　　收

寄件人姓名：

寄件人地址：□□□

(請沿線對摺寄回,謝謝!)